De dingen hebben hun geheim

A. van den Beukel

De dingen hebben hun geheim

gedachten over
natuurkunde, mens en God

zevende druk

Ten Have / Baarn

Eerste druk: november 1990
Tweede druk: januari 1991
Derde druk: mei 1991
Vierde druk: juli 1991
Vijfde druk: november 1991
Zesde druk: februari 1992
Zevende druk: maart 1992

© 1990 Uitgeverij Ten Have b.v., Baarn
Omslagontwerp: Harm Meijer
Illustratie op het omslag: Gouden masker uit een Myceens graf;
Athene, Nationaal Museum
Verspreiding in België: Uitgeverij Westland n.v., Schoten

ISBN 90 259 4453 1

Inhoud

Inleiding

Natuurkunde is voor veel mensen een woord dat gevoelens van ontzag en huiver oproept. Zij herinneren zich het vak uit hun schooljaren als een moeilijk toegankelijke wereld waar ze nooit het fijne van begrepen. Ze wisten met pijn en moeite een vijfje of een mager zesje voor hun proefwerken te scoren, hetgeen meer een beloning was voor hun ijverig zwoegen dan een waardering voor de diepte van hun inzicht. Zij herinneren zich ook dat er in de klas altijd één of twee jongens waren (en soms een meisje) die, naar het scheen moeiteloos, de ene negen na de andere tien voor het vak produceerden. Die begrepen het. Een tien voor natuurkunde (of wiskunde) dat was nog eens iets heel anders dan een hoog cijfer voor Frans, laat staan voor muziek of tekenen, vakken die al helemaal niet in tel zijn. *De knapste jongens van de klas*, dat is het stralenkransje dat natuurkundigen om hun hoofd dragen. Wie zou niet graag de vader of moeder van zo'n knap kind willen zijn? Een lief kind, dat is ook mooi, natuurlijk, maar met lief zijn breng je het niet ver. Met knap zijn wel.

Het ontzag dat de natuurkunde en de natuurkundigen ten deel valt danken zij aan hun algemeen erkende pienterheid. Die erkenning berust misschien niet eens in de eerste plaats op het feit dat zij in staat zijn ingewikkelde theorieën te construeren die aan een leek nog nauwelijks uit te leggen zijn, zodat deze bij de flarden die hij er nog van vatten kan of denkt te kunnen vatten de handen van verbazing ineen slaat. Nee, er is iets anders dat deze theorieën een solide, overtuigende en voor iedereen zichtbare bevestiging verschaft: De *resultaten* die ze opleveren. De wonderen der techniek. De radio, de televisie, de computer, de kernenergie, de compact disc, het ruimteschip en ga zo maar door. Dat is pas echt ontzagwekkend. Mensen die de formules beheersen waar dit alles uit tevoorschijn geroepen wordt, wat kunnen die eigenlijk niet? Kunnen zij bijvoorbeeld niet ook een wereldbeeld funderen? Kunnen zij de mens zijn plaats in het heelal wijzen, een weg naar de diepere zin van het bestaan? Zulke vragen zullen door de overgrote meerderheid van de natuurkundigen met kracht en klem ontkennend beantwoord worden, maar niet door allen. Er zijn er ook die zich het goeroe-schap graag laten welgevallen en daarvan blijk geven in populaire werken die bij miljoenen verkocht en gretig gelezen worden. Eén van hen, die we later nog uitvoerig zullen ontmoeten, zegt het zo: 'De geweldige kracht van het wetenschappelijk denken is zichtbaar in de hedendaagse wonderen der techniek. Het lijkt daarom redelijk om ook enig vertrouwen te hebben in het wereldbeeld van de wetenschapper.'

'Huiver' noemde ik een andere emotie die veel gewone mensen ervaren als zij met de natuurwetenschap geconfronteerd worden. Het lijkt een koele, om niet te zeggen kille, wereld van apparaten, getallen en formules. Er gaat weinig warmte van uit. Een 'objectieve' wereld. Het heelal is een verzameling van microscopisch kleine deeltjes, die zich ontwikkeld heeft uit een grote knal bij het allereerste begin. Daarna hebben de materie en de straling zich over onmetelijke ruimten verspreid. Ergens in een uithoek, op een onaanzienlijke satelliet van een onopvallende ster heeft zich menselijk leven ontwikkeld. Natuurkundigen weten vrij precies te vertellen hoe dat allemaal is toegegaan. Eén van hen heeft in een boekje, 'The first three minutes', de gebeurtenissen beschreven die zich in de kolkende, intens hete soep tijdens de eerste drie minuten na de grote knal moeten hebben afgespeeld. Het is adembenemend om te lezen, een feest voor het verstand, maar het hart blijft er koud bij. Wat is de mens eigenlijk nog? Een verzameling door de natuurwetten beheerste atomen?

Voor gelovige mensen komt hier nog een probleem bij. Waar is God in dit alles? Heeft hij de wereld dan niet geschapen? Worden zijn voetsporen dan nergens aangetroffen? Nee, zeggen sommige hedendaagse natuurkundigen, God kun je beter vergeten. Die is er niet. 'Je moet als fysicus wel een gespleten persoonlijkheid hebben om nog in een god te kunnen geloven' zegt de winnaar van een recente Nobelprijs voor natuurkunde. Zo'n uitspraak wordt gedaan in een kranteninterview. 'Dominee', zeggen jongens van 15 jaar op catechisatie tegen hun predikant, 'we verknoeien hier onze tijd. God bestaat niet, dat is wetenschappelijk bewezen'. Zij lezen de krant blijkbaar ook. Vele andere natuurkundigen, de meeste denk ik, gaan lang niet zo ver (maar zij komen bij gebrek aan pittige uitspraken niet in de krant). We weten het niet, zeggen ze. We komen God bij onze onderzoekingen niet tegen, maar bewijzen dat hij niet bestaat kunnen we ook niet. Weer anderen beamen dat dit voor het moment zo is, maar verwachten dat het binnen afzienbare tijd anders zal zijn. De natuurkunde loopt op zijn eind: binnenkort zullen we 'alles' begrijpen. Als God van dat 'alles' deel uitmaakt komt hij vanzelf tevoorschijn. Als hij er is zullen we hem vangen. 'Dat', zegt één van hen, die we nog vaak zullen tegenkomen, in de laatste zin van zijn boek, 'is de bekroning van het menselijk intellect, want dan kennen we de geest van God'.

We zullen in dit boek nagaan waar zulke verwachtingen op gebaseerd zijn. We zullen beginnen met eerst wat rond te kijken in de dagelijkse wereld van de natuurkundigen. Wat zijn het voor mensen? Koele, objectieve, boven het aardse gedoe verheven waarheidszoekers? Goeroes? Of misschien toch mensen aan wie niets menselijks vreemd is? Waar zijn ze mee bezig? Ze trachten, zoveel is wel duidelijk, de fysische werkelijkheid om hen heen te begrijpen en in overzichtelijke, compacte, elegante formules samen te vatten. Wat is het voor een werkelijkheid waar zij mee bezig zijn? Is die ' objectief', dat wil zeggen onafhankelijk van de onderzoeker die haar waarneemt? Is het de *hele* werkelijkheid? Als de natuurkundigen ooit klaar zullen zijn – en sommigen denken dat dit niet lang meer zal duren – is dan *alles* begrepen? (En wat betekent 'begrijpen'?). Of beschrijft de natuurkunde alleen maar een aanblik, een aspect van de totale werkelijkheid en zijn er, zoals Hamlet tegen Horatio zei, 'more things in heaven and earth than are dreamt of in your philosophy'? En dat 'meerdere tussen hemel en aarde', hoort God daarbij? Waar en hoe is hij te vinden? Valt er over hem iets te bewijzen? En wat is 'bewijzen' eigenlijk?

Op dat soort vragen zal in dit boekje worden ingegaan. Dat zal niet op een overwegend abstracte, theoretische manier gebeuren. Er komen *mensen* aan het woord. Grote natuurkundigen, zoals Newton, Pascal, Einstein, Hawking.

De schrijver heeft er zijn eigen ervaringen in verwerkt. Hij heeft een loopbaan van ruim dertig jaar als docent in de natuurkunde en als onderzoeker achter de rug. In diezelfde tijd heeft hij getracht een gelovig christen te zijn. Hij zal de vraag onder ogen zien of dat, met behoud van integriteit, wel samen kan gaan.

Het wordt – ook – een *persoonlijk* relaas. Dat kan er de

zwakte van zijn; het zou er misschien ook de kracht van kunnen uitmaken. De lezer moet zelf maar oordelen.

1. Het is koud in Delft

*'Ik heb mij met lichaam en ziel verkocht
aan de wetenschap, op de vlucht van het
"Ik" en het "Wij" naar het "Het"'*

Albert Einstein

Kees Andriesse is een natuurkundig ingenieur die in zijn
jeugd gedichten schreef en strijkkwartetten componeerde.
Hij is een deskundige op het gebied van de kernenergie en
voorstander van de bouw van nieuwe kerncentrales. Tevens is
hij overtuigd sociaal-democraat en lid van de Partij van de
Arbeid.
Deze droge opsomming bevat spanningen die onmiddellijk
naar buiten treden. Er is niet veel fantasie voor nodig om hem
bezig te zien zijn geestverwanten te overtuigen van zijn standpunt inzake vreedzame toepassing van kernenergie. Gedichten en strijkkwartetten staan op gespannen voet met de atmosfeer in collegezalen waar de natuurkunde wordt onderwezen en de Rede oppermachtig is. Dat kan niet goed gaan.
Dat ging ook niet goed, althans niet glad en zonder spanningen. In 1985 raakt hij aan de rand van de overspanning en
vertrekt op advies van zijn huisarts een week naar het eiland
Terschelling. Uitwaaien in november, wanneer stormen en
regenvlagen over het van alle toeristen verlaten eiland gieren.
Daar denkt hij na, of liever: daar wordt hij bestormd door
gedachten, gevoelens en vragen over zijn bestaan als natuurkundige en als mens en de relatie tussen die twee. Het boekje
waarin het verslag van deze ervaring beschreven staat heet
'Een boudoir op Terschelling'. Daaruit citeer ik de volgende
passage.
'Toen ik in 1958 naar Delft ging, was het alsof ik werd neer-
gesmeten in een bak koud water. Het bloemrijke werd geschrapt, het was meten en tellen. Dit is 1 en dat is 1 en 1 + 1 =
2. De rest deed er niet toe. De rest werd geschrapt. De rest was
oninteressante duivelspoep, drek. Zoals je een kristal rustig,
door langzame afkoeling, uit de smelt of damp moet laten
groeien, opdat alle atomen ordelijk hun plaats kunnen vinden,

zo moet je een mens kalm uit zijn bestanddelen laten neer-
slaan, opdat hij harmonieus en zonder inwendige spanningen
kan leven. Koelt hij echter snel af, dan ontstaan structuurfouten, brosheid en onstabiliteit. Bij het begin van de studie werd
ik daarom tot een onstabiel glasachtig stolsel afgeschrikt in
plaats van tot een stabiele kristallijne Kees.'
Toen ik dit las, lag mijn studententijd aan dezelfde Delftse
faculteit al vijfendertig jaar achter mij, maar ik herkende de
beschrijving alsof ik het gisteren had beleefd. Intussen heb ik
ontdekt dat Andriesse en ik niet de enigen zijn die met dergelijke gevoelens op het genoten onderwijs in de natuurkunde
terugzien. Sinds ik begonnen ben om tijdens mijn colleges af
en toe op deze dingen te zinspelen heb ik aan de respons van
de studenten kunnen afmeten hoezeer velen van hen ook vandaag nog dezelfde verkilling aan den lijve ervaren.
Waar komt dit vandaan? Behoren docenten in de natuurkunde, of natuurkundigen in het algemeen, tot een speciaal
mensensoort, dat verstoken is van menselijke emoties, voor
wie het hele bestaan is teruggebracht tot meten en tellen, tot
wiskundige formuleringen, tot een gesloten en rationeel geheel? Dat is zeker niet het geval. Wie hen leert kennen en één
van hen wordt, ontdekt snel dat zij, net als andere mensen,
bedroefd kunnen zijn en opgetogen, van muziek houden, hun
vrouw liefhebben en wakker liggen over kun kinderen. Daar
ligt het niet aan. Het punt is dat de docent die een collegezaal
betreedt zich voor een paar uur van dit alles ontdoet, en zich
aan zijn gehoor voordoet als iemand voor wie de wereld doorzichtig en rationeel in elkaar zit, die de borden volschrijft met
bewijsvoeringen waar geen speld tussen te krijgen is. Die,
vaak onbedoeld, de indruk wekt dat alles wat daar buiten ligt
('de rest' van Andriesse) de moeite van het vermelden niet
waard is. De suggestie die er van uitgaat is dat men een probleem, *ieder probleem*, kan aanpakken door het koel, kritisch,
objectief te analyseren en door logisch redeneren tot een oplossing te voeren. Zo moet het ook als het om wetenschappelijke problemen gaat, maar als het tot een levenshouding
wordt zitten er risico's aan. Het kan leiden tot een persoon-
lijkheids-structuur waarin de balans tussen gevoel en verstand
verstoord is ten koste van het gevoel. 'Structuurfouten' noemt
Andriesse dat, met een aan de vaste-stoffysica ontleend beeld.
Dat gevaar is verre van denkbeeldig. Hierboven veronder-

stelde ik dat het gevoelsleven van natuurwetenschappers niet verschilt van dat van andere mensen. Dat is nog maar de vraag. Ik ken een predikant in de omgeving van Delft tot wiens taken de pastorale zorg voor zijn gemeenteleden behoort. In de moderne tijd omvat dat voor een niet onbelangrijk deel de bemoeienis met vastgelopen huwelijken. De pastor heeft daarin zoveel ervaring opgedaan dat hij in staat is bepaalde categorieën te onderscheiden. Eén ervan noemt hij 'het Delftse huwelijk'. Daarin is de 'hij' een afgestudeerde van de TU Delft en de 'zij' een gewone, normale vrouw. Hij is doorkneed in logisch redeneren en gebruikt deze vaardigheid om in het geval van een meningsverschil zijn gelijk te 'bewijzen'. Hij heeft altijd gelijk, want zij kan er geen speld tussen krijgen, niet eens zozeer omdat de redenering onaantastbaar is, als wel omdat zij de training mist om het zwakke punt in de bewijsvoering bloot te leggen. Niettemin weigert zij, op grond van haar gevoel, zich bij de uitkomst van de redenering neer te leggen. 'Je kan me nog meer vertellen.'

Dat gaat bijvoorbeeld zo. Zij tobt met een voor haar zeer wezenlijk probleem. Ze moet kiezen tussen twee alternatieven, maar kan niet tot een besluit komen. Hij hoort het aan en zegt: 'Oh, is dat alles? Dat is helemaal geen probleem en ik zal het je bewijzen. Kijk. Er zijn twee mogelijkheden, A en B. Beide hebben iets voor en iets tegen. Als er veel voor A pleit en weinig voor B is de beslissing gemakkelijk. Het wordt moeilijker naarmate er minder voor A en meer voor B te zeggen valt. De moeilijkste beslissing is dus die waarbij er evenveel voor A als voor B pleit. Maar precies in dat geval is het lood om oud ijzer wat je kiest. De moeilijkste beslissing is dus tegelijk de makkelijkste. Moeilijke beslissingen bestaan dus niet.' En hij pakt zijn krant, omdat er alweer een probleem de wereld uit geredeneerd is.

Men moet niet denken dat het hier om een extreem voorbeeld gaat. Toen mijn vrouw het relaas over het Delftse huwelijk hoorde zei ze: 'Ik herken er veel in.' Het bewijs over de moeilijke beslissingen heb ik jaren geleden zelf bedacht en sindsdien vele malen tot volle tevredenheid toegepast als ik een besluit moest nemen. De overwaardering van het verstand ten koste van het hart is een beroepsdeformatie waaraan weinig beoefenaars van de exacte wetenschappen geheel ontkomen. Het is, meer dan driehonderd jaar geleden, door de grote wis- en natuurkundige Blaise Pascal (1623-1662) als volgt onder woorden gebracht: 'Ik heb me lange tijd bezig gehouden met de studie van de abstracte wetenschappen. Ik kreeg er genoeg van omdat het zo weinig met mensen te maken heeft. Toen ben ik studie gaan maken van de mens en ik heb ingezien dat de abstracte wetenschappen eigenlijk niet geschikt zijn voor de mens *en dat ik er minder mens van werd*.' Op wat Pascal onder 'mens zijn' verstaat kom ik later uitvoerig terug. Hier waag ik me aan deze korte en onvolledige omschrijving: mens zijn is met hart en verstand open staan naar de wereld, naar de medemens en naar God. De mens en God, die zal men in de natuurwetenschappen niet tegenkomen. Die worden zorgvuldig en doelbewust buiten de deur gehouden. Daar zit, zoals we zullen zien, een filosofie achter.

Laten we in dit verband eens kijken naar de manier waarop natuurwetenschappelijke publikaties in elkaar zitten en naar de taal waarin ze geschreven zijn. De indeling van een willekeurig artikel in een natuurkundig vaktijdschrift is in grote trekken als volgt. Het eerste hoofdstuk heet 'Introduction'. Daarin wordt het doel van het onderzoek uiteengezet. Het probleem wordt geformuleerd en de – kaarsrechte – weg waarlangs het zal worden aangepakt wordt aangegeven. In het tweede hoofdstuk 'Experimental' wordt de gebruikte apparatuur beschreven en de meetmethode uit de doeken gedaan. Hoofdstuk 3 heet 'Results' en vermeldt de verkregen resultaten, vaak in de vorm van grafieken en tabellen. In hoofdstuk 4 'Discussion' worden de resultaten vergeleken met bestaande theoretische modellen en als ze daar niet helemaal in passen wordt gepoogd het model bij te stellen, of, soms, een nieuw model voor te stellen. In het laatste, zo kort mogelijke onderdeel, 'Conclusions' wordt kernachtig samengevat wat bereikt is. Kort gezegd: 1. Dit willen wij. 2. Zo doen we het. 3. Dit komt er uit. 4. Zo is het te begrijpen.

Deze beschrijving van het onderzoek heeft, in de meeste gevallen, slechts in de verte iets te maken met de wijze waarop het zich in werkelijkheid heeft afgespeeld. Vaak is men heel ergens anders begonnen, met een ander doel, met andere verwachtingen dan waar men uiteindelijk uitgekomen is. Er zijn doodlopende wegen ingeslagen, teleurstellingen geïncasseerd, dan plotseling nieuwe ideeën opgekomen, nieuwe wegen gezocht en soms gevonden. De aanvankelijk geconstrueerde apparatuur werkte niet of niet goed genoeg en is al doende voortdurend aangepast en uitgebreid. Er zijn bloed, zweet en tranen geïnvesteerd. Van dat alles is in het eindresultaat, het gepubliceerde artikel, niets terug te vinden. Het is zorgvuldig gezuiverd van iedere zweem zweetlucht, van iedere menselijke emotie.

Dat komt ook tot uitdrukking in de taal die in de artikelen gebezigd wordt. Het is Engels, maar wel een speciaal soort. Het verraadt geen spoor van een persoonlijke stijl van de auteurs. Wie een halve bladzij Gerard Reve of Willem Elschot leest weet met wie hij te doen heeft, daar kan geen misverstand over bestaan. De taal van de wetenschappelijke publikatie vertoont niets van die aard. De persoon van de schrijver blijft er volstrekt buiten. De woordenschat is ook zeer beperkt, met een paar honderd woorden kom je al een heel eind. Robotten-Engels. Taal die door een computer kan worden beheerst. Het onpersoonlijke wordt nog onderstreept door het konsekwent gebruik van de lijdende vorm. Woorden als 'ik', 'mijn', of bij meerdere auteurs, 'wij', 'onze' ontbreken. Er staat niet 'ik heb waargenomen', of 'wij concluderen', maar: 'it was observed' en 'it is concluded'.

Voor wie hier van jongs af aan mee vertrouwd is lijkt dit alles de gewoonste zaak van de wereld. Je weet niet beter of het hoort zo. Voor mij was het daarom een verrassing toen ik ontdekte dat het niet altijd zo is geweest. In de Transactions of the Royal Society van het jaar 1672 staat een artikel dat tot de beroemdste in de geschiedenis van de natuurkunde wordt gerekend. Het handelt over de splitsing van wit zonlicht in een spectrum van kleuren met behulp van een prisma. Het is geschreven door Isaac Newton. De eerste zinnen luiden, in vertaling, als volgt.

'Om mijn kort geleden aan u gedane belofte in te lossen zal ik u nu, zonder verdere formaliteiten, in kennis stellen van het feit dat ik in het begin van het jaar 1666 (toen ik mij bezig hield met het slijpen van lenzen met een niet-bolvormig uiterlijk) een driehoekig glazen prisma vervaardigd heb om daarmee de beroemde verschijnselen der kleuren te onderzoeken. Daartoe verduisterde ik mijn kamer en maakte een klein gaatje in de vensterluiken om een geschikte hoeveelheid licht binnen te laten, en ik plaatste mijn prisma in de binnenvallende bundel met de bedoeling dat het licht zou worden afgebogen naar de tegenover liggende wand. Eerst gaf het mij een aangename gewaarwording om de heldere en intense kleuren te zien die hierdoor tevoorschijn werden geroepen; maar na een ogenblik, toen ik er wat nauwlettender naar keek, was ik verrast te zien dat het spectrum een langwerpige vorm had, terwijl ik op grond van de gangbare opvattingen verwacht had dat het cirkelrond zou zijn.'

Het kan niet op. Hier is iemand aan het woord, een mens, die beloften doet en inlost, lenzen slijpt, prisma's vervaardigt en daar trots op is (*mijn* prisma!), een mooi gevoel krijgt van mooie kleuren, die iets verwacht had maar dan verrast wordt doordat hij wat anders ziet en dat onbevangen opschrijft. Het artikel zou vandaag door ieder derderangs tijdschrift geweigerd worden wegens het gebruik van onwetenschappelijke taal.

Onthullend is ook het volgende. P. van der Hoeven (over wie verder niets dan goeds) geeft in zijn boek 'Newton' dezelfde passage weer in wat hij een verkorte vorm noemt. Die verkorte vorm bestaat hierin dat hij, evenals hierboven, een letterlijke vertaling van de tekst produceert met weglating van de passages met een persoonlijke kleur die ik zojuist naar voren haalde. Met één uitzondering. 'I was surprised' wordt 'vertaald' met: 'Het wekte mijn belangstelling'. Dat kan er blijkbaar nog net mee door: de belangstelling van de onderzoeker mag nog gewekt worden, maar verrast mag hij niet zijn, althans daarvan geen blijk geven. Zo wordt de aanstootgevende tekst van Newton gezuiverd van subjectieve smetten en geschikt gemaakt om verteerd te worden door lezers van de twintigste eeuw die menen te weten wat er van de wetenschap verwacht mag worden: een bemoeienis met de 'objectieve' werkelijkheid, los van de mens, waarover alleen in objectieve termen mag worden bericht.

Men kan tegenwerpen dat dit allemaal nogal overdreven klinkt. Wat moeten we met persoonlijke uitweidingen in de wetenschappelijke literatuur? De tijdschriften zouden nog weer beduidend omvangrijker worden dan ze al zijn en er wordt toch al zoveel papier verknoeid. Een kwestie van economie dus. Bovendien weten we als natuurkundigen allemaal dat de beschrijving van ons onderzoek in wetenschappelijke artikelen een abstractie is en geen verslag van wat zich werkelijk heeft afgespeeld. Maar dat laatste, de verwevenheid met persoonlijke emoties, de kronkelpaden, het vergoten zweet, dat kennen we goed genoeg uit eigen ervaring. Dat hoeft toch niet tot vervelens toe te worden herhaald?

De tegenwerpingen zijn niet onredelijk, hoewel ook niet erg overtuigend. Papiereconomie speelt in de wetenschappelijke wereld geen grote rol. Voor alles wat enig belang heeft en voor veel wat geen enkel belang heeft is papier genoeg beschikbaar. Het weglaten van de subjectieve passages in Newton's artikel levert een besparing van een paar regels op. Bovendien: 'I observed' is korter dan 'It was observed'. En wat het tweede bezwaar betreft: dat is nu precies wat in alle romans, gedichten, muziek en schilderkunst gebeurt. Het gaat daar wel altijd over dezelfde menselijke (emotionele) ervaringswereld, maar vervelend wordt het niet.

Maar goed. Het is mij er niet om begonnen een pleidooi te houden voor de wederinvoering van persoonlijke ontboezemingen in de wetenschappelijke literatuur. Waar het om gaat is de gebezigde vorm en taal te signaleren als *symptomen* van een geestesgesteldheid, een filosofie. De vorm en de inhoud zijn volmaakt één. En de inhoud, de boodschap is deze: denk er om, het gaat hier om een *objectieve werkelijkheid*, die bestaat buiten de mens om, maar die door hem gekend kan worden en vastgelegd in éénvoudige wetten die ook op hemzelf van toepassing zijn.

De vraag of er wel zo'n objectieve werkelijkheid bestaat is een hoofdvraag geweest in de twintigste-eeuwse natuurkunde. De belangrijkste, beroemdste en meest vasthoudende voorvechter om deze vraag met ja te beantwoorden was Albert Einstein. De vraag is intussen, naar het schijnt definitief, beantwoord. Het antwoord is nee. We zullen dat in één van de volgende hoofdstukken nader toelichten.

2. Niets menselijks vreemd

'We zijn zo eerzuchtig dat we over de
hele wereld bekend zouden willen zijn,
zelfs bij de generaties die na ons komen.
En we zijn zo ijdel dat we blij en tevreden
zijn als vijf of zes mensen uit onze
omgeving ons waarderen.'

Blaise Pascal

George Steiner, de Engelse taalfilosoof uit Cambridge, vertelt
ergens de volgende belevenis uit zijn kinderjaren. Toen hij
ongeveer zes jaar oud was ving hij een gesprek op tussen zijn
vader die bankier was en iemand anders. 'Daarop vroeg ik
mijn vader wat het verschil was tussen obligaties en aandelen
of tussen de bank en de beurs. Hij zei: 'Dat weet ik opdat jij
het nooit hoeft te weten.' Hij had besloten het mij mogelijk te
maken wetenschapsman te worden of schrijver. Het was zijn
levensdoel dat ik zulke onzin niet zou weten en dat ik nooit
mijn tijd zou verspillen aan zo iets idioots.'
In de voorstelling van Steiner senior bestonden er blijkbaar
twee werelden. Aan de ene kant de gewone mensenwereld
waarin het gaat om geld, macht en invloed, een strijd die
gewoonlijk niet de mooiste eigenschappen in de mens naar
boven brengt. Aan de andere kant de wereld van de wetenschap, waarin zulke emoties geen rol spelen, waarin toege-
wijde geleerden zich in alle rust uitsluitend bekommeren om
het zoeken naar de waarheid. Een *verheven* wereld, bevolkt
door serene, etherische geleerden.
De academische wereld van de jaren vijftig waarin ik mijn
intrede deed als schuchter assistent van een hoogleraar vertoonde veel overeenkomst met het beeld dat vader Steiner
voor ogen stond. Het meest uitgesproken kenmerk dat ik me
er van herinner was de *rust*. Niet de rust van het kerkhof, maar
de rust, de stilte die het mogelijk maakte om diep geconcentreerd na te denken over het wetenschappelijk probleem waar
je mee bezig was. Die sfeer werd voortreffelijk onder woorden gebracht door Karel van het Reve, die op de vraag van een
interviewer: 'Wat doet een professor nu zoal de hele dag?'

antwoordde: 'Ach, ik zit wat achter mijn bureau te suffen en af en toe schrijf ik wat op.' Een academische sfeer. De problemen waaraan gewerkt werd werden in volle vrijheid en zonder enige beperking van buiten af gekozen door de onderzoeker zelf. Niemand vroeg hem, bijvoorbeeld, wat de maatschappelijke relevantie van zijn bezigheden was. Evenmin werd hem gevraagd of zijn 'produktie' wel voldoende groot was. Als het onderzoek tot resultaten leidde die de onderzoeker voldoende bevredigden en die hij de moeite waard vond om in de internationale vakliteratuur te publiceren dan deed hij dat. Daarbij werd over het algemeen een zo grote mate van zelfkritiek geoefend dat het aantal publikaties per manjaar onderzoek vrij gering was, maar wel van een goede, gedegen kwaliteit. Die publikaties verschaften hem toegang tot het internationale forum van vakgenoten, met wie hij contact onderhield via briefwisseling en door met enige regelmaat conferenties te bezoeken. De onderlinge omgang aldaar was overwegend vriendelijk, welwillend, waarderend. Zo was het in mijn herinnering, en die zal wel gekleurd zijn door de afstand van de jaren die altijd het effect heeft de minder aangename kanten uit te wissen. Anderzijds vind ik dezelfde atmosfeer terug in de prachtige memoires ('Het toeval van de werkelijkheid') van Casimir, de grand old man van de Nederlandse natuurkunde, waarin hij zijn belevenissen uit de jaren twintig en dertig te boek stelde, die zich afspelen temidden van de grote natuurkundigen van die tijd.

Ik wil niet beweren dat er vandaag van deze academische sfeer niets meer over is, maar wel dat het beeld aanzienlijk genuanceerd moet worden. Hoe is het bijvoorbeeld George Steiner vergaan? Hij vertelt van een bezoek dat hij in 1956 als jong student te Boedapest bracht aan de grote filosoof Georg Lukacs. 'Toen ik zijn studeerkamer binnenkwam, bedremmeld en schutterig omdat ik hem zo bewonderde, zat hij aan zijn bureau. Een kleine man met een groot hoofd. Achter hem stonden veertig delen eigen werk. Hij keek me aan – zo breng je mensen van hun stuk – en zei niets. Ik moest iets zeggen. Het enige waar ik opkwam was: 'Hoe hebt u dat allemaal kunnen schrijven?' En het fraaie antwoord was: 'Niets aan, Steiner. Huisarrest! Huisarrest!' Natuurlijk had hij gelijk. We reppen ons nu van het ene stomme congres naar het andere. Krijgen 366 uitnodigingen per jaar. We zijn vliegveldprofessoren. De vliegvelden zijn tegenwoordig onze universiteit. Maar als je huisarrest hebt dan schrijf je, werk je, denk je na.' De belangrijkste verandering die heeft plaats gevonden is niet zozeer dat onze studenten niet meer schutterig of bedremmeld onze kamers binnenkomen omdat zij ons zo bewonderen, maar 'Hoi' zeggen of op zijn best 'Hallo'. Steiner constateert dat de rust weg is en dat dat niet bevorderlijk is voor geconcentreerd nadenken.

Hoe is dat zo gekomen? Er is een complex van oorzaken die ik niet allemaal zal noemen. Eén van de belangrijkste is de sterke massificatie van de universiteiten. De studentenaantallen zijn een veelvoud van wat ze veertig jaar geleden waren. De aantallen hoogleraren en wetenschappelijke medewerkers hebben daarmee gelijke tred gehouden. Daarmee is ook het potentieel voor wetenschappelijk onderzoek enorm toegenomen. Bovendien zijn in vakgebieden zoals de natuurkunde waar het experiment een centrale plaats inneemt de kosten voor de steeds verfijndere apparatuur een veelvoud van wat ze waren. De totale kosten rezen zo sterk de pan uit dat regering en parlement zich genoodzaakt zagen beperkingen op te leggen. En dat niet alleen. Ze begonnen ook vragen te stellen. Waar is al dat onderzoek eigenlijk goed voor? Wat schiet de maatschappij er mee op? Werken al die onderzoekers wel hard genoeg? Wat produceren ze eigenlijk? Hoe kan je dat meten? Daarmee heeft het *geld* zijn intrede gedaan in de serene wereld van de wetenschap als factor van belang. En dat is, zoals vader Steiner uit ervaring wist, nooit bevorderlijk om de dingen mooi te houden. De hedendaagse hoogleraar is (naast wat hij allemaal nog meer is: docent, onderzoeker, lid van talloze commissies) een ondernemer(tje) geworden. Hij drijft een winkel. Het personeel van de winkel bestaat, behalve uit hemzelf, gemiddeld uit zo'n twee vaste medewerkers, vijf assistenten in opleiding, een technicus en een secretaresse. De jaarlijkse salariskosten van dat gezelschap liggen tussen een half en een heel miljoen gulden. Daar komen dan nog bij de kosten van laboratoriumruimte en apparatuur en de centrale voorzieningen zoals werkplaatsen en administratie. Een miljoen per jaar is een lage schatting voor de totale kosten van dit winkeltje.

Wat is de opbrengst, het produkt, 'output' genaamd? Dat zijn overwegend wetenschappelijke artikelen die in vaktijdschriften worden gepubliceerd. Voor een groep van de genoemde grootte ligt het aantal op tien tot twintig per jaar. De gemiddelde omvang is zo'n vijf pagina's per artikel, zodat de kostprijs, laag geschat, tienduizend gulden per pagina bedraagt. Het produkt moet ook verkocht worden. Het eerste wat gebeuren moet is dat het artikel door een tijdschrift van zo hoog mogelijke wetenschappelijke standing geaccepteerd wordt. Op wat daar bij komt kijken kom ik straks nog terug. Maar daarmee ben je er niet. Er moet ook bereikt worden dat het artikel gelezen wordt door vakgenoten en als het even kan door hen geciteerd wordt in hun publikaties ten bewijze dat jouw werk tenminste niet onopgemerkt is gebleven.

Anders dan men zou denken gaat dat niet vanzelf. Men zou, naief, kunnen menen dat de enige factor die telt de kwaliteit van het gepubliceerde werk is. Als dat goed is wordt het vanzelf opgemerkt door vakgenoten die ijverig de literatuur bestuderen om zich van de stand van de wetenschap op de hoogte te houden. Het is niet ongewoon dat het zo gebeurt, maar het is niet meer vanzelfsprekend. De groei van het wetenschappelijk onderzoek is wereldwijd explosief en zo is het ook gesteld met de hoeveelheid gepubliceerd werk. Zelfs binnen de steeds enger wordende specialismen is het niet meer mogelijk alles te lezen, laat staan te bestuderen, wat er verschijnt. Men moet een keus maken. En die keus wordt zeker niet alleen bepaald door de kwaliteit van het artikel (daarvoor moet men het eerst gelezen hebben!). Een belangrijke factor wordt dan of de naam van de auteur je iets zegt of niet. Naamsbekendheid, daar komt het op aan en de lezer herkent hier onmiddellijk een belangrijk begrip uit de wereld van de reclame. Zoals een fabrikant van magneetbandjes hoopt dat een koper in de winkel zich de letters PDM herinnert van de pet van een wielrenner in de Tour de France, zo hoopt een hedendaagse wetenschapper dat een vakgenoot die moet besluiten of hij zijn artikel wel of niet zal bestuderen, zich zijn naam en gezicht zal herinneren van de conferentie waar hij die aardige voordracht hield, zo'n slimme vraag stelde of zich tijdens de maaltijd vriendelijk met hem onderhield. Goed voor de naamsbekendheid is het ook als men weet door te dringen tot het internationale circuit waar de publicitair hoogwaardige functies, zoals redacteur van een tijdschrift of lid van een organisatiecommissie van een conferentie, worden verdeeld. Het hebben van de goede vrienden op de juiste plaats is hier niet onbelangrijk.

Het bovenstaande is gechargeerd en éénzijdig. Men bezoekt heus niet alleen conferenties om zichzelf te adverteren maar ook, en vooral, om met vakgenoten te discussiëren en hun vorderingen te vernemen. Men wint echt geen Nobelprijs door een goed reclamebureau in de arm te nemen. De besten komen toch wel bovendrijven. Maar één of twee niveaus daaronder, waar nog altijd goed en waardevol werk wordt verricht, daar is de mate waarin men aan de weg weet te timmeren van niet te onderschatten belang.

Waarom is het eigenlijk zo belangrijk voor een wetenschapper dat zijn artikelen gepubliceerd, gelezen en geciteerd worden? In de eerste plaats natuurlijk omdat dat een erkenning inhoudt door anderen van wat hij gepresteerd heeft (ik kom daar nog op terug). Maar in de tweede plaats gewoon, laag bij de grond, omdat het voor hem broodnodig is om de geldmiddelen te verwerven die voor de voortzetting van zijn werk noodzakelijk zijn. Die komen namelijk niet uit de lucht vallen. Het miljoen per jaar voor een gemiddelde vakgroep moet opgebracht worden door een geldverschaffer die dat er voor over heeft. Een sponsor. De hoofdsponsor van universitair wetenschappelijk onderzoek is de overheid (eerste en tweede geldstroom), op afstand gevolgd door de industrie (derde geldstroom). Die geldstromen moeten verdeeld worden over de onderzoeksgroepen die met zijn allen beduidend meer wensen hebben dan door de beschikbare geldmiddelen vervuld kunnen worden. De spoeling is dun. Dat leidt tot gedrang rondom de voederbakken.

Ik hoef niet in detail in te gaan op de procedures waarmee de middelen worden verdeeld. Ook zonder dat is het gemakkelijk voorstelbaar wat de gevolgen zijn. De resultaten van het onderzoek moeten voortdurend beoordeeld worden. Daartoe moet de onderzoeker regelmatig, zeg eens in de twee jaar, een uitvoerig verslag produceren van wat hij gedaan heeft en wat er uitgekomen is. Resultaten, waarvan de lijst met publikaties de belangrijkste is. Hij doet er goed aan bij de presentatie van het verslag de regels van het reclamevak niet te veronachtzamen. Het verdient in het bijzonder aanbeveling om hoog op te geven van de heilzame gevolgen die het onderzoek zal hebben in eventuele praktische toepassingen. Bescheidenheid is ook hier een deugd die niet loont. Het rapport wordt voorgelegd aan een aantal – meest binnenlandse – vakgenoten die er een oordeel over moeten geven, uitgedrukt in een cijfer. De cijferschaal loopt van 1 tot 10: 1 is het hoogste, Nobel-prijs-niveau, en wordt nooit gegeven. De gegeven cijfers liggen vrijwel allemaal tussen 3 (nog heel goed) en 5 (behoorlijk, maar niet geweldig). Het kan van groot belang zijn of men een 3.4 dan wel een 3.9 scoort. De uitslag van de beoordeling wordt door de onderzoekers met dezelfde spanning verbeid als die waarmee hun studenten op het resultaat van hun tentamens wachten.

De beoordelaars zijn dus de collega's. De winkeliers van de concurrerende winkels. Het uitreiken van een hoog cijfer aan een collega is niet zonder risico: het geld dat naar hem gaat komt in elk geval niet bij jou terecht. De collega's zijn, zeker in een klein land als het onze, mensen die men kent. Die men, behalve meer of minder bekwaam, ook aardig vindt of onaangenaam, arrogant of bescheiden, bedreigend of ongevaarlijk. Het is duidelijk dat onder zulke omstandigheden het vellen van een objectief en integer oordeel niet eenvoudig is. Ik ben er van overtuigd dat verreweg de meesten van ons het ernstig proberen en evenzeer dat het niet, of niet voldoende, lukt. We zijn ook maar mensen die in het gedrang van de 'struggle for life' en de 'survival of the fittest' niet altijd door de hoogste ethische normen worden beheerst.

We zullen nu wat nader ingaan op de wijze waarop resultaten van onderzoek door de wetenschappelijke wereld worden aanvaard of verworpen. Het boek 'De diefstal van Prometheus' van C.D. Andriesse (die wij al eerder tegenkwamen) bevat een verslag van een in dit opzicht leerzame ervaring. De schrijver, als natuurkundig ingenieur aangesteld op een sterrenkundig laboratorium als specialist voor de fysische meetapparatuur, houdt daar voldoende tijd over om een eigen stuk onderzoek op te zetten. Het ligt op het terrein van de astrofysica (de natuurkunde van de sterrenwereld), waarin hij zijn kennis van de natuurkunde kan combineren met wat hij aan sterrenkunde uit zijn omgeving oppikt. Hij werkt in volstrekte eenzaamheid, in grote vrijheid, maar met onverschilligheid bejegend door de astronomen om hem heen, aan een theoretisch onderzoek van de fysische gebeurtenissen die zich op een ver verwijderde ster, Carina, afspelen. Voor zijn gefascineerde ogen neemt het resultaat langzaam de vorm aan van een eenvoudige, elegante formule, die, naar hij vermoedt en later aannemelijk maakt, een breed gebied van waarnemingen in de astrofysica beschrijft. Hij is verrukt.

En dan komt het. Hij biedt de resultaten in de vorm van een artikel aan een eersterangs tijdschrift aan. Het wordt geweigerd. Een tweede, eveneens gerenommeerd tijdschrift weigert niet ineens, maar blijft een lange tijd moeilijk doen. (Voor wie het niet weet: de tijdschriften schakelen voor de beoordeling van aangeboden artikelen zogenaamde 'referees' in, scheidsrechters, deskundige vakgenoten. Bij eersterangs tijdschriften zijn dat zwaargewichten. Weigering van een artikel betekent dan afgewezen worden door het establishment in je vakgebied). Moe geworden besluit Andriesse het dan maar een trapje lager te zoeken. Een tijdschrift van aanzienlijk mindere allure dan de eerste twee besluit ten slotte tot publikatie. Intussen heeft hij zijn bevindingen ook mondeling uiteengezet aan een aantal deskundigen in binnen- en buitenland. Hij stuit vrijwel overal op gebrek aan interesse, scepticisme, ongeloof. Totdat het werk uiteindelijk, jaren later, toch nog doorbreekt met als resultaat een 'invited lecture', waarover later meer.

Deze ervaring van Andriesse staat niet alleen. Ik heb zelfs de sterke indruk – en kan dat met vele voorbeelden aannemelijk maken – dat de moeilijkheid om resultaten geaccepteerd te krijgen in de wetenschappelijke wereld groter is naarmate het werk vernieuwender, origineler, baanbrekender (achteraf!) is. Ik zal me tot twee voorbeelden beperken. Ze hebben betrekking op de twee grootsten uit de geschiedenis van de natuurkunde.

Het werk van Newton aan de spectrale splitsing van het licht, dat al eerder ter sprake kwam, werd wel ineens gepubliceerd in de Transactions of the Royal Society, maar daarmee begonnen de moeilijkheden pas echt. Het werk werd door de vakgenoten niet geaccepteerd. Sommigen gingen zo ver de juistheid van de experimenten in twijfel te trekken, iets waardoor Newton buitengewoon gegriefd was. Anderen, zoals Boyle en Hooke, twee vooraanstaande natuurkundigen uit die tijd, die door de Royal Society als referee waren aangewezen om het artikel kritisch te bestuderen en daarover aan het genootschap te rapporteren, aanvaardden wel de experimenten maar verwierpen de verklaring. In het bijzonder meende Hooke dat er niets nieuws was aangetoond, maar dat Newton's resultaten heel goed met zijn eigen – Hooke's – theorie van het licht konden worden verklaard. (Hier stuiten wij op het paradoxale trekje dat de meest vooraanstaande vakgenoten misschien juist niet de meest objectieve beoordelaars van nieuwe ideeën zijn. En wel hierom: ze zijn zo vooraanstaand omdat hun eigen ideeën algemeen aanvaard zijn. Dat maakt het – en hoe gewoon menselijk is dat – voor hen niet eenvoudig om resultaten te accepteren die hun eigen werk als achterhaald bestempelen en daarmee hun grote naam enige schade toebrengen). De strijd om de vraag wie gelijk had werd door Newton en zijn opponenten met de nodige hevigheid en onnodige bitterheid gestreden. De controverse heeft Newton hevig teleurgesteld en zijn toch al niet grote gretigheid tot het publiceren van zijn werk nog verder verkleind. (Let op de jaartallen: 1666 ontdekking van de kleurschifting; 1672 publikatie). Pas in 1704 – weer 32 jaar later – heeft hij het geheel van zijn inzichten in de aard van het licht gepubliceerd in zijn grote werk 'Opticks'. Dit jaartal wordt door sommigen, en waarschijnlijk niet ten onrechte, in verband gebracht met het feit dat Hooke in 1703 overleed. Newton's afkeer van controversen was allergisch.

Het is Einstein niet anders vergaan. 'Voor zijn bijdragen tot de theoretische natuurkunde en in het bijzonder voor zijn ontdekking van de wet van het foto-elektrisch effect'. Zo luidt de motivering van het Nobelprijs-comité dat hem in 1921 – eindelijk! – de prijs toekende. De ontdekking waarvan sprake is stamt uit 1905. Uit datzelfde jaar dateert zijn speciale relativiteitstheorie waardoor hij bij het grote publiek veel grotere bekendheid geniet en die al evenzeer een Nobelprijs waard geweest was. Maar zover was het comité zelfs in 1921 nog niet. Nog verbazingwekkender is wat er in de motivering van het comité staat en vooral wat er niet staat met betrekking tot het foto-elektrisch effect. Dit is het verschijnsel dat uit een stuk metaal, door het te bestralen met licht, elektronen kunnen worden vrijgemaakt. (Het wordt o.a. gebruikt in belichtingsmeters van camera's). De wet die door Einstein geformuleerd werd en waarvan in de motivering sprake is, komt er op neer dat de energie van de vrijkomende elektronen evenredig is met de frekwentie van het opvallende licht. Dit werd toentertijd door iedereen aanvaard op grond van experimentele resultaten. Maar dat gold niet voor de volstrekt revolutionaire *verklaring* die Einstein voor deze wet voorstelde. Die werd, ook in 1921 nog, eendrachtig door alle vooraanstaande fysici betwijfeld. Die verklaring hield in dat een lichtbundel, althans in dit experiment, moest worden voorgesteld als een stroom *deeltjes*, lichtkwanta, later *fotonen* genoemd. Dat was daarom zo revolutionair omdat nog niet zo lang tevoren een strijd van twee eeuwen over de vraag: is het licht een golfverschijnsel of een deeltjesstroom? definitief beslecht leek ten gunste van de golven. En daar kwam Einstein dan weer een stap terug zetten. Erger nog: Einstein ontkende niet dat het licht (ook) een golfverschijnsel was. Zijn verklaring impliceerde dat het niet het één *of* het ander, maar het één *en* het ander was. Dat ging het voorstellingsvermogen te boven en was daarom onaanvaardbaar. Dat moest slechts enkele jaren later (ongeveer vanaf 1925) wel door iedereen aanvaard worden onder de overstelpende last van de aangedragen bewijzen. Het vormde de basis van de werkelijk revolutionaire ontwikkeling van de natuurkunde in de twintigste eeuw, de kwantummechanica. Abraham Pais, de schrijver van de briljante Einstein-biografie ('Subtle is the Lord') geeft een meeslepende beschrijving van de geschiedenis van het foton, van verwerping tot aanvaarding, die ik hier niet volgen zal, maar waaruit ik nog één illustratie overneem. In 1913 wordt Einstein door een viertal prominente natuurkundigen, waaronder Max Planck, voorgedragen als lid van de Pruisische Academie van Wetenschappen. In hun aanbevelingsbrief roemen zij hem uitvoerig als een briljant fysicus, maar eindigen met de volgende verontschuldiging voor zijn misstappen: 'Dat hij soms de plank heeft misgeslagen met zijn speculaties zoals, bijvoorbeeld, zijn hypothese van de lichtkwanta, kan hem niet al te kwalijk worden genomen'. In het verband van deze geschiedenis merkt Pais op: 'Fysici zijn conservatieve revolutionairen (!) die zich zo lang mogelijk en tot elke intellectuele prijs tegen vernieuwing verzetten, maar die zich overgeven als het bewijsmateriaal niet meer voor tegenspraak vatbaar is.' We zullen verderop nog zien hoe – ironisch genoeg – Einstein zelf in zijn latere leven een prachtige illustratie van deze uitspraak heeft verschaft omdat hij zich met hand en tand verzet heeft tegen de aanvaarding van de kwantummechanica, waarvan hij één van de voornaamste grondleggers is geweest.

De lezer vraagt zich misschien af waar ik met deze verhalen heen wil. 'Goed', kan hij zeggen, 'de aanvaarding van nieuwe ideeën kost tijd en moeite, er moeten weerstanden overwonnen worden, maar uiteindelijk triomfeert toch de waarheid. De besproken fysici hebben de triomfen nog royaal tijdens hun leven kunnen vieren. Dat is elders in het leven wel anders. Was niet de Duitse ingenieur Diesel reeds lang overleden voordat iemand iets in zijn motor zag? Is Vincent van Gogh niet straatarm gestorven zonder ooit één doek verkocht te hebben?' Dat is op zichzelf niet onjuist, al is het wel zo dat ik hier uitsluitend succesverhalen beschreven heb met een gelukkige afloop. Het is volstrekt onbekend hoeveel briljante ideeën van natuurkundigen het niet gehaald hebben en omdat tijdschriften er geen archief van afgewezen artikelen op na houden zal die geschiedenis ook wel ongeschreven blijven. Maar dat is niet het onderwerp van dit hoofdstuk. Het gaat hier om een schets van de wereld van de wetenschap als een wereld van *mensen*, aan wie niets menselijks vreemd is. Daarvan wil ik nog één aspect naar voren halen.

Zeg tegen een boer: 'Wat doet u toch een prachtig werk, dat produceren van al die melk voor het welzijn van de mensheid', en hij zal u aankijken of u niet goed wijs bent. Daar heeft hij nooit een seconde bij stil gestaan, dat is wat hem betreft een waarheid als een koe. De zin van zijn werk is een gegeven, zijn enige zorg is of hij ervan leven kan. Zeg tegen een wetenschapper: 'Ik heb je laatste artikel gelezen. Ik vond het bijzonder goed', en hij zal u dankbaar zijn. Hij heeft behoefte aan erkenning van de zin van zijn werk. De behoefte aan erkenning is des te groter naarmate men meer aan die zin twijfelt.

Voor die twijfel is wel enige reden. Een maat voor het succes van een artikel is de regelmaat waarmee het in de wetenschappelijke literatuur door anderen wordt geciteerd. Welnu: vijftig procent (de helft!) wordt helemaal nooit geciteerd. Als ze al gelezen zijn heeft dat geen zichtbare sporen nagelaten. Het werk staat nog een aantal jaren ter inzage in de bibliotheken, in de vorm van in lederen banden gebonden dikke tijdschriftjaargangen. Na verloop van tijd worden ze afgevoerd naar de opslagkelders. De andere helft wordt gemiddeld minder dan tweemaal (1.7 maal om precies te zijn) aangehaald. Dat houdt ook niet bepaald over en kan geen stevige basis vormen voor een gevoel van levensvervulling van de gemiddelde onderzoeker. De citaties sterven meestal na vijf à tien jaar uit. Van deze artikelen kan de onderzoeker tenminste hopen en af en toe vermoeden dat ze iets bijgedragen hebben aan de vooruitgang van de wetenschap. Hij kan het enigszins afmeten aan de mate waarin het werk een rol speelt in standaardwerken over het vakgebied. Slechts een zeer klein gedeelte verduurt de tijd. We zijn dan op het niveau van Nobelprijswinnaars.

In dit licht bezien kan men de volgende passage op zijn waarde schatten. Andriesse, wiens bijdrage tot de astrofysica dan toch nog erkenning vond doordat hij een lezing op uitnodiging mocht houden, vertelt daarover:

'En dan was daar mijn voordracht, na zoveel andere. Applaus, langdurig applaus, maar geen vragen. Ik loop na afloop alleen rond, vind het wel goed zo. Daar komt een kleine vrouw uit het gezelschap naar me toe. Ze zegt: 'Ik weet hoe mannen zijn, ze zeggen niet wat ze denken. Mijn man werkt bij Conti in Boulder. Hij heeft je artikel al een tijdje in huis. Toen hij het gelezen had was hij stil. Hier is een 'guy' die het begrepen heeft, zei hij. Toen heeft hij bij ons thuis vandaan een collega in Harvard opgebeld die je artikel ook gelezen had. Dat duurde bijna een uur. Weet je hoe duur een long distance call is?'

Er staat niet bij of hij haar omhelsd heeft. Ik denk niet dat er veel onderzoekers bestaan die niet het gevoel herkennen dat in dit citaat beschreven wordt.

Tenslotte nog dit. De vraag naar de zin van het onderzoek is in het voorgaande in verband gebracht met de weerklank die het bij anderen ondervindt. Dat is belangrijk, het is een elementaire menselijke behoefte, maar het is niet het enige. Het wetenschappelijk onderzoek heeft voor wie het doet ook een zin in zichzelf. Het verschaft momenten van grote schoonheid, van diepe bevrediging, een gevoel van geluk. Die momenten zijn niet talrijk, maar ze kunnen lange perioden van inspanningen en tegenslagen goedmaken. Ze kunnen ook een onderzoeker die het aan weerklank ontbreekt aan de gang houden. Zolang zijn sponsors hem dat tenminste toestaan.

3. Alles begrijpen

'*Een volledige, samenhangende,
geünificeerde theorie is slechts de eerste
stap. Ons doel is een volledig begrip van
de gebeurtenissen om ons heen en van ons
eigen bestaan.*'

Stephen Hawking

Op zoek naar de superkracht

Eenvoud is het kenmerk van het ware. Dat is een spreek-
woord dat niet door natuurkundigen uitgevonden is (het
stamt uit de klassieke oudheid) maar dat hun wel op het lijf
geschreven is. Natuurkundigen zijn zoekers naar eenvoud en
dat zoeken wordt beloond. 'De wereld', heeft Newton al
gezegd, 'is eenvoudig in zijn innerlijke structuur, en wel des te
eenvoudiger naarmate hij beter begrepen wordt'. De eenvoud
van de natuur die de onderzoekers ontmoeten is geschreven in
de taal van de wiskunde. Eenvoudige, elegante wiskundige
formules herbergen een wereld van verschijnselen. Voor wie
er oog voor heeft stralen de formules schoonheid uit. Vandaar
dat natuurkundigen ook graag de regels van de Engelse dichter John Keats aanhalen: 'Schoonheid is waarheid, waarheid is
schoonheid'.
Eenvoud is voor de natuurkundige het scheppen van orde in
een wanorde van verschijnselen die op het eerste gezicht niets
met elkaar te maken hebben. De getijdestromingen van de
oceanen, het feit dat een appel van een boom valt, de beweging
van de planeten om de zon, het lijken drie volstrekt onafhan-
kelijke verschijnselen. Het is Newton geweest die heeft laten
zien dat ze alle drie stoelen op dezelfde wet, de algemene
zwaartekrachtswet, die een buitengewoon eenvoudige en elegante vorm heeft. De wet zegt dat er een aantrekkende kracht
bestaat tussen twee lichamen die opgebouwd zijn uit 'massa'
en die afneemt als de afstand tussen de massa's groter wordt.
De zwaartekracht werkt tussen de maan en de wateren van de
oceanen, tussen de aarde en een appel, tussen de zon en een
planeet. De zwaartekracht is vergeleken met de andere krach-

ten die in de natuur voorkomen (waarover straks meer) buitengewoon zwak, zodat hij alleen goed merkbaar is als minstens één van de lichamen erg veel massa bevat. In de genoemde voorbeelden is daaraan voldaan: de maan, de zon, de oceanen, de planeten zijn zeer 'massieve' lichamen. Daarom overheerst de zwaartekrachtswet in de wereld van de sterren, maar is er niets van te merken in de wereld van de atomen. Daar heersen andere krachten.

Zo zijn er elektrische en magnetische krachten. Elektrische krachten zijn krachten tussen twee elektrisch geladen deeltjes, waarvan er twee soorten bestaan: positief en negatief geladen deeltjes. De naamgeving is niet toevallig omdat de twee soorten lading, als ze bij elkaar gebracht worden, elkaar kunnen opheffen en samen een lading nul kunnen opleveren. Zo bestaat het atoom van het eenvoudigste element, waterstof, uit een positief geladen kern, een proton, waar omheen een veel lichter en negatief geladen deeltje, een elektron, draait als een planeet om de zon. De lading van het elektron is even sterk negatief als die van het proton positief is. De totale lading van het atoom is dus nul, het atoom is elektrisch neutraal. Twee positief geladen deeltjes oefenen een afstotende kracht op elkaar uit; dat doen ook twee negatief geladen deeltjes, terwijl een positief en een negatief geladen deeltje elkaar aantrekken. De wet die de kracht tussen twee geladen deeltjes beschrijft lijkt als twee druppels water op de zwaartekrachtswet van Newton. Alleen zijn de 'massa's' die in de laatste voorkomen nu vervangen door de ladingen van de beide deeltjes.

Het is moeilijk precies uit te leggen wat magnetische krachten zijn. Het zijn krachten tussen twee magneten, maar dat heldert weinig op. Twee dingen zijn wel duidelijk. Ten eerste dat een magneet altijd twee 'polen' heeft, een noordpool en een zuidpool, die twee tegengestelde soorten 'magnetische lading' bevatten. Twee noordpolen (van verschillende magneten) en ook twee zuidpolen stoten elkaar af, een zuid- en een noordpool trekken elkaar aan. Ten tweede dat een magneet alleen te vervaardigen is uit een zeer beperkt aantal soorten materialen, waarvan ijzer de bekendste is. Maar het gaat hier verder niet om gedetailleerd begrip van elektriciteit en magnetisme. Waar het om gaat is dat in de loop van de negentiende eeuw steeds duidelijker werd dat die twee iets met elkaar te maken hebben. Een draad waardoor een elektrische stroom loopt bleek in zijn omgeving een kracht op een magneet uit te oefenen. Omgekeerd bleek een bewegende magneet in een gesloten metaaldraad een elektrische stroom te kunnen opwekken (daarop berust de werking van een fietsdynamo). Na een lange geschiedenis gelukte het uiteindelijk Maxwell om de twee verschijnselen volledig onder één noemer te brengen: de theorie van het elektromagnetisme. De wiskundige formulering van die theorie, de vier vergelijkingen van Maxwell, is een wonder van schoonheid, van compactheid, van samengebalde zeggingskracht. Ze beschrijven het hele uitgebreide gebied van elektromagnetische verschijnselen zoals röntgenstralen, licht en radiogolven (die door de Maxwell-vergelijkingen eerst voorspeld en pas later gevonden zijn).

De Maxwell-theorie is een prachtig voorbeeld van *unificatie*: eenmaking, het onder één noemer brengen van twee of meer groepen verschijnselen van ogenschijnlijk totaal verschillend karakter. Behalve de twee fundamentele natuurkrachten die we tot nu toe ontmoet hebben, de zwaartekracht en de elektromagnetische, zijn er nog twee andere. Dat er nog minstens één moet zijn is snel duidelijk te maken. We ontmoetten eerder het waterstofatoom bestaande uit twee deeltjes: een positief geladen proton, als kern en een negatief geladen elektron daaromheen cirkelend. De kracht die deze twee bij elkaar houdt, is de elektromagnetische kracht. Alle andere atomen zijn ingewikkelder. Zo heeft een koolstofatoom een kern die zes protonen en zes neutronen bevat (een neutron is een deeltje met vrijwel dezelfde massa als het proton, maar zonder elektrische lading). Daaromheen cirkelen weer zes elektronen die door de elektromagnetische wisselwerking met de kern aan het atoom gebonden blijven. Maar de kern zelf? Die bevat zes positief geladen protonen die elkaar afstoten. Als dit het enige was (de zwaartekracht speelt op dit niveau immers geen rol) dan zou de kern uit elkaar spatten. Er moet dus een kracht zijn die de atoomkern bij elkaar houdt. Dat is ook zo. Hij wordt de sterke kernkracht genoemd. Daarnaast speelt er in het inwendige van de atoomkern nog een andere kracht een rol, die nodig is om o.a. het verschijnsel van de radioactiviteit te verklaren. Dat is de zwakke kernkracht.

Zo was het tot voor kort. Er zijn vier fundamentele natuurkrachten: de zwaartekracht, de elektromagnetische kracht en de sterke en zwakke kernkracht, die elk binnen hun eigen domein werkzaam zijn en goed, respectievelijk steeds beter, begrepen worden. Het is nu de droom van alle natuurkundigen dat dit beeld te ingewikkeld is. Dat een verdere unificatie mogelijk zou zijn, zoals dat eerder met de elektrische en magnetische krachten was gebeurd. Het mooist zou het zijn als alle vier krachten manifestaties zouden zijn van één enkele natuurkracht. De superkracht.

Dat is niet langer een droom. Sinds de jaren 60 van deze eeuw is grote vooruitgang geboekt op weg naar de volledige unificatie van de vier natuurkrachten. De weg is nog lang niet ten einde, maar sommige vooraanstaande fysici zijn van mening dat de volledige unificatie binnen tien jaar zijn beslag zal krijgen. 'Superkracht' heet het boek waarin de Engelse natuurkundige Paul Davies het meeslepende verhaal vertelt van de ontwikkelingen van de laatste twintig jaar. Het laat zich lezen als een thriller. Wij kunnen hier het verhaal onmogelijk helemaal volgen, maar zullen nog stilstaan bij één onderdeel ervan: de eerste stap, de geslaagde poging om twee van de vier krachten, namelijk de elektromagnetische en de zwakke kernkracht, met elkaar te verenigen tot wat nu de elektrozwakke kracht genoemd wordt. De twee theoretisch fysici die daar, onafhankelijk van elkaar, in 1967 in slaagden waren Steven Weinberg en Abdus Salam.

De Weinberg-Salam theorie is te ingewikkeld om hier in het kort uiteen te zetten, maar één aspect ervan is duidelijk te maken en ook van belang voor het vervolg van ons verhaal. Een oude vraag, waarmee Newton al te maken kreeg toen hij met zijn zwaartekrachtswet kwam, was deze: hoe worden de natuurkrachten eigenlijk overgebracht van het ene deeltje op het andere? De zwaartekrachtswet zegt bijvoorbeeld dat de zon en de aarde krachten op elkaar uitoefenen, maar de ruimte tussen die twee is grotendeels leeg. Hoe wordt die kracht dan voelbaar over zo'n immense afstand? Is dat telepathie? Het antwoord op deze vraag is pas in de loop van deze eeuw duidelijk geworden. Het is geen telepathie, maar de krachtwerking komt tot stand doordat er deeltjes worden uitgewisseld, zogenaamde 'boodschapperdeeltjes'. Ieder van de vier fundamentele krachten heeft zijn eigen type boodschapperdeeltjes. Zo zijn de boodschapperdeeltjes van de elektromagnetische kracht de fotonen, die we al eerder tegenkwamen. Die van de zwaartekracht worden 'gravitonen' genoemd, maar dat zijn voorlopig hypothetische deeltjes omdat ze nog nooit zijn waargenomen en de kans dat dit binnen afzienbare tijd zal gebeuren zeer klein wordt geacht.

Uit de Weinberg-Salam theorie volgt dat bij de zwakke kernkracht drie boodschapperdeeltjes, het W+, W- en Z-deeltje genoemd, een rol moeten spelen, en de theorie voorspelt hoe die deeltjes er uit moeten zien. Hoewel het vertrouwen van de fysici in de theorie zo groot was dat Weinberg en Salam in 1979 (samen met Glashow die het voorbereidende werk had gedaan) er de Nobelprijs voor kregen, zou het zichtbaar maken van de drie boodschapperdeeltjes in een experiment een zeer welkome, ja eigenlijk onmisbare, bevestiging van de theorie betekenen.

Dat experiment is met succes in 1983 uitgevoerd in het CERN te Genève, het instituut voor hoge energie fysica van de Europese Gemeenschap (Centre Européen des Recherches Nucleaires). De gigantische omvang van dit instituut kan enigszins worden afgemeten aan het jaarlijkse budget: 1 miljard gulden, de kosten van duizend universitaire vakgroepen. Er werken honderden wetenschappers en technici van zeer hoog niveau. De apparatuur is ontzagwekkend. Het zijn machines die in staat zijn om de snelheid van deeltjes, zoals protonen en elektronen, tot fantastische waarden, dicht in de buurt van de lichtsnelheid, op te voeren. De grootste versnellingsmachine die in 1983 bij het CERN beschikbaar was, was de proton-antiproton versneller met een omtrek van vele kilometers. (Intussen is alweer een nieuwe en nog veel grotere machine gereed gekomen.) Dit was de machine die het mogelijk maakte om het experiment voor het aantonen van de W en de Z deeltjes uit te voeren. Want om deze deeltjes te 'bevrijden', zodat ze waarneembaar worden, zijn zeer hoge energieën nodig. In dit geval werd verwacht dat het zou lukken wanneer men een bundel protonen met grote snelheid zou laten botsen op een bundel antiprotonen (deeltjes met een even grote massa als het proton, maar met een negatieve lading).

De man die een doorslaggevende rol speelde bij het welslagen van het experiment was Simon van der Meer, een Nederlands natuurkundig ingenieur, in 1953 afgestudeerd aan de Delftse faculteit der Technische Natuurkunde en sinds 1958 werkzaam bij het CERN. Hij was het die de 'bottleneck' van het experiment, het produceren van een bundel antiprotonen van voldoende intensiteit, oploste door het ontwerpen van een wonderschoon apparaat, een combinatie van een slim fysisch principe met ingenieurskunde van hoog niveau. Een jaar nadat de wereld kennis had kunnen nemen van het geslaagde experiment werd aan Van der Meer, samen met de leider van de onderzoeksgroep, Carlo Rubbia, de Nobelprijs voor natuurkunde toegekend. Een volkomen verdiende, onomstreden beloning voor een technisch-wetenschappelijke topprestatie, waarvan de glorie ook een beetje afstraalt op het vaderland en de Delftse faculteit die hem heeft voortgebracht.

Interview met een Nobelprijswinnaar

Wanneer een wetenschapper, die gewend was in alle rust en teruggetrokkenheid buiten de wereld van de publiciteit zijn werk te doen, de Nobelprijs wint, is het met zijn rust gedaan. Hij kan de vloed van uitnodigingen om een voordracht te houden op geen stukken na aan, moet eredoctoraten in ontvangst nemen, en de media, televisie, kranten en tijdschriften, verdringen zich voor zijn deur om een interview. Zo is het ook Simon van der Meer vergaan.

De nieuwsgierigheid van de journalisten gaat verder dan de wetenschappelijke prestatie waaraan de ondervraagde zijn roem ontleent. Wat voor soort mens is hij? Hoe kijkt hij aan tegen het menselijk bestaan? Heeft dat iets te maken met zijn wetenschap? Ik ken een drietal interviews met Van der Meer. Hij komt daaruit te voorschijn als een bescheiden mens. 'Een machinebouwer', noemt hij zichzelf, en werpt een vergelijking met de grote denkers uit de natuurkunde, van het kaliber Einstein, ver van zich af. Hij houdt van tuinieren, timmeren en de muziek van Bach. Hij vertelt dat hij afkomstig is uit een eenvoudig gelovig protestants gezin. Aanvankelijk voelt hij zich in dat geloof thuis en geborgen, maar al jong verwerpt hij die geborgenheid als een vorm van zelfbedrog en sindsdien beschouwt hij alle vormen van religieus geloof als uitingen van fanatisme waaruit veel, zo niet alle, kwaad is voortgevloeid. Zijn toon, anders zo rustig, wordt fel als hij daarover spreekt.

Uit het interview in NRC-Handelsblad (18 april 1987) neem ik de volgende uitlatingen over (cursiveringen van mij):
– De zin van zijn werk? Het gaat puur om het *weten*.

- Het principe van leven is te *begrijpen*.
- Zelfs een *machine als de mens* is na te bouwen.
- Wat wij uiteindelijk proberen te ontdekken is: waarom is *alles* zoals het is?
- Je moet als fysicus een gespleten persoonlijkheid hebben om nog in een god te kunnen geloven. Zoeken naar religieuze verklaringen is het probleem verplaatsen.
- Je zoekt naar een theorie die *alles* op een logische, elegante manier verklaart. Het denken dat die bestaat, *misschien is dat ook een soort geloof*. Het is het aller fundamenteelste wat je nodig hebt om de *wereld te begrijpen*.

Naast het interview is een foto afgedrukt. Men ziet daarop, over de volle lengte van de krantenpagina, de natuurkundige rechtop staan op een voetstuk. In zijn rechterhand die iets boven zijn hoofd geheven is, tilt hij de wereldbol omhoog. De foto drukt uit dat dit niet de geringste moeite kost: in zijn hand is de wereld klein en licht. De foto is in volmaakte overeenstemming met de inhoud van het interview. Het is een kunstwerk.

De plaat riep bij mij onmiddellijk twee associaties op. 'He's got the whole world in his hand' is een regel uit een negrospiritual. 'He' is God, die op de foto vervangen is door de wetenschap(per). 'We hebben de wetenschap tot onze god verheven', zegt Casimir ergens en dat is wat de foto uitdrukt. In dat geloof is geen plaats voor het geloof in andere goden, zeker niet in die Oude van vroeger. Een fysicus, die dat toch waagt heeft een gespleten persoonlijkheid.

Een tweede associatie die zich aan mij opdrong was de prent die de figuur van Atlas uit de Griekse mythologie afbeeldt. Daarop zien we ook de mens en de wereld, maar in een totaal andere verhouding. Hij toont de kleine mens, gekromd onder de last van een haast niet te torsen, loodzware wereld. Zijn naam, Atlas, drukt het uit: hij die intens lijdt. We zijn sindsdien wel vooruitgegaan. De plaat van de wetenschapper toont ons de mens als triomfator, als (be)heerser. De autonome mens die de zaak onder controle heeft, die de wereld niet langer torst maar letterlijk in eigen hand genomen heeft en hem opbeurt als een veertje. Die zijn rug gerecht heeft en voor niets of niemand nog bukt of knielt. De mens van de Vooruitgang.

Het instrument waarmee de vooruitgang tot stand is gebracht

is de wetenschap. De taak van de wetenschap is begrijpen, *alles begrijpen*. Alles bestaat uit materie en de krachten die de materiedeeltjes op elkaar uitoefenen. Die te kennen is dan 'het aller fundamenteelste wat je nodig hebt' om de wereld te begrijpen. Doorgrondt men die, dan zijn er geen geheimen meer. Dat met 'alles' *niet* bedoeld is de werkelijkheid *voor zover* die voor fysische meetmethoden en theorie toegankelijk is, is duidelijk uit de context. Dat is nog duidelijker uit de woorden van Stephen Hawking, een Engels fysicus die wij nog nader zullen ontmoeten, die boven dit hoofdstuk zijn gezet. Hawking, wiens denkbeelden veel overeenkomst vertonen met die van Van der Meer, brengt de superkracht moeiteloos in verband met 'de gebeurtenissen om ons heen' en 'het menselijk bestaan'. Dat zal allemaal begrepen worden. Ontroering. Verdriet, angst, vreugde. De sonnetten van Shakespeare. De cantates van Bach.

Het is een oud verhaal, waarvan de herkomst nauwkeurig vast te stellen is. In een boek over de wereldgeschiedenis lees ik, in het hoofdstuk over de Franse filosofen van de Verlichting uit de achttiende eeuw, de volgende passage:

'De vader van het Franse materialisme was de lijfarts van Frederik II, Julien Offrat de la Mettrie. Zijn studies in de medicijnen en in de biologie brachten hem er toe de menselijke geestesuitingen als louter fysiologische feiten te verklaren. Het denken is een functie van de hersenen, verklaarde hij, en de mens onderscheidt zich van de dieren doordat zijn hersenen verfijnder zijn.

De titel van zijn hoofdwerk 'L'homme machine' (de machine mens) is kenmerkend voor zijn standpunt. Aangezien datgene wat wij geestesleven noemen volgens hem één van de functies van het lichaam is, kan de ziel niet meer bestaan wanneer het lichaam sterft. Het geloof aan een onsterfelijke ziel is dus nonsens. Alles kan vanuit het standpunt van het materialisme worden verklaard; de hypothese van het bestaan van een God is daarom overbodig omdat ze kan leiden tot fanatisme en strijd. Ondanks hun haat tegen het christendom waren de meeste materialisten eigenlijk idealisten, eerder strijders voor een geloof dan denkers. Zij geloofden in de Vooruitgang; ze hadden een onomstotelijk vertrouwen in het vermogen van de Verlichting om tirannie en verdrukking, bijgeloof en fanatisme, kwaad en zonde te overwinnen'.

Het citaat is een vrijwel letterlijke weergave van de opvattingen van Van der Meer.

Laten we nu nog een ogenblik stil staan bij de vraag wat 'begrijpen' in de moderne natuurkunde precies betekent. Bij wijze van contrast zal ik eerst aan de hand van een voorbeeld beschrijven wat het in de klassieke natuurkunde betekende. Het is bekend dat een hoeveelheid lucht die opgesloten zit in een vat op de wanden van dat vat een druk uitoefent. Die druk kan gemeten worden met een manometer. Verkleint men nu het volume van het vat tot de helft, bijvoorbeeld met behulp van een zuiger, dan wordt de druk van het gas tweemaal zo groot. Deze waarneming is door de Engelse natuurkundige Boyle in de zeventiende eeuw als volgt algemeen geformuleerd: voor een afgesloten hoeveelheid gas is het volume maal de druk constant. Dat is een wet, een beschrijving van een groep waarnemingen, die men graag begrijpen wil. Dat kan als volgt. Men neemt aan dat het gas bestaat uit een verzameling deeltjes, atomen, die met grote snelheid door de afgesloten ruimte bewegen en daarbij ook regelmatig tegen de wand botsen. Bij die botsing delen ze een tik uit aan de wand waardoor die een kracht ondervindt. Dat is de oorzaak van de druk. Maakt men de ruimte waarin ze bewegen tweemaal zo klein, dan botsen ze tweemaal zo vaak tegen de wand waardoor de druk tweemaal zo groot wordt. Men kan dit met behulp van de bewegingswetten van Newton ook wiskundig narekenen en dat levert de wet van Boyle op. De berekening levert nog een ander interessant resultaat op: de constante waarde van druk maal volume hangt samen met de gemiddelde snelheid van de atomen. Dat is ook direct te begrijpen: hoe sneller de atomen bewegen des te krachtiger zal de tik zijn die ze uitdelen, des te groter de druk van het gas. En dat wordt dan weer in verband gebracht met een andere waarneming: wanneer men het volume van het vat even groot houdt, maar de temperatuur van het gas laat stijgen door het een beetje te verwarmen, neemt de druk van het gas toe. Temperatuur, dat begrijpen wij nu ook, heeft direct te maken met de gemiddelde snelheid van de atomen. Het verband kan heel precies in een formule worden uitgedrukt.

De gegeven beschrijving heeft twee kenmerken. De eerste is dat het gehanteerde *model*, rondvliegende biljartballetjes die met elkaar en met de wand botsen, voor iedereen te volgen, te 'begrijpen' is, omdat het direct aan ons voorstellingsvermogen beantwoordt. Abstracte begrippen als druk en temperatuur zijn opgehelderd op een voor iedereen bevattelijke manier. We voelen ons er heel tevreden bij. Het tweede kenmerk is dat de beschrijving van de gebeurtenissen in het vat gegeven wordt in termen van wiskundige vergelijkingen.

In de moderne natuurkunde blijft alleen het tweede kenmerk overeind. Op de schaal van de atomen moet men zijn voorstellingsvermogen, dat geënt is op onze ervaringen in de grootschalige wereld om ons heen, maar liever vergeten. Veel mensen (en stiekem ook nog veel natuurkundigen) stellen zich het waterstofatoom voor als een deeltje dat bestaat uit een kleine, bolvormige kern, waaromheen een ander, veel kleiner deeltje, het elektron, cirkelt als een planeet om de zon. Dat is tegenwoordig een verboden, althans zinloze voorstelling van zaken. Wel beschikken we over een wiskundige vergelijking, de Schrödinger vergelijking, waarin grootheden voorkomen als de 'golffunctie' en de 'energieniveaus' van het elektron, en die, als hij goed wordt opgelost, voorspellingen doet over wat er aan dat elektron waar te nemen valt, bijvoorbeeld de golflengte van het licht dat een 'aangeslagen' waterstofatoom kan uitzenden. Die voorspellingen kloppen dan uitstekend met de waarnemingen, en daarmee zijn hedendaagse fysici volmaakt tevreden.

'Begrijpen' betekent in de moderne natuurkunde dus uitsluitend: beschrijven van de waargenomen fysische verschijnselen met behulp van een abstract wiskundig formularium. 'Alles begrijpen' betekent in strikt materialistische zin dat alles, waaronder 'de gebeurtenissen om ons heen' en 'het menselijk bestaan' in mathematische termen beschreven kan worden. Als we zover zijn is het paradijs, het Koninkrijk der Hemelen van het materialistische geloof aangebroken. Of dan werkelijk een 'zalige' toestand bereikt is, daaraan schijnt ook Stephen Hawking te twijfelen als hij op de laatste bladzij van zijn boek verzucht (cursivering van mij):

'Ook wanneer er maar één geünificeerde theorie mogelijk is, is dat slechts een verzameling regels en vergelijkingen. Wat ademt er dan leven in de vergelijkingen en maakt een heelal dat ze kunnen beschrijven? De normale werkwijze van de wetenschap, het ontwerpen van een wiskundig model, kan niet de vraag beantwoorden waarom er een heelal zou moeten zijn dat door het model beschreven wordt. Waarom doet het heelal eigenlijk al die moeite om te bestaan? Is de geünificeerde theorie zo dwingend dat ze haar eigen bestaan teweeg brengt? *Of heeft ze een schepper nodig en zo ja heeft deze dan nog andere gevolgen voor het heelal*? En wie schiep de schepper?'

Tot slot nog een laatste opmerking. Een wereld waarin alles wordt begrepen schijnt mij een uiterst ontmoedigend vooruitzicht toe. Ik zal dat toelichten aan de hand van wat er de laatste jaren met het schaakspel aan de hand is. Het schaakspel wordt tegenwoordig, behalve door mensen, ook gespeeld door computers. De spelkracht van de computer wordt steeds groter. Meesters kan hij al aan, soms ook grootmeesters. De computerprogrammeurs zijn vol vertrouwen dat de computer binnen afzienbare tijd wereldkampioen wordt. Wellicht zelfs dat het resultaat zal zijn de ene, definitieve schaakpartij: wit speelt en wint. Een triomf van de rekenkunde, door mensen uitbesteed aan computers die het beter kunnen dan zij. Als dat mocht gebeuren – wat nog maar de vraag is – dan is het schaakspel volledig begrepen. Het is tevens morsdood, vermoord. Er hoeft nooit meer geschaakt te worden. Zou de symboliek van de foto waarop de Nobelprijswinnaar met wereldbol staat afgebeeld ook niet deze kunnen zijn: de wereld is al erg klein geworden omdat we er al zoveel van begrijpen. Als we er alles van begrijpen schrompelt hij in elkaar tot niets. Er hoeft niet meer geleefd te worden.

Ik denk dat de kans dat we dit zullen beleven niet groot is. Met het schaakspel niet en met de wereld niet. De schaakgrootmeesters schijnen er niet wakker van te liggen. Zij schijnen te denken dat het schaakspel op hun niveau een ongrijpbaar element bevat dat boven de rekenkunde van de computers uitgaat. Noem het inspiratie, intuïtie, geest. Wat de wereld betreft, misschien breekt binnen niet al te lange tijd de dag aan dat de theorie van de superkracht voltooid is. Dat er een eenvoudige, elegante wiskundige beschrijving gevonden is die alle waargenomen fysische verschijnselen – in principe – beschrijft. Het zal een grote dag zijn voor de natuurkundigen en vooral voor hen die direct bij de uitvoering van het meesterwerk betrokken zijn geweest. Een triomf voor het menselijk kunnen, voor de macht van het menselijk denkvermogen. Maar de mensenwereld zal er niet echt door veranderen.

In het najaar van 1969 was ik enige tijd in de Verenigde Staten. Het was drie maanden nadat de Amerikanen voor het eerst een man op de maan hadden gezet. Ik ontmoette daar een jonge natuurkundige die diep ontgoocheld was. Hij had, zei hij, verwacht dat na deze fantastische, alle verbeelding tartende prestatie van het menselijk vernuft de mensheid zou veranderen. Dat er een soort verbroedering zou uitbreken. Er was niets gebeurd. Ik hoorde het verhaal aan met open mond van verbazing. Daar moet je toch Amerikaan voor zijn, dacht ik, zo kinderlijk, zo naief. Ik voelde me Europees, oud en cynisch. Ik betwijfel nu of dit soort overspannen verwachtingen van de wetenschap voor het heil van de mensheid wel zo typisch Amerikaans zijn. Ik denk dat wie ze koesteren van dezelfde koude kermis zullen thuiskomen. Toen Maxwell de eerste stap zette naar de geünificeerde theorie moesten Hitler en Stalin nog geboren worden. Toen Weinberg en Salam de tweede stap gezet hadden begonnen even later Pol Pot in Cambodja en de bende van vier in China met hun massale slachtingen. De derde en de vierde stap zullen in dit opzicht evenzeer onopgemerkt voorbijgaan. De mensheid heeft waarschijnlijk iets anders nodig, wil het ooit nog wat worden. 'Het aller fundamenteelste dat je nodig hebt' is meer dan een formule voor de superkracht. Misschien is het wel een schepper, die in de woorden van Hawking 'ook nog andere gevolgen heeft voor het heelal'. En voor de mens in het bijzonder, zou ik er aan willen toevoegen.

4. Het einde van de objectieve werkelijkheid

'We zijn niet louter toeschouwers, we zijn acteurs in dit grote drama van de natuur.'

Niels Bohr

De kwantumrevolutie

Toen Stephen Hawking enkele jaren geleden zijn ambt aanvaardde als hoogleraar aan de Universiteit van Cambridge (hij bezet daar dezelfde leerstoel als drie eeuwen geleden Isaac Newton) deed hij dat, zoals gebruikelijk, met het uitspreken van een rede. De titel luidde: Is het einde van de theoretische fysica in zicht? Het antwoord van de spreker, gebaseerd op de ontwikkelingen in de theorie van de superkracht, luidde voorzichtig bevestigend: het is heel goed mogelijk dat de natuurkunde bijna 'klaar' is.

Het is opmerkelijk dat precies een eeuw geleden, tegen het einde van de negentiende eeuw in brede kring dezelfde geluiden te horen waren. Pieter Zeeman, een latere Nobelprijswinnaar, vertelde graag dat men hem in 1883, toen hij zijn studierichting moest kiezen, sterk had afgeraden om natuurkunde te gaan studeren. 'Dat vak is klaar', werd hem gezegd, 'daar is geen eer meer mee te behalen'. Nog ironischer is het dat dit ook Max Planck is overkomen, want hij was het die, precies in het jaar 1900, de eerste grondlegger werd van één van de grootste wetenschappelijke omwentelingen uit de geschiedenis: de kwantumrevolutie.

Wat er 'klaar' was tegen het eind van de negentiende eeuw, een min of meer afgerond geheel, is wat wij vandaag de klassieke natuurkunde noemen. Die werd in hoofdzaak bestreken door een drietal deelgebieden: de mechanica, de leer van bewegingen en krachten, waarvan de grondslagen door Newton waren gelegd; het elektromagnetisme (waarin ingebouwd de optica, de theorie van het licht) dat zijn definitieve formulering in de wetten van Maxwell had gevonden; en de warmteleer (thermodynamica) waaraan namen als Clausius en Kelvin verbonden waren. Deze theorieën verkeerden in wat Casimir het 'technische stadium' noemt: de grondslagen lagen vast, op dat gebied viel geen nieuws meer te verwachten (dat was wat Zeeman's raadgevers bedoelden). De bezigheid van de natuurkundigen bestond eruit om op basis van die grondslagen steeds nieuwe toepassingen te ontwikkelen. Men denke daar trouwens niet te gering over. Ook in onze dagen zijn nog tal van fysici bezig uit de goudmijn van de klassieke natuurkunde steeds nieuwe vondsten op te delven die opwindend genoeg zijn om hun voldoende arbeidsvreugde te verschaffen. Het is alleen niet nieuw in de diepste, fundamentele zin en dat is het enige wat 'frontlijn theoretici' van het kaliber Hawking interesseert.

Het voor de bespreking in dit hoofdstuk belangrijke kenmerk van de klassieke natuurwetten is dat zij *causaal en deterministisch* zijn. Wat daarmee bedoeld wordt kan aan de hand van een voorbeeld worden verduidelijkt. We roepen daartoe het vat, gevuld met gasatomen, uit het vorige hoofdstuk weer even terug. Op een bepaald moment zal ieder atoom, opgevat als een klein biljartballetje, zich op een bepaalde plaats bevinden. Ze zullen elk ook een snelheid hebben, waarvan we de grootte en de richting met een pijltje zouden kunnen aangeven. Deze situatie noemen we de begintoestand. Als de snelheden van twee atomen uit de verzameling zodanig zijn dat ze elkaar even later ontmoeten, vindt er een botsing plaats. Tijdens die botsing oefenen ze krachten op elkaar uit, waardoor hun snelheid verandert. Als we die krachten kennen kunnen we met de wetten van Newton de snelheid berekenen die beide atomen na de botsing hebben. Dat kunnen we – in principe! – voor alle atomen van het gezelschap doen. We kunnen zo, uitgaande van de begintoestand, de volledige geschiedenis van elk atoom tot in de verre toekomst uitrekenen. Die ligt volledig vast, is *gedetermineerd*. De oorzaken (de krachten) bepalen, door de strenge natuurwetten, de gevolgen (de snelheids-veranderingen) van elk atoom volledig. Er is een *causaal* verband tussen die twee.

Wat voor de verzameling atomen in het vat geldt kan moeiteloos uitgebreid worden tot alle atomen waaruit het heelal is opgebouwd. Er is dan ook weinig reden tot verbazing wanneer men de volgende beroemde uitspraak tegenkomt van de Franse wis- en natuurkundige Pierre Laplace uit het begin van de negentiende eeuw:

'Een intelligent wezen dat op elk moment alle krachten in de natuur kent en ook alle posities van alle dingen waaruit het heelal bestaat, zou in staat moeten zijn om de bewegingen van de grootste lichamen *en die van de kleinste atomen* in een enkele formule weer te geven; vooropgesteld dat dit wezen in staat zou zijn alle gegevens te analyseren, *dan zou niets voor hem onzeker zijn* en toekomst en verleden zouden voor hem open liggen.'

Het venijn zit in de gecursiveerde zinsdelen. We zullen zien dat juist in de wereld van de kleinste atomen de onzekerheid fundamenteel ingebakken zit. Overigens verbaast het evenmin dat Laplace, op de vraag van Napoleon waar de plaats van God was in zijn wereldbeeld, antwoordde: 'Sire, die hypothese had ik niet meer nodig.'

Zo was dus de situatie aan het eind van de negentiende eeuw: vrijwel alle bekende natuurverschijnselen konden bevredigend beschreven worden met behulp van een beperkt aantal fundamentele natuurwetten. Vrijwel, want ook toen al waren er een paar dingen die niet klopten, maar die werden beschouwd als wolkjes aan een overigens heldere hemel. In de eerste decennia van de twintigste eeuw zouden de wolkjes in aantal en omvang snel uitgroeien tot een donderbui. Eén ervan hebben we al ontmoet (hst. 2): Einstein's opvatting dat hetgeen werd waargenomen bij het foto-elektrisch effect dwong tot de conclusie dat het licht naast een golfkarakter ook een deeltjeskarakter moest hebben. Een tweede ernstig probleem deed zich voor toen in het eerste decennium van de twintigste eeuw de structuur van het atoom een duidelijker vorm begon aan te nemen.

In de klassieke natuurkunde speelde het atoom nog een geringe rol. In sommige theorieën, zoals de kinetische gastheorie die we beschreven hebben, werd het atoom ingevoerd als hypothese: de atomen werden opgevat als harde, massieve, bolletjes die met elkaar kunnen botsen zoals biljartballen dat doen. Aan het eind van de negentiende eeuw was de 'atoomhypothese' nog omstreden; veel fysici geloofden ook toen nog niet in het bestaan van atomen. Dat zou snel veranderen, met name door de beroemde experimenten van Ernst Rutherford (1907), waardoor voor het eerst een beeld ontstond van de inwendige structuur van het atoom. De proeven toonden aan dat een atoom diende te worden opgevat als een soort planetenstelsel: rondom een positief geladen atoomkern, een klein bolletje, cirkelden negatief geladen elektronen (nog veel kleinere bolletjes) als planeten om de zon. Het atoom bestond voor het overgrote deel uit lege ruimte. Welnu: dit beeld was in regelrechte strijd met de klassieke elektromagnetische wetten van Maxwell, die voorspellen dat een dergelijk atoom niet stabiel kan zijn, maar in elkaar moet storten.

We zullen de opwindende gebeurtenissen, die zich tussen 1900 en 1925 afspeelden hier niet op de voet volgen. Evenmin zullen we ingaan op het feit dat in die tijd de klassieke wetten van Newton's mechanica en zwaartekrachtstheorie vervangen werden door de revolutionaire relativiteitstheorieën van Einstein: de speciale (1905) en algemene (1915) relativiteitstheorie. We zullen hier slechts vaststellen dat omstreeks 1925 de donderwolk van verschijnselen in het atomaire domein die niet met de klassieke wetten te rijmen waren zich ontlaadde in een totaal nieuwe conceptie, die van de kwantumfysica. Daarvan zullen we nu de voornaamste kenmerken bespreken.

Het eerste kenmerk van de kwantumfysische natuurwetten is dat de elementaire gebeurtenissen op de schaal van de atomen een *statistisch* karakter hebben. Voor een bepaalde gebeurtenis kan men niet voorspellen wanneer en hoe hij precies zal plaatsvinden, maar er kan alleen een uitspraak gedaan worden over de waarschijnlijkheid, de *kans* dat er iets zal gebeuren. Dat kan duidelijk gemaakt worden aan de hand van een voorbeeld, de radioactiviteit van atoomkernen. Sommige atoomkernen, zoals die van een bepaald soort thallium, zijn niet stabiel, maar kunnen uit elkaar vallen. De thalliumkern zendt daarbij een elektron van hoge snelheid uit en wat er overblijft is de kern van het element lood. De vrijgekomen elektronen kunnen opgevangen worden, bijvoorbeeld op een fotografische plaat, waardoor men hun aantal kan tellen. Uit zulke proeven kan men vaststellen dat van een stukje thallium, dat miljarden maal miljarden atomen bevat, na ruim vier minuten de helft van de atomen uiteengevallen is. In de volgende vier minuten valt weer de helft van de overgebleven atomen uiteen, zodat er dan nog maar een kwart over is, enzovoort. Deze 'halveringstijd' is heel precies te meten. Dit 'macroscopisch' gedrag, het gedrag van een grote verzameling atomen, kan met de kwantum-mechanische formules heel precies worden voorspeld. Maar dat ligt anders wanneer we naar een 'elementaire gebeurtenis', in dit geval het uiteenvallen van één atoom kijken. Daarover valt niets te voorspellen: het kan binnen een seconde, na een dag of over duizend jaar plaats vinden. Het is volledig te vergelijken met wat er bij het dobbelspel gebeurt. De uitkomst van één elementaire gebeurtenis, het éénmaal werpen van de dobbelsteen, kan niet voorspeld worden. Wel weten we dat de *kans* om drie te gooien één zesde is, waarmee we bedoelen dat als we zesduizend keer gooien, het aantal keren dat we drie werpen dicht bij duizend zal liggen. Hoe groter het aantal worpen des te nauwkeuriger wordt de voorspelling. Zo werken blijkbaar ook de krachten die binnen een radioactieve atoomkern werkzaam zijn en het uiteenvallen veroorzaken. Het moet hier benadrukt worden dat de fysici van mening zijn dat dit niet komt omdat we nog te weinig over die krachten weten, zodat we ons voorlopig met de 'dobbelsteenbeschrijving' moeten behelpen, totdat we knap genoeg zijn geworden om ook voor ieder individueel atoom precies te voorspellen hoe het zich zal gedragen. Nee, het ligt in de fundamentele *aard* van de krachten dat zij dit dobbelkarakter hebben, en daardoor is het principieel onmogelijk er ooit meer over te weten dan we nu doen. Dat betekent natuurlijk dat de *causaliteit* op het niveau van atomaire gebeurtenissen verloren is gegaan. Dezelfde oorzaak kan oneindig veel verschillende gevolgen hebben. Van twee atomen, die in niets van elkaar te onderscheiden zijn, kan de één na een duizendste seconde en de andere na tienduizend jaar uit elkaar vallen.

Het tweede kenmerk van de kwantumfysica is de *golf-deeltje dualiteit*. We ontmoetten die al in een vorig hoofdstuk bij het licht. In de negentiende eeuw leek definitief vastgesteld te zijn dat het licht een golfverschijnsel is. Op grond van de waarnemingen aan het foto-elektrisch effect concludeerde Einstein dat het licht ook een deeltjes karakter heeft, een opvatting waarmee hij twintig jaar lang alleen bleef staan, maar die omstreeks 1925 onontkoombaar geworden was. Het zat Einstein zelf trouwens ook niet lekker. 'Er zijn nu dus twee theorieën van het licht', schreef hij, 'allebei onmisbaar en, zoals we vandaag moeten toegeven ondanks de geweldige inspanning van theoretisch natuurkundigen, *zonder enig logisch verband*'. Het zou nog erger worden. In 1924 veronderstelde de Franse natuurkundige Louis de Broglie dat het omgekeerde ook wel eens het geval zou kunnen zijn. Dat de 'dingen' die wij tot nu toe voor deeltjes hadden aangezien, zoals elektronen, mogelijk een golfkarakter zouden kunnen hebben. Hij deed zelfs een voorstel hoe groot de 'golflengte' van zo'n deeltje zou moeten zijn. Het duurde niet lang of ook dit idee werd door de experimenten bevestigd. Het is vandaag de gewoonste zaak van de wereld. Wij onderzoeken voor het oog onzichtbare details van de materie met behulp van lichtgolven in een lichtmicroscoop of met elektronengolven in een elektronenmicroscoop.

Zo stond omstreeks 1926 het tweevoudige, *duale* karakter van materie en straling buiten twijfel. Een dualiteit die ons voorstellingsvermogen te boven ging (en gaat), omdat dit op het niveau van de atomen blijkbaar ontoereikend is. De koene stap die toen gezet werd door de grondleggers van de kwantummechanica, van wie ik hier als belangrijkste noem Erwin Schrödinger, Werner Heisenberg, Niels Bohr, Max Born, Wolfgang Pauli en Paul Dirac, was de volgende. We wachten niet af tot we ons één en ander wel kunnen voorstellen, maar we ontwikkelen een *wiskundige beschrijvingswijze* waarin de golf-deeltje dualiteit verwerkt is, en die in staat is ons de resultaten van experimenten te voorspellen. Een van de eerste en beroemdste resultaten was de vergelijking van Schrödinger. Toegepast op een elektron komen als belangrijkste twee grootheden in die vergelijking voor: de energieniveaus en de 'golffunctie' van het elektron. Die energieniveaus bijvoorbeeld kunnen voor het elektron in een waterstof atoom met de Schrödinger vergelijking worden uitgerekend en dan gebruikt om te voorspellen wat voor licht zo'n atoom in 'aangeslagen toestand' kan uitzenden. Het resultaat bleek in schitterende overeenstemming te zijn met wat al lang geleden was waargenomen. Bij ieder energieniveau hoorde een bepaalde 'golffunctie'. Wat betekende dat?

Bij het beantwoorden van die vraag hebben Niels Bohr en Max Born een hoofdrol gespeeld. Het komt er op neer dat de golffunctie iets zegt over de waarschijnlijkheid, de kans om een elektron ergens aan te treffen. Het kan in principe overal zijn, maar de kans om het op een bepaalde plaats te vinden als je een meting doet is groot als de golffunctie groot is. Zoals je, met een kreupel beeld, overal mensen in badpak kunt aantreffen, maar de kans daarop is groter op het strand dan op straat.

Het succes van de kwantummechanica is sindsdien eclatant. Toegepast op een wijd scala van atomaire verschijnselen produceert zij altijd de juiste antwoorden. Er is geen twijfel aan: *het werkt*. Wat wil je dan nog meer? Niets, is het antwoord van Bohr en verreweg de meeste fysici met hem. De twee aspecten, golf en deeltje, zijn met een term van Bohr 'complementair', ze vullen elkaar aan. Soms toont een experiment ons het deeltjesgezicht, soms het golfgezicht. Dat wij die twee niet in één samenhangende voorstelling kunnen verenigen ligt aan de beperktheid van ons voorstellingsvermogen, daar moeten we dan maar mee leven. Het belangrijkste, en daar gaat het om, is dat we wat we waarnemen kunnen beschrijven en dat lukt uitstekend.

Het derde, en misschien wel meest verstrekkende en schokkende resultaat van de kwantumfysica waren de *onzekerheidsrelaties* van Heisenberg. We herinneren ons het 'intelligente wezen' van Laplace. Als dit wezen op een bepaald moment de positie en snelheid (iets nauwkeuriger gezegd: impuls, dat is het product van massa en snelheid) van alle deeltjes in het heelal zou kennen, alsook de krachten die tussen de deeltjes werken, dan zouden verleden en toekomst voor hem geen geheimen meer bevatten. Welnu, de eerste van de twee onzekerheids-relaties van Heisenberg drukt uit dat dit zelfs voor één deeltje onmogelijk is. Men kan desgewenst de *positie* van een deeltje met steeds grotere nauwkeurigheid vaststellen, maar als men tegelijkertijd de *impuls* wil meten wordt die uitkomst steeds onnauwkeuriger. Weet men de positie van het deeltje precies, dan weet men niets meer over de impuls en omgekeerd. De reden is dat een waarnemer, om een waarneming te kunnen doen, op het deeltje dat hij bekijkt moet ingrijpen. De kleinst mogelijke ingreep die hij daarvoor moet verrichten is dat hij één lichtkwantum op het deeltje afstuurt. Daarmee kan hij de plaats van het deeltje bepalen, en wel des te nauwkeuriger naarmate de golflengte van het lichtkwantum kleiner is. Maar als het lichtkwantum het deeltje treft verstoort het op een onvoorspelbare manier de impuls van het deeltje, en wel des te sterker naarmate de golflengte kleiner is. Het is duidelijk dat dit alles verstrekkende gevolgen heeft. Het determinisme is van de baan. Het idee van de 'objectieve werkelijkheid' eveneens. Men kan nog best blijven geloven dat er buiten ons een objectieve realiteit bestaat, gekenmerkt door deeltjes die een goed gedefinieerde plaats innemen en impuls bezitten, maar voorlopig zal dat een geloof moeten blijven. Het is, als de kwantummechanica het laatste woord heeft, principieel ontoegankelijk voor een experimentele bevestiging. Er is geen verifieerbare werkelijkheid buiten ons die onafhankelijk is van onze waarneming. De waarnemer en het waargenomene zijn één en onscheidbaar.*

Als tenminste de kwantummechanica het laatste woord heeft. Hoe zeker is dat? Zou het niet mogelijk zijn dat de theorie slechts een tussenstation betekent, en dat de fundamentele beperkingen die zij aan ons kenvermogen schijnt op te leggen ooit eens uit de weg geruimd zullen worden? Op die vragen zullen wij in het vervolg nog nader terugkomen.

Emoties van de hoofdrolspelers

Het hoofddoel van dit boek is niet een volledige en voor buitenstaanders begrijpelijke beschrijving van de twintigste eeuwse natuurkunde te geven. Dat is door vele anderen al op een uitstekende manier gedaan. Het gaat mij meer om de mensen die met het vak bezig zijn, wat hen bezielt, hoe zij aankijken tegen de resultaten van hun wetenschap. Daarom zullen we hier een aantal uitlatingen van de pioniers van de kwantumfysica de revue laten passeren, waaruit blijken mag hoe zij de overgang naar de nieuwe natuurkunde hebben beleefd.

Voordat we dat doen eerst nog iets anders. Het kopje boven de vorige paragraaf 'de kwantumrevolutie' moet het misprijzen van Casimir opwekken, getuige de volgende passage uit zijn boek 'Het toeval van de werkelijkheid':

'Bij het invoeren van nieuwe theorieën moeten veelal begrippen ingevoerd worden, zo radicaal verschillend van de denkbeelden der oudere theorieën, dat deze zelf in een nieuw licht verschijnen. Dat is boeiend en opwindend, maar een echte revolutie is het niet, tenminste niet zolang wij fysische theorieën zien als een benaderende beschrijving van een beperkt

---

* Dat was in de klassieke natuurkunde ook het geval, met dit verschil dat voor de ingreep van de waarnemer een nauwkeurige correctie kon worden uitgevoerd. Dat is in de kwantummechanica niet meer mogelijk.

gedeelte der fysische verschijnselen, die op hun beurt slechts een beperkt gedeelte van onze menselijke ervaringen uitmaken.

Deze geleidelijke evolutie van theorieën zal echter als een revolutie worden beschouwd door diegenen die een theorie, na haar onbeperkte geldigheid te hebben toegedicht, tot basis van een complete natuur-filosofie, ja zelfs van een wereldbeschouwing maken (. . .) Wetenschappelijke revoluties worden niet gemaakt door wetenschapsmensen. Ze worden pas achteraf uitgeroepen en vaak niet door de wetenschapsmensen zelf, maar door filosofen en wetenschaps-historici.'

Geen revolutie dus, maar kalme evolutie. Het is gedeeltelijk een kwestie van woorden. Wat is een 'radicale verandering van denkbeelden' anders dan een revolutie? Terzijde ook nog dit: de drievoudige relativering van de natuurkundige kennis als '*benaderende* beschrijving van een *beperkt gedeelte* der fysische verschijnselen die op hun beurt slechts een *beperkt gedeelte* van de menselijke ervaringen uitmaken' is mij uit het hart gegrepen. Fysici zoals die in het vorige hoofdstuk ter sprake kwamen hadden er veel van kunnen leren. Ook tegen het maken van een natuurkundige theorie tot de basis van een wereldbeschouwing kan niet genoeg gewaarschuwd worden. Het determinisme van Laplace heeft, ook en misschien wel vooral, buiten de natuurkunde grote aanhang verworven. Dat neemt niet weg dat ik het op één punt met Casimir oneens ben: de opkomst van de kwantummechanica is niet pas achteraf door filosofen en wetenschapshistorici tot een revolutie uitgeroepen, maar door de voornaamste acteurs op het moment zelf als zodanig ervaren.

De reacties van een aantal grote natuurkundigen op de totaal nieuwe visie die zich vanuit hun wetenschap onontkoombaar aan hen opdrong, en hun onwil en tegenzin om die te aanvaarden, met name om afscheid te nemen van het causaal-deterministisch karakter van de natuurwetten, doen mij altijd denken aan de beschrijving die in de Evangeliën gegeven wordt van de gebeurtenissen op de eerste Paasmorgen. Die zondagmorgen, de derde dag nadat Jezus aan het kruis gestorven is, beginnen druppelsgewijs bij zijn treurende volgelingen signalen binnen te komen dat er iets mysterieus aan de hand is. Sommigen rapporteren dat zij, bij het rotsgraf aangekomen, dat leeg vonden en dat ze daar 'engelen' aantroffen die zeiden: 'Waarom

49

zoekt ge de levende bij de doden? Hij is hier niet, hij is verrezen.' Het opvallende in de verhalen is nu dat zij, als ze hun belevenis aan hun vrienden vertellen op een muur van ongeloof stuiten. Die willen er absoluut niet aan en zoeken verklaringen in termen van de oude, klassieke theorie: dood is dood. Als het graf leeg is moet het lijk door iemand ontvoerd zijn. Pas als ze zelf met onweerspreekbare evidentie geconfronteerd worden geven ze zich gewonnen. De laatste die er aan geloven moet is Thomas, die tot het einde volhoudt dat zijn makkers hem nog meer kunnen vertellen. De verhalen ontkrachten de sinds Freud algemeen verbreide opvatting dat geloof een projectie is, dat mensen alleen maar dingen geloven die ze graag willen geloven.

Zo ongeveer ging het bij de natuurkundigen die met de konsekwenties van de nieuwe theorie geconfronteerd werden, met Einstein in de rol van Thomas. Een paar citaten (de Einsteinbiografie van Pais is weer een rijke bron):

Schrödinger (tegen Bohr): 'Ik zou mijn artikelen misschien niet gepubliceerd hebben als ik voorzien had welke gevolgen ze hadden.'

Heisenberg: 'Ik herinner me discussies met Bohr die doorgingen tot diep in de nacht en bijna in *wanhoop* eindigden; en toen ik aan het eind van de discussie alleen een wandeling ging maken in het naburig park vroeg ik me steeds opnieuw af: kan de *natuur werkelijk zo absurd zijn* als ze lijkt, wanneer we afgaan op de atoomexperimenten?'

Nogmaals Heisenberg: 'Ik heb zelf zo veel over deze vragen nagedacht en kwam er *pas na veel gewetensnood* toe de onzekerheidsrelaties te geloven.'

Einstein: 'Kwantummechanica is zeer indrukwekkend. Maar een inwendige stem zegt mij dat dit nog niet het echte is ('the real thing'). De theorie brengt heel wat voort, *maar brengt ons nauwelijks dichter bij het geheim van de Oude* ('the Old One'). Ik ben er stellig van overtuigd dat Hij niet dobbelt.'

Het is niet gering. Wanhoop, absurditeit, gewetensnood. Twijfel aan de juistheid van het publiceren van artikelen die je de Nobelprijs hebben opgeleverd. En bij allen om dezelfde reden: dat het causaal-deterministische karakter van de natuurwetten moest worden opgegeven. Dat was, zoals Pauli het uitdrukte, de prijs die voor het nieuwe inzicht moest worden betaald.

De hardnekkigste in het ongeloof was Einstein. De eerste vijf jaar (tot ongeveer 1931) was hij onverdroten bezig met het verzinnen van 'gedachtenexperimenten' die de geloofwaardigheid, de consistentie van de nieuwe theorie moesten ondermijnen. Zoals in alles was hij ook daarin briljant. Hij heeft met name Bohr het vuur na aan de schenen gelegd. Pais vertelt meeslepend over een bijna geslaagde poging van Einstein, op de zesde Solvay Conferentie in 1930, om zijn gelijk aan te tonen. Het daar door hem geproduceerde gedachtenexperiment was zo ingenieus dat Bohr het ter plaatse niet kon weerleggen. Pas de volgende morgen, na een doorwaakte nacht, lukte het hem wel. De weerlegging vond plaats met behulp van de relativiteitstheorie van Einstein.

Daarna gaf Einstein de strijd op, in die zin dat hij erkende dat de kwantummechanica een consistente theorie is, die geen innerlijke tegenstrijdigheid bevat. Van toen af nam zijn verzet een andere vorm aan. De kwantummechanica mocht dan niet onjuist zijn, ze was niet volledig, ze kon het laatste woord niet zijn. Om dat aan te tonen bedacht hij in 1935 een 'gedachtenexperiment', dat zo ingenieus was en zo moeilijk uit te voeren dat het pas vijftig jaar later in een echt experiment kon worden vertaald. Daarop komen we straks terug.

Tot slot van dit gedeelte nog deze opmerking. Ik heb nooit goed de, bijna hartverscheurende, pijn en moeite kunnen begrijpen die het deze grote fysici kostte om afscheid te nemen van het causaal-deterministisch karakter van de natuurwetten. Wat kan er toch voor aantrekkelijks steken in een beeld van het heelal dat bestaat uit een verzameling atomen die misschien ooit, in het begin, door God geschapen en in beweging gezet zijn en die zich sindsdien bewegen op een door ijzeren natuurwetten volstrekt voorgeschreven manier, waar met geen mogelijkheid iets aan te veranderen valt? Dat wordt nog beklemmender als men gelooft dat ook de mens, inclusief de menselijke geest, daaraan onderworpen is. Dan is iedere menselijke vrijheid weg. De konsekwentie kan dan toch niet anders dan een fatalistische levenshouding zijn, vergelijkbaar met wat in de theologie de predestinatieleer van Calvijn teweeg heeft gebracht, een leerstuk dat ook nooit veel zonneschijn in mensenlevens heeft verspreid. Waarom zou je zoiets willen geloven, zeker als het niet langer hoeft? De enige verklaring die ik kan bedenken is deze: dat de fysici in meerderheid helemaal niet geloven dat de causaal-deterministische wetten ook betrekking hebben op de menselijke geest, maar uitsluitend op dat *deel* van de realiteit, de fysische realiteit, waar zij zich mee bezig houden. In dat geval betekenen de onzekerheidsrelaties alleen maar dat er een grens wordt gesteld aan wat een fysicus te weten kan komen, en dat is natuurlijk nooit leuk. Toch bevredigt deze uitleg mij niet omdat ze de heftigheid van de reacties niet voldoende duidelijk maakt.

Het beslissende (?) experiment

Zo was dus de situatie aan het begin van de jaren dertig. De kwantummechanica werkte en werd algemeen aanvaard, ook door Einstein. Met dit verschil, dat verreweg de meeste fysici, onder aanvoering van Bohr, er van overtuigd waren dat de onzekerheid, de 'vaagheid' van de theorie definitief was, dat daar nooit meer onderuit te komen was, terwijl Einstein meende dat deze situatie tijdelijk moest zijn en dat ooit in de toekomst de volgende stap gezet zou worden die de toegang tot de objectieve werkelijkheid weer zou ontsluiten.

Goed, zou men zeggen, dat is dan niet anders en de toekomst zal wel leren wie het bij het rechte eind heeft. Het fascinerende van wat nu volgt is, dat daarop niet gewacht hoeft te worden, omdat er een experiment mogelijk is waarmee uitgemaakt kan worden welke opvatting de juiste is. Dat experiment, dat voorlopig nog een 'gedachten-experiment' moest blijven, werd in 1935 voorgesteld door Einstein, samen met zijn collega's Boris Podolsky en Nathan Rosen. De uitleg van hun idee die nu volgt kan voor sommige lezers te ingewikkeld zijn; zij moeten dan maar een bladzijde overslaan en bij de conclusie verder lezen.

We hebben gezien dat de onzekerheidsrelaties het onmogelijk maken om op hetzelfde tijdstip de positie en de impuls van een deeltje met grote precisie te bepalen. Het slimme plan van Einstein c.s. was nu om dat toch te doen, en wel langs een omweg, door de hulp van een tweede deeltje in te roepen. Noem de beide deeltjes respectievelijk 1 en 2. Ze vormen samen wat we een 'afgesloten systeem' noemen, d.w.z. ze ondervinden geen invloeden van buiten af. In dat geval geldt, ook voor kwantumdeeltjes, dat de som van de impulsen van beide deeltjes in de loop van de tijd niet verandert, constant is. We bepalen nu de impuls van beide deeltjes afzonderlijk; dat kan, ook volgens de kwantummechanica, met de grootst mogelijke precisie. Enige tijd later bepalen we de impuls van deeltje 1. Omdat de totale impuls constant is gebleven kan dan de impuls van deeltje 2 op dat moment precies berekend worden. Tegelijk bepalen we op hetzelfde ogenblik de positie van deeltje 2. Dat kan ook met elke gewenste precisie. We weten dan zowel de positie als de impuls van deeltje 2 en de onzekerheidsrelatie is dus omzeild. Daarbij moet er nog voor één ding gezorgd worden. De ingreep van het meten van de impuls op deeltje 1 mag geen invloed hebben op deeltje 2. Aangezien zo'n 'invloed' alleen maar tot stand kan komen door een signaal dat zich volgens Einstein's relativiteitstheorie hoogstens met de lichtsnelheid kan voortplanten, moet de meting zo kort duren dat in die tijd een signaal dat van deeltje 1 uitgaat deeltje 2 niet kan bereiken. Dat is geen geringe eis. Als de deeltjes zich bijvoorbeeld op een afstand van een meter van elkaar bevinden betekent dit dat de meting niet langer dan een miljardste seconde mag duren. Wellicht ten overvloede vermeld ik nog dat hier voor de kwantummechanische beschouwingswijze geen probleem ligt. De deeltjes zijn niet 'gelocaliseerd'. Deeltje 1 is zolang wij zijn plaats niet weten om zo te zeggen overal, ook op de plaats die wij met behulp van de meting voor deeltje 2 hebben vastgesteld. De meting van de impuls van deeltje 1 kan dan direct, zonder tussenkomst van een signaal, een invloed op deeltje 2 uitoefenen.

Voor Einstein zelf was, naar het schijnt, deze redenering zo afdoende dat wat hem betreft het experiment niet eens uitgevoerd hoefde te worden. De mogelijkheid van de kwantummechanische beïnvloeding, zojuist beschreven, noemde hij 'spookachtig', of 'telepathisch', en was te absurd om serieus te overwegen. Het heeft tot 1982 geduurd voordat het definitieve experiment, in een bepaalde sublieme vorm gegoten, werd uitgevoerd en wel door de Franse fysicus Alain Aspect en zijn medewerkers. Het resultaat was duidelijk: de door Einstein zo verfoeide 'telepathische' wisselwerking tussen de twee deeltjes werd ondubbelzinnig aangetoond. *Het betekende het einde van de objectieve realiteit.* (Voor de volledigheid vermeld ik nog dat voor een juiste interpretatie van het Aspect experiment nog een belangrijke theoretische barrière moest worden genomen, en dat dit gedaan werd door de CERN fysicus John Bell, wiens naam in dit verband niet ontbreken mag).

Is het pleit nu definitief beslecht? Zou Einstein, als hij nog leefde, zich eindelijk gewonnen geven, of zou hij een nieuwe, briljante tegenwerping weten te bedenken? Of zou hij gewoon, zoals hij al eerder deed, zeggen: het kan eenvoudig niet waar zijn, het is in strijd met mijn wetenschappelijke intuïtie. We zullen het nooit weten, maar wel kunnen we een vermoeden ontlenen aan het volgende verhaal dat door Paul Davies wordt verteld in zijn boek 'Superkracht'.

'Enige maanden nadat Aspect de resultaten van zijn experimenten had gepubliceerd mocht ik een radiodocumentaire maken voor de BBC over de paradoxen in de interpretatie van de kwantummechanica. De andere medewerkers waren Aspect zelf, John Bell, David Bohm, John Wheeler en Rudolf Peierls. Ik vroeg wat ze dachten van de resultaten van Aspect en of ze het gevoel hadden dat dit nu het einde was van de alledaagse werkelijkheid. Ik was verbaasd dat hun antwoorden zo verschilden. Een of twee onder hen waren niet verbaasd. Ze hadden zo'n sterk vertrouwen in de officiële opvattingen van de kwantummechanica zoals die al lang geleden door Bohr waren geformuleerd, dat ze het gevoel hadden dat het Aspect experiment alleen maar een welkome bevestiging was van iets waar ze nooit serieus aan hadden getwijfeld. Anderzijds waren enkelen het hier helemaal niet mee eens. Hun geloof in de gewone werkelijkheid – de objectieve werkelijkheid van Einstein – bleef onaangetast. Zij waren van mening dat we dan maar moesten afstappen van de aanname dat signalen zich niet sneller kunnen verplaatsen dan het licht. Er moet dan toch iets als een 'spookachtige' werking op afstand bestaan.'

Je wrijft de ogen uit van verbazing. Een gezelschap vooraanstaande fysici, waaronder een Nobelprijswinnaar, ontpopt zich als een verzameling *gelovigen*. Zij die het ene geloof aanhangen hebben geen bevestiging nodig, ze wisten het toch al lang. Die van het strijdige geloof zijn ongeschokt door wat een verpletterende getuigenis à charge schijnt te zijn en zijn voetstoots bereid dan maar één van de meest fundamentele grondslagen van de hele natuurkunde overboord te werpen. Alsof het niets is. Eén van de laatsten, David Bohm, zullen we in het volgende hoofdstuk nog uitgebreid ontmoeten. Ook hij neemt in de natuurkunde een eenzame positie in, maar zijn visie is zeer de moeite van het overwegen waard.

Als vooraanstaande, grote natuurkundigen al op deze wijze aankijken tegen de resultaten van hun wetenschap, hoeveel te ernstiger moet dan de waarschuwing van Casimir worden genomen tegen het 'toedichten van onbeperkte geldigheid aan natuurwetenschappelijke theorieën en die te maken tot de basis van een complete natuurfilosofie, ja van een levensbeschouwing'. In deze valkuil trapt, bijvoorbeeld, Paul Davies, en hij niet alleen. Hij constateert terecht dat in de deterministische opvatting van de natuurwetten à la Laplace de menselijke geest volledig uitgebannen was. 'Door de pogingen om alle systemen terug te brengen tot de activiteit van eenvoudige onderdelen, begonnen sommige wetenschappers te geloven dat geest niets anders is dan de activiteit van de hersenen, en dus niets anders dan een patroon van elektrochemische pulsen, wat uiteindelijk bestaat uit de beweging van elektronen en ionen. In deze extreem materialistische denkwijze is de wereld van menselijke gedachten en gevoelens niets anders dan een façade.' En dan komt het: *'De nieuwe natuurkunde geeft daarentegen de geest weer een centrale positie in de natuur. (. . .)* De nieuwe fysica mag dan het einde betekenen van het gezonde verstand, het heelal dat door deze vorderingen wordt blootgelegd heeft eindelijk weer een plaats toegekend aan de mens in het grote schema van de wereld.'

Het mag weer. De menselijke geest, zijn gedachten en gevoelens, zijn terug van weggeweest. Dat is toegestaan omdat de natuurkundigen de onbepaaldheidsrelaties hebben uitgevonden. Als je niet oppast mag God straks ook weer.

Bescheiden en nederig. Een tafelspeech

Tijdens conferenties waar natuurkundigen elkaar ontmoeten om verslag te doen van hun vorderingen en van gedachten te wisselen over hun ideeën, is altijd één avond gereserveerd voor het 'conference dinner'. Het hoogtepunt van de avond is dan meestal het 'after dinner address', een tafelrede gehouden door één van de grote mannen van het vakgebied, een 'grand old man', die een persoonlijke visie geeft, liefst gekruid met geestigheden en anecdotes, op de ontwikkelingen in het vak.

Wie daarvoor wordt uitgenodigd heeft het werkelijk tot iets gebracht.

Op een conferentie over de fysica van wanordelijke systemen die in 1987 in Israël werd gehouden viel deze eer te beurt aan de Israëlische fysicus Max Jammer. De tafelrede is afgedrukt aan het eind van het conferentieverslag in Philosophical Magazine. Omdat de inhoud zo perfect aansluit bij wat in dit hoofdstuk besproken is, neem ik hier een gedeelte van de toespraak over. In het bijzonder het slot lijkt mij een waardige afsluiting van wat ons hier bezig hield.

Jammer gaat uit van wat zeventig jaar eerder, ook in een tafelrede aan een banket ter ere van Max Planck in 1918 te Berlijn gehouden, door Albert Einstein werd gezegd:

'De grootste taak van de natuurkundige is het zoeken naar die algemene, elementaire wetten waaruit, door zuivere deductie, zijn wereldbeeld wordt gevormd.' De vraag die hij dan stelt is: 'Heeft de natuurkunde in de afgelopen zeventig jaar enige werkelijke vooruitgang geboekt naar het doel dat Einstein omschreef als de grootste taak van de natuurkundige? Heeft de natuurkunde werkelijk die grote fundamentele wetten gevonden, waarmee een samenhangend beeld van de wereld kan worden gevormd?' Hij vervolgt dan (cursivering van mij):

'Hoewel natuurkundigen, van Los Angeles via London tot Leningrad het er nu over eens zijn hoe ze de kwantummechanica moeten gebruiken, verschillen ze diepgaand van mening over wat het betekent. Meer dan vijftig jaar geleden maakte Niels Bohr de opmerking: 'Als iemand zegt dat hij kan nadenken over kwantumproblemen zonder duizelig te worden dan heeft hij er niets van begrepen.'

De controverse over de juiste interpretatie van de kwantummechanica gaat zonder twijfel nog steeds door, zowel onder fysici als onder filosofen. Er is vandaag, ongeveer vijftig jaar na de geboorte van de theorie, geen wetenschappelijke consensus over wat de wiskundige berekening van de theorie werkelijk beschrijft. De reden voor dit debat is zonder twijfel het feit dat we hier te doen hebben met één van de grootste conceptuele uitvindingen, een ontdekking die het grote publiek grotendeels onopgemerkt voorbijgaat, niet omdat de gevolgen niet van algemeen belang zouden zijn, maar omdat ze zo drastisch en opwindend zijn dat zelfs de wetenschappelijke revolutionairen aarzelen om ze te aanvaarden.

Zo verklaarde bijvoorbeeld Einstein, die een aantal belangrijke bijdragen leverde tot de ontwikkeling van de kwantummechanica, zelfs nog in 1949:
'Fysica is een poging om de werkelijkheid te begrijpen zoals zij is, onafhankelijk van de daad van het waarnemen.'
Welnu, de algemeen aanvaarde interpretatie van de kwantummechanica ontkent het bestaan van zo'n werkelijke wereld, onafhankelijk van onze waarneming. Want zij stelt dat kwantumgrootheden zoals atomen, elektronen of fotonen geen eigenschappen op zichzelf bezitten, maar dat ze die alleen aannemen in de daad van het waarnemen.
In antwoord op Einstein's tegenwerping dat het moeilijk te geloven is dat een muis het heelal drastisch kan veranderen alleen door ernaar te kijken, verklaarde Heisenberg vinnig: 'Atomen zijn geen dingen' en vergeleek fysici die 'heimwee naar dingen' hebben met mensen die in een platte wereld geloven. Hij zei:
'De hoop dat nieuwe experimenten ons zullen terugvoeren naar objectieve gebeurtenissen in tijd en ruimte is ongeveer even goed gefundeerd als de hoop om het einde van de wereld te ontdekken in de onbekende gebieden van de Antarctica.'
De ontwikkeling van de natuurkunde in de laatste tientallen jaren schijnt aan te tonen dat Heisenberg gelijk had en Einstein niet. Laboratoriumexperimenten, zoals het beroemde experiment van Aspect in Frankrijk, hebben aangetoond dat atomen en subatomaire deeltjes, die mensen gewoonlijk beschouwen als microscopische dingen, geen goed gedefinieerd bestaan of een afzonderlijke, om zo te zeggen persoonlijke, identiteit hebben. (...) Vele natuurkundigen, hoewel niet allemaal, concluderen uit zulke resultaten dat de werkelijkheid, voor zover die überhaupt enige betekenis heeft, niet een eigenschap is van de wereld op zich zelf, maar nauw verstrengeld is met 's mensen gewaarwording van de wereld: zijn aanwezigheid als bewust waarnemer. *Deze conclusie, indien zij gerechtvaardigd is, is één van de redenen waarom de kwantum-revolutie zo schokkend is. Alle voorafgaande revoluties in de wetenschap, die van Copernicus of Darwin, hebben de mensheid weggezet uit het centrum van de schepping en hem teruggedrongen in de rol van louter toeschouwer van het kosmische drama. De kwantumrevolutie brengt de*

mens terug naar het centrum van het toneel. Of, zoals Bohr eens zei:
'We zijn niet louter toeschouwers, we zijn acteurs in dit grote drama van de natuur.'

Sommige vooraanstaande natuurkundigen, zoals John Wheeler, gaan zelfs zo ver dat zij menen dat het binnentreden van informatie in het bewustzijn van de waarnemer het beslissende proces is in het tot stand komen van de werkelijkheid. Tot het uiterste doorgevoerd betekent dit dat het bestaan van de wereld afhangt van de gewaarwording van de mens. Het idee dat de wereld bestaat, 'daar ginds', onafhankelijk van ons, is niet langer te handhaven. In plaats daarvan moeten we de wereld zien als wat Wheeler noemt een 'deelnemersheelal'. Want een elementair verschijnsel wordt pas een verschijnsel als het een waargenomen verschijnsel is. In feite beweren de voorstanders van deze zienswijze dat de mens deel neemt aan de schepping van het heelal. (...)

Of dergelijke onconventionele ideeën nu aanvaard worden of niet, de meerderheid van de leidende fysici is er van overtuigd dat de wereld niet langer gezien kan worden als de fysische realiteit die Einstein voor ogen stond toen hij zijn uitspraak van 1918 deed.

Ik vraag me af hoe Einstein zou reageren als hij vandaag nog in leven was. In zijn autobiografische aantekeningen, geschreven in 1949 besprak Einstein zulke, voor hem onacceptabele ideeën en noemde ze 'spookachtig' of 'telepathisch', waarmee hij natuurlijk bedoelde dat ze niet bevorderlijk zijn voor het vormen van een samenhangend beeld van de wereld. We zouden dan een wiskundig samenhangende theorie van het heelal hebben, van zijn verleden en heden, maar we zouden geen samenhangend begrip hebben van wat die wiskunde werkelijk betekent.

We kunnen de ontwikkeling, denk ik, in eenvoudige woorden samenvatten: *het schijnt dat hoe meer we weten in de natuurkunde, hoe minder we begrijpen van de fysische wereld.* Het schijnt dat er een omgekeerde evenredigheid, een soort onzekerheidsrelatie à la Heisenberg, bestaat tussen weten en begrijpen. *Het is wel zeker dat de uitdrukking 'iets begrijpen' een veel diepere analyse behoeft.*

Dit betekent natuurlijk dat natuurkundigen, ondanks hun spectaculaire verrichtingen in theorie en praktijk, het doordringen in de diepste lagen van het atoom, het veroveren van het maanoppervlak en het verkennen van de structuur van melkwegstelsels die miljarden lichtjaren verwijderd zijn, niet opgeblazen van trots moeten zijn, maar *bescheiden en nederig* behoren te blijven.

Zoals een oude Hebreeuwse passage in de Talmud (Taanith 7a) het uitdrukt:

'Zoals wateren afdalen van de hoogte om
een lager gelegen bedding te vinden,
zo ook zal kennis blijven
alleen in hem die nederig is van geest.'

5. Aspecten

'Ik vermoed dat voor het juist
functioneren van de menselijke geest een
globaal begrip van algemene kennis
nodig is, niet alleen op formeel logisch of
wiskundig gebied, maar ook intuïtief, in
beelden, gevoelens, poëtisch taalgebruik,
enzovoort.'

David Bohm

Verzet tegen het atomisme

We keren eerst terug naar het experiment van Newton, waarmee hij aantoonde dat wit licht met behulp van een prisma te scheiden is in een spectrum waarin alle kleuren van de regenboog voorkomen. In hoofdstuk 1 lieten we hem zelf aan het woord over de wijze waarop hij het experiment had uitgevoerd. We zagen hem daar zitten, gewapend met zijn prisma, in een verduisterd kamertje, waarin via een klein gaatje in een vensterluik één enkele straal wit zonlicht werd toegelaten. Als ergens de uitspraak van Casimir, dat 'natuurkundige theorieën een beschrijving zijn van een beperkt deel der fysische verschijnselen, die op hun beurt slechts een beperkt deel van onze menselijke ervaringen uitmaken' treffend wordt geïllustreerd, dan hier. Uit de volle, stralende werkelijkheid van die dag in 1666 liet de onderzoeker één lichtstraal binnen en brak hem met zijn prisma in stukken.

We zagen ook dat het experiment en zijn verklaring door Newton gedurende de eerste tientallen jaren erna veel tegenstand van vooraanstaande vakgenoten opriepen. Daarvan was omstreeks 1700 niet veel meer over. Totdat ongeveer een eeuw later, in 1810, weer iemand opstond die de kleurentheorie van Newton te vuur en te zwaard bestreed: Johann Wolfgang Goethe.

'Wat?' zult u vragen, 'Goethe? De dichter? De man wiens 'Faust' ons tijdens onze schooljaren als één van de grote meesterwerken uit de wereldliteratuur werd voorgehouden? Was die dan in zijn vrije tijd amateur-natuurkundige?' Ja, dat was dezelfde Goethe. Wat nu volgt is grotendeels ontleend aan een artikel van W.F. Hermans, 'De kleurentheoloog' getiteld, een kwalificatie die de opperste vorm van misprijzen uitdrukt die deze auteur in voorraad heeft en dat zegt wat.

'Te vuur en te zwaard' noemde ik Goethe's bestrijding van Newton's theorie en daarmee is geen woord teveel gezegd. De felheid, ja het fanatisme van Goethe's verzet was buiten alle proporties. Hij noemde Newton weliswaar nog net geen oplichter, maar wel slachtoffer van een mate van zelfbedrog 'die vlak naast oneerlijkheid ligt'. Hij wekte studenten op om de collegezaal te verlaten zodra er over de kleurentheorie van Newton gesproken werd. Hij wenste zelfs dat de overheid de theorie officieel zou verbieden. Goethe als een vroege incarnatie van de ayatollah.

Het spreekt vanzelf dat Goethe met een eigen kleurentheorie kwam die hij superieur achtte aan die van Newton. Een amateur-natuurkundige? vroeg ik eerder, maar Goethe zelf dacht daar anders over. Hij beschouwde zijn theorie als zijn voornaamste levenswerk. Gedichten schrijven en treurspelen vervaardigen, dat kon iedereen, maar zijn kleurentheorie beschouwde hij als een unieke prestatie. Misschien moeten wij zijn laatste woorden, die mij reeds vroeg in het op school gebruikte Duitse themaboek onthuld werden, in dit licht bezien: 'Die letzten Worte des grossen Dichters Goethe waren: Licht, mehr Licht.'

Aan Goethe's kleurentheorie hoeven wij niet veel woorden te spenderen. 'Theologie', noemt Hermans, in navolging van de Duitse auteur Albrecht Schöne die er een boek over geschreven heeft, de wijze waarop Goethe met de materie bezig is. In de natuurkunde heeft de theorie geen sporen nagelaten. Hij is bijgezet in het curiositeitenmuseum. Bij die constatering zouden wij het kunnen laten en overgaan tot de orde van de dag. Maar in dat geval zou ik het hele onderwerp niet aangeroerd hebben. Want de fascinerende vraag die dan blijft liggen is natuurlijk hoe een zo verlicht, ruimdenkend en evenwichtig man (de woorden van Hermans) tot zo'n uitglijder in staat was. Bij het zoeken naar een antwoord op die vraag zet Hermans ons op het spoor. Ik citeer:

'Goethe's hoofdbezwaar tegen Newton en soortgelijke natuuronderzoekers is niet rationalistisch, niet van logische aard, maar het is een gevoelen. Het is zuiver ethisch.

In wezen vond hij wat Newton gedaan had een schennis der natuur, een verkrachting van het heilige licht. Niet moe werd hij schande te roepen over het *'folterkamertje' waarin Newton het licht mishandeld had en in 'bestanddelen' uiteengebroken*, zoals een beul zijn slachtoffer vierendeelt.'

Het hartstochtelijk protest van Goethe richt zich dus tegen het in stukken breken van het 'heilige licht' dat voor de ingreep een geheel vormde. 'Folteren' noemt hij dat. Wat in stukken gebroken wordt, schreeuwt van pijn. Het is een protest tegen wat men de *atomistische*, ook wel *reductionistische* benadering van de natuurkunde noemt. Natuurkundigen zijn splitsers. Het zijn de schei-kundigen bij uitnemendheid. Zij splitsen het witte licht in kleuren, waarvan ze de warme identiteit terugbrengen tot een *getal* (de golflengte). Ze breken het atoom op in een kern en elektronen, de kern in kerndeeltjes, de kerndeeltjes in quarks. Enzovoort. We hebben al eerder de surrealistische machines ontmoet die het grove geweld produceren waarmee het moderne splitsen tot stand wordt gebracht. Het heeft intussen de atoombom opgeleverd. Het protest van Goethe, ontdaan van zijn extravagante vorm, drukt het gevoel uit dat men met uitsluitend de atomistische benadering op de verkeerde weg is. Hij liet zich, zoals hij zei, het recht niet ontnemen de *kleur in al haar gedaanten en betekenissen te bewonderen, lief te hebben en, waar mogelijk, zonder foltering te onderzoeken.* Men herkent in de formulering de taal van de dichter. Goethe's kleurentheorie kon gezien worden als een eerste, stuntelige, waarschijnlijk mislukte (hoewel? zie later) poging tot een *holistische* aanpak van de natuurkunde. Dat idee begint in onze tijd langzaam veld te winnen.

De atomistische aanpak is in de natuurkunde zo overheersend dat hij in feite de enige is. Hij heeft ook onmiskenbaar tot indrukwekkende resultaten geleid. Vanuit de kleinste deeltjes wordt een beeld van het geheel opgebouwd. Vanuit de analyse naar de synthese. Maar het is de vraag of het beeld dat men op die manier verkrijgt niet een verminkt beeld is. Zoals de patholoog-anatoom in zijn snijkamer uit een lichaam dat hij in talloze kleine stukjes uit elkaar gesneden heeft niet, terugwerkend, een mens kan reconstrueren, maar op zijn best een lijk. Voordat we het betoog voortzetten wil ik hier een verhaal weergeven dat door James Gleick verteld wordt in zijn fascinerende boek 'Chaos'. Chaos is een gloednieuwe ontwikkeling in de natuurkunde van de laatste twintig jaar, waarvoor hier de ruimte ontbreekt om er op in te gaan. Eén aspect er van wil ik desondanks noemen: het feit dat de theorie een nieuwe vorm van onzekerheid heeft blootgelegd in de voorspelbaarheid van fysische gebeurtenissen die totaal verschillend is van Heisenberg's onzekerheidsrelaties, maar even ingrijpend. Eén van de briljante pioniers op dit gebied is Mitchell Feigenbaum. Van hem vertelt Gleick dat hij in aanraking kwam met Goethe's kleurentheorie, die grondig bestudeerde, en tot de overtuiging kwam dat hij juist was. Ik citeer enkele regels: 'Waar Newton een reductionist was, was Goethe een holist. Newton brak het licht in stukken en vond de fundamentele fysische verklaring voor de kleur. Goethe wandelde door bloementuinen en bestudeerde schilderijen, zoekend naar een allesomvattende verklaring (. . .) Feigenbaum raakte ervan overtuigd dat Goethe het op het punt van de kleur bij het rechte eind had. Goethe's ideeën vertonen gelijkenis met een begrip, populair onder psychologen, dat onderscheid maakt tussen de harde psychologische werkelijkheid en de veranderlijke, subjectieve gewaarwording ervan. De kleuren die wij ervaren variëren van tijd tot tijd en van persoon tot persoon, zoveel kunnen we er wel van zeggen. Maar zoals Feigenbaum ze verstond bevatten Goethe's ideeën meer echte wetenschap. Ze waren hard en empirisch. Telkens weer benadrukte Goethe de herhaalbaarheid van zijn experimenten. Voor Goethe was het de gewaarwording van kleur die universeel was en objectief.' Tot zover het verbazingwekkende relaas over Feigenbaum. Ik geef het door zonder conclusie. Zelf kan ik met Goethe's theorie ook niet veel beginnen, maar, wie weet, komt dat omdat ik ook nog te veel vastgebakken zit aan de atomistische benadering van de natuurkunde. Het feit alleen dat iemand van de klasse van een Feigenbaum er wel wat in ziet moet op zijn minst tot nadenken stemmen. Wellicht is de theorie toch meer dan een theologie en krijgt Goethe uiteindelijk, na tweehonderd jaar, toch nog het gelijk dat hij zelf verwacht had op zijn laatst vijftig jaar na zijn dood te zullen krijgen.

Terug naar het atomisme. In onze tijd begint het protest tegen de splitsingswoede hier en daar luider op te klinken. In het volgende zal ik dat demonstreren aan een fragment uit het boek 'Gedane zaken' van Jan Hendrik van den Berg. Wie is hij? Van den Berg is oud-hoogleraar in de neurologie aan de universiteit van Leiden. Een medicus dus, maar een geleerde, één van de zeer zeldzame, die over de grenzen van zijn eigen vakspecialisme weet heen te kijken in een poging een visie te ontwikkelen op de hele mens. Een homo universalis, een universeel mens, daarin lijkt hij op Goethe. Zijn totaalvisie is neergelegd in een model van de menselijke geschiedenis, dat hij 'metabletica' heeft genoemd, de titel van zijn meest bekende boek. Hij schrijft even moeiteloos over psychologie, biologie, wiskunde als over bouwkunst, beeldende kunst en muziek. Ook hij is een éénling, die aan veel kritiek blootstaat van vakspecialisten op wier gebied hij zich waagt omdat die het in de details natuurlijk beter weten, maar wiens visie uitermate boeiend is en voor mij zelfs meer dan dat. Op dit alles kunnen we hier helaas niet ingaan. Het fragment dat ik aankondigde handelt over één van de meest beroemde splitsingen in de geschiedenis van de natuurwetenschap, het experiment van Lavoisier in 1783, waarin hij aantoonde dat het 'element' water te splitsen is in twee andere, waterstof en zuurstof. 'Element' schreef ik, tussen aanhalingstekens, omdat, tot op het moment waarop Lavoisier zijn proef deed, had gegolden dat de wereld waarin wij leven opgebouwd is uit vier elementen: water, lucht, vuur en aarde, een indeling die uit de klassieke oudheid stamt. Het idee dat deze elementen nog weer verder splitsbaar zouden zijn, was tot dan bij vrijwel niemand opgekomen. Het begrip 'element' in deze oude opvatting drukt meer uit dan dat het onsplitsbaar is. Het heeft iets 'elementairs', iets wezenlijks in zich. 'Bijvoorbeeld water', zegt Van den Berg. 'Neem een glas zuiver water, uit een bergbeek, uit een bron, drink dat water en men beseft elementaire materie tot zich te nemen. Geen oxyde. Geen samenvoeging van twee gassen. *Water* – dat niet voor niets helder is. Lucht is al even helder. Bergkristal – zuivere aarde – is helder. Het vuur maakt helder, loutert, is zuiverheid in actie'. En dan volgt het volgende fragment:

'Wat deelde Lavoisier eigenlijk mee? Dit: dat water geen element is. Water is een samengestelde stof. Water bestaat uit twee andere stoffen. Waarom zou ik niet zeggen: Lavoisier sloeg water in stukken. Lavoisier vernietigde water.
Maar dat is niet alles. Water, dit element, vertoont zich in

eindeloze verscheidenheid. Beekwater, rivierwater: laten wij aannemen dat het water daarin puur is, dan toch is het water van de gutsende bergbeek ongelijk aan het water van de traagstromende rivier. Regenwater, grondwater. Drinkwater. Doopwater, wijwater. De chemicus zal opmerken dat het allemaal, letterlijk, één pot nat is. Nat met dezelfde formule H_2O. Wie kan het ontkennen? Maar ook nu kan duidelijk worden, kan op zijn minst het vermoeden ontstaan, dat de notitie H_2O aan water, aan de veelvuldigheid van het element water, verraad pleegt. Drink H_2O – als men dat kan. Ga in H_2O zwemmen – als men dat wil (. . .)

Uit het genivelleerde, gelijkgeschakelde, gedemocratiseerde water kwam het één en ander voort. De oorzaak daarvan ligt in het *delingsproces*, in het beginsel van deling dat water opsplitste in twee stoffen, waterstof en zuurstof. Zouden die twee stoffen niet wellicht ook splitsbaar zijn? Ik vertrouw dat de lezer de vraag onvermijdelijk acht. Ze is ook gesteld en inmiddels is het antwoord bekend. De nieuwe elementen, waterstof en zuurstof zijn, evenals alle andere elementen van Mendelejev's systeem, splitsbaar, splijtbaar, te splijten in een menigte zeer kleine deeltjes (. . .) Komt de tweede, verdere splitsing, die de oorspronkelijke elementen nog meer nivelleert (ze zijn nu voortaan ook onderling gelijk), uit de eerste nivellerende splitsing van Lavoisier voort, het even lijnrechte gevolg van de tweede splitsing is de atoombom van 1945.'

Tot zover van den Berg. *Is* water dan geen H_2O? zal men vragen. Nee, water *is* geen H_2O, het is hoogstens *ook* H_2O. H_2O is een aspect van het water-zijn. Wie de splitsing in elementen verabsoluteert geeft het 'elementaire' karakter van water prijs. Goed, zal men misschien zeggen, ik voel wel iets aan van de bedoeling van de protesten, maar erg indrukwekkend is het nog niet. Een dichter en een medicus. Veel hartstocht en weinig natuurkunde. Zoiets als de vrouw uit het 'Delftse huwelijk', die zegt: je redeneringen, daar kan ik geen speld tussen krijgen, maar je kunt me nog meer vertellen. Ik voel dat het anders is. Daarom nu het volgende citaat:

'Niettemin heeft dit vermogen van de mens om zichzelf van zijn omgeving te scheiden en de werkelijkheid in afzonderlijke dingen te verdelen uiteindelijk een groot aantal negatieve en destructieve resultaten opgeleverd, doordat de mens zich niet meer bewust was van wat hij deed, en het principe van de deling ook ging toepassen buiten het gebied waar het goed functioneert. Het delingsproces is *een manier om over dingen te denken*, die vooral geschikt en nuttig is voor technische en praktische bezigheden (zoals het verdelen van een stuk land waarop verschillende gewassen moeten worden verbouwd). Maar wanneer deze manier van denken in een ruimere zin wordt toegepast op de ideeën van de mens over zichzelf en de hele wereld waarin hij leeft (op zijn zelfbeeld en zijn wereldbeeld), begint hij te denken dat de delingen niet alleen nuttig of bruikbaar zijn, maar ook werkelijkheid. Hij gaat zichzelf en zijn wereld beleven als verzamelingen van afzonderlijke delen. Onder invloed van dit gedeelde zelfbeeld en wereldbeeld probeert hij zichzelf en de wereld door zijn gedrag zoveel mogelijk in stukken te delen, zodat alles overeenkomt met zijn manier van denken. Het lijkt of dat de juistheid van zijn gedeelde zelfbeeld en wereldbeeld bewijst, maar hij heeft niet in de gaten dat hij zelf, door volgens deze denkwijze te handelen, de gedeeldheid zelf heeft veroorzaakt, die nu zelfstandig lijkt te bestaan, onafhankelijk van zijn wil of verlangens.'

Het citaat is afkomstig uit het boek 'Wholeness and implicate order' (Heelheid en impliciete orde) van de hedendaagse Engelse natuurkundige David Bohm, die wij al eerder even ontmoetten. Op zijn zienswijze zullen wij in het vervolg wat nader ingaan.

David Bohm en de ongedeelde heelheid

Holisme, de opvatting dat de werkelijkheid waarin wij leven één geheel is en dat alles met alles samenhangt, is 'in'. Een mogelijk verband tussen deze opvatting en de wereld van de moderne natuurkunde is vooral populair geworden door de boeken van Fritjof Capra (De Tao van Fysica) en Gary Zukav (De dansende Woe-Li-meesters), waarin de schrijvers verband leggen tussen de kwantumfysica en de ideeënwereld van de oosterse godsdiensten. Hun inzichten zijn omstreden en hebben in de wereld van de natuurkundigen in het algemeen een kille ontvangst genoten. De enige die in deze context in de fysische wereld serieus genomen wordt is David Bohm, vooral, denk ik, omdat hij een vooraanstaand fysicus is en omdat hij het niet bij verhalen en filosofieën laat, maar ernstige pogingen doet om die te vertalen in de termen van echte fysica. Voor het grote publiek heeft hij zijn ideeën uiteengezet in het eerder genoemde boek waarvan ik zal trachten een summiere samenvatting te geven.

Allereerst gaat Bohm in op de betekenis van het begrip 'theorie'. De stam van het woord theorie is een Grieks woord dat 'aanschouwen' betekent. Een theorie is een bepaalde manier van kijken. Een theorie is vergelijkbaar met een bepaalde *aanblik* van een voorwerp. Elke aanblik vanuit een bepaalde richting toont ons een bepaald *aspect* van het voorwerp. Het hele voorwerp wordt nooit in één aanblik waargenomen, maar alleen *impliciet* ervaren als de ene werkelijkheid die zich in al deze waarnemingen vertoont. Al onze verschillende manieren van denken moeten opgevat worden als verschillende manieren om naar dezelfde werkelijkheid te kijken, die elk in een bepaald gebied duidelijk en toepasselijk zijn. Theorieën zijn geen rechtstreekse beschrijvingen van 'de werkelijkheid zoals die is'.

Dat geldt ook voor de atoomtheorie, die meer dan tweeduizend jaar geleden voor het eerst door Democritus werd geformuleerd. Die heeft zeker goede diensten bewezen voor het tot stand komen van een bepaald inzicht in bepaalde aspecten van de werkelijkheid, maar gaandeweg werd de theorie niet meer gezien als een inzicht of een manier van kijken, maar als een absolute waarheid omtrent de werkelijkheid. Men ging denken dat de hele werkelijkheid inderdaad alleen uit atomaire 'bouwstenen' bestaat die elkaar op een min of meer mechanische manier beïnvloeden. De atoomtheorie groeide zo uit tot de belangrijkste steunpilaar van een gedeelde benadering van de werkelijkheid. Deze zienswijze heeft ook zijn uitstraling gehad naar andere wetenschappen, zoals de biologie, waar men vaak nog sterker dan in de natuurkunde overtuigd is van de juistheid van dit idee, vooral omdat men zich niet of nauwelijks bewust is van het revolutionaire karakter van de ontwikkelingen in de moderne natuurkunde. De meeste moleculaire biologen geloven bijvoorbeeld dat het hele leven en de menselijke geest uiteindelijk begrepen kunnen worden als er maar genoeg onderzoek wordt gedaan naar de structuur en de functie van DNA-moleculen. Dit soort ideeën begint ook in de psychologie te overheersen. Dit heeft het merkwaardige gevolg dat juist in de wetenschappen die het leven en de geest bestuderen en waarin de 'vormende oorzaak' in de onverbroken en vloeiende beweging het duidelijkst waarneembaar is, het geloof in de gedeelde, atomistische benadering van de werkelijkheid het sterkst is.

Ja maar, zal men zeggen, we nemen die atomistische structuur toch waar, dat zijn toch geen verzinsels? Het antwoord van Bohm is dat wie de natuur tegemoet treedt met atomistische oogkleppen op, de reacties krijgt die bij die benadering passen. Als we een medemens tegemoet treden met de theorie dat hij een vijand is, tegen wie we ons moeten verdedigen, reageert hij inderdaad als een vijand en 'bevestigt' zo onze theorie. Zo reageert ook de natuur in overeenstemming met de theorie waarmee ze wordt benaderd. Door een overwegend atomistische benaderingswijze wordt er nauwelijks naar bewijzen voor het tegendeel gezocht, en als die dan toch worden aangetroffen, zoals in de moderne natuurkunde, worden ze van weinig belang geacht of geheel genegeerd.

Die bewijzen van het tegendeel vindt Bohm met name in de kwantumfysica en de relativiteitstheorie. Dat die twee niet met elkaar te verzoenen zijn is een wolkje dat allang boven de moderne natuurkunde hangt en dat in de opvatting van Bohm al de omvang van een donderwolk heeft aangenomen. Afgezien daarvan toont de kwantumfysica dat het veel logischer is de werkelijkheid als een ongedeelde eenheid op te vatten. Eerder ontmoetten wij al de twee deeltjes in het Einstein-Podolsky-Rosen experiment, die op de 'telepathische' manier met elkaar in verbinding stonden. Wat is logischer dan die twee op te vatten als een ongedeelde eenheid? Ook het onderscheid tussen de waarnemer en wat hij waarneemt kan niet langer gehandhaafd worden. Ze zijn in elkaar overvloeiende en elkaar doordringende *aspecten* van één hele werkelijkheid, die ondeelbaar en niet analyseerbaar is. Ook uit een beschouwing van de relativiteitstheorie concludeert Bohm dat daarin geen plaats is voor het idee dat de wereld uit 'fundamentele bouwstenen' bestaat. In plaats daarvan moet de wereld worden opgevat als een universele stroom van gebeurtenissen en processen. In deze totaliteit is het atomistische inzicht een vereenvoudiging, een abstractie die slechts in een beperkte context geldig is.

Bohm licht zijn visie toe aan de hand van beelden. De oude, gangbare manier van het beschrijven van de werkelijkheid vertoont overeenkomst met de manier waarop een lens werkt, bijvoorbeeld in een fotocamera. De lens ontwerpt van een voorwerp een beeld. Het beeld is datgene wat wij waarnemen. De afbeelding van de lens is één op één: met ieder *deel* van het voorwerp correspondeert een *deel* van het beeld. De som van de afbeeldingen van alle delen van het voorwerp levert één samenhangend beeld op. Zo gingen de natuurkundigen tot nu toe ook te werk: de werkelijkheid wordt in delen gesplitst die afzonderlijk werden waargenomen, afgebeeld. Daarna wordt uit de analyse van de afzonderlijke delen een totaalbeeld (synthese) geconstrueerd. Een wereldbeeld (dat ook maar een beeld is). Deze wijze van analyseren werd sterk aangemoedigd door het succes van de lens als waarnemingsinstrument in de natuurkunde. Uitgebreid tot een telescoop maakt hij fantastisch verre sterren voor waarneming toegankelijk; in de vorm van de elektronenmicroscoop kan men er atomen mee zien. Daardoor ontstond het idee dat de 'lensachtige' benadering altijd en onder alle omstandigheden bruikbaar en geldig was.

Echter, de moderne natuurkunde, en vooral de kwantumtheorie, heeft laten zien dat een analyse van de werkelijkheid in afzonderlijke, duidelijk begrensde delen niet langer relevant is. De kwantumtheorie duidt veeleer op een werkelijkheid die als een ongedeelde totaliteit moet worden gezien. Dat kan eveneens geïllustreerd worden met behulp van een optische afbeeldingsmethode, de *holografie* (letterlijk: het schrijven van het geheel). Daarbij laat men een bundel laserlicht scheef invallen op een half-doorlaatbare spiegel. Een deel van de bundel wordt teruggekaatst en valt op het voorwerp dat we willen waarnemen. Het voorwerp verstrooit het licht, dat voor een deel terecht komt op een fotografische plaat, samen met het andere deel van de oorspronkelijke bundel dat door de spiegel was doorgelaten. De twee bundels treden daar in wisselwerking ('interfereren') en het interferentiepatroon wordt op de plaat vastgelegd. Het is meestal zo fijn dat het met het blote oog niet kan worden waargenomen.

Laten we nu hierna op de plaat een bundel laserlicht vallen en houden we het oog achter de plaat, dan zien we het hele oorspronkelijk belichte voorwerp in drie dimensies. *Belichten we maar een klein deel van de plaat dan zien we toch het hele voorwerp, zij het iets onscherper.* Er is hier dus geen sprake van een één op één afbeelding, waarbij elk deel van het voorwerp is vastgelegd op een deel van de fotografische plaat. Integendeel: *ieder deel van de 'afbeelding' op de plaat bevat een verband met de hele afgebeelde structuur.*

In deze beschouwing is de fotografische plaat niet van wezenlijk belang. Die legt alleen maar het interferentiepatroon vast dat op die plaats in de ruimte aanwezig is. Ook als de plaat er niet is bevat het licht in elk deel van de ruimte de informatie over het hele voorwerp. Die informatie is *impliciet* (ingevouwen) aanwezig. In de taal van Bohm: *Elk gebied in ruimte en tijd bevat op een impliciete manier een totale orde.* Bij het uitvoeren van een experiment kunnen aspecten van die totale orde aan het licht treden, *expliciet* gemaakt (ontvouwd) worden.

Dit wordt nader duidelijk gemaakt aan de hand van een tweede beeld. Neem een doorzichtig vat, gevuld met een stroperige vloeistof, bijvoorbeeld glycerine. Het vat is uitgerust met een roerapparaat dat de vloeistof langzaam en regelmatig kan roeren. We laten nu een druppel onoplosbare inkt in de vloeistof neer en zetten het roerapparaat aan. De druppel verandert dan geleidelijk in een steeds dunner wordende draad die zich over de hele vloeistof verspreidt. Op den duur is de draad als zodanig niet meer waar te nemen, de vloeistof heeft een vage inktkleur gekregen. De inktdruppel is ingevouwen, impliciet aanwezig in de vloeistof. We zetten nu het roerapparaat 'in zijn achteruit'. Het hele proces speelt zich nu in omgekeerde richting af: de draad rolt zich weer op en op een bepaald moment wordt de druppel weer zichtbaar. Hij is 'uitgevouwen', expliciet gemaakt.

We breiden het experiment nu als volgt uit. Na het neerlaten van de eerste druppel roeren we honderd maal, laten een tweede druppel neer vlak naast de plaats waar we de eerste gedeponeerd hadden, roeren weer honderd maal, enzovoort, bijvoorbeeld tot twintig druppels toe. Alle druppels zijn nu ingevouwen in de vloeistof. Zetten we het roerapparaat nu in zijn achteruit en draaien we snel terug, dan zal eerst de laatst gedeponeerde druppel tevoorschijn komen en vervolgens weer ingevouwen worden, daarna de één na laatste, enzovoort. Wat we waarnemen, denken waar te nemen, is één inktdeeltje dat zich in een rechte lijn door de vloeistof verplaatst. Doordat het zo snel gaat lijkt de lijn continu doorlopen te worden, maar bij nauwkeurige beschouwing is het een discontinue, sprongsgewijze beweging in twintig sprongen, waarna het 'deeltje' verdwenen is.

Het beschreven experiment vertoont overeenkomst met de wijze, waarop sporen van 'elementaire deeltjes' zichtbaar gemaakt worden in een fotografische emulsie. Klassiek gesproken veroorzaken de deeltjes op hun weg door de emulsie een reeks van chemische reacties die, na het ontwikkelen van de plaat, zichtbaar worden als een schijnbaar continue, maar in werkelijkheid discontinue kromme of rechte lijn, de 'baan' van het deeltje, maar in de kwantummechanische context, in de taal van Bohm, is het waargenomen spoor nooit meer dan een *aspect*, dat zichtbaar gemaakt wordt in de rechtstreekse waarneming. Een aspect van de impliciete orde dat, als gevolg van onze wijze van waarnemen, expliciet gemaakt wordt. De beweging moet discontinu worden beschreven, met behulp van 'kwantumsprongen', en dat betekent dat het hele idee van een nauwkeurig bepaalde baan van een deeltje, waardoor de zichtbare punten van het spoor met elkaar wordt verbonden, zinloos geworden is. Het gebruik van het woord 'deeltje' is in deze kwantumcontext dus uiterst misleidend.

In de visie van Bohm is de werkelijkheid een ongedeelde heelheid, waarin de 'impliciete ordes' gedragen worden door de *holostroom of holoflux*. In het voorbeeld is de holostroom de bewegende glycerine vloeistof, waarin de 'ordes' van de inktdruppels zijn ingevouwen. Soms kunnen bepaalde aspecten van de holostroom (licht, elektronen) expliciet gemaakt worden, maar in het algemeen vloeien alle aspecten van de holostroom onscheidbaar in elkaar over. De holostroom is in zijn totaliteit op geen enkele manier begrensd en wordt niet door één afzonderlijke orde of maat bepaald. De holostroom is dus *onbeschrijfbaar en onmeetbaar*.

Als we primaire betekenis toekennen aan de holostroom heeft het dus geen zin om over een *fundamentele* theorie te spreken die een *blijvende* basis kan zijn voor de *hele* natuurkunde en waartoe *alle* natuurkundige verschijnselen uiteindelijk kunnen worden herleid. *Een theorie abstraheert een bepaald aspect dat alleen in een beperkte context geldig is.* Het opstellen van een theorie is dus te vergelijken met wat een schilder doet, die een bepaald aspect van de werkelijkheid zoals hij dat ziet op zijn doek afbeeldt. Een theorie is een *kunstwerk. Natuur-*

kunde is een kunstvorm, één van de kunstvormen die zich met de beschouwing van de werkelijkheid bezighouden. Zomin als ooit het definitieve doek geschilderd of het definitieve gedicht geschreven zal zijn, zomin zal de natuurkunde ooit de definitieve theorie van de werkelijkheid voortbrengen. Goddank, zou ik willen zeggen, en wie hoofdstuk 3 gelezen heeft weet wat ik daarmee bedoel. Het betekent dat het leven kan doorgaan.

Een mooi verhaal, zult u misschien zeggen, maar een verhaal. Hoe maak je zo iets 'hard'? Welnu, Bohm is er druk mee bezig zijn ideeën te vertalen in gewone, harde natuurkunde. Hoever hij daarmee gevorderd is kan ik moeilijk beoordelen. Een aanwijzing is misschien het volgende. In het voorjaar van 1987 hield de Nederlandse Natuurkundige Vereniging een symposium dat aan het holisme was gewijd. De sprekers waren twee filosofen en een natuurkundige. De laatste, Hilgevoord, besteedde uitvoerig aandacht aan de formele theorie van Bohm. Hij eindigde zijn betoog met de woorden: 'Ik weet niet wat onze uiteindelijke visie op dit alles zal zijn, maar zeker lijkt wel dat de kwantummechanica ons confronteert met de beperktheid van onze denkgewoonten en dat we die wellicht zullen moeten kruiden met een snufje holisme.' Een snufje holisme (wat dat ook mag zijn) is nog wel niet veel, maar als de natuurkundigen, die 'conservatieve revolutionairen' van Pais, nu al zover zijn, kon een doorbraak wel eens niet ver af wezen.

De dingen hebben hun geheim

Wat is goud? Volgens de natuurkundigen dit. Goud is een enkelvoudige stof, een element, dat in vaste toestand bestaat uit allemaal gelijke atomen die op een regelmatige manier gestapeld zijn in een structuur die men ook krijgt als men een verzameling pingpongballen zo dicht mogelijk op elkaar stapelt. Elk atoom bestaat uit een positief geladen kern waaromheen vijfenzestig elektronen cirkelen. Het buitenste elektron hoort in vast goud niet meer strikt tot het atoom waar het oorspronkelijk bij hoorde, maar zwerft min of meer vrij door het hele kristal. Dit 'gas' van vrije elektronen is er voor verantwoordelijk dat goud de elektriciteit zo goed geleidt. Dit is een sterk vereenvoudigde voorstelling van zaken die door een kwantumtheoretische behandeling nog gewijzigd moet worden. Daaruit komt dan een 'elektronenstructuur' tevoorschijn die we bijvoorbeeld moeten kennen om te begrijpen wat er gebeurt wanneer we van buiten af wit licht op een stuk goud laten vallen. We weten wat er gebeurt: het goud heeft een gele kleur die veroorzaakt wordt door het feit dat de elektronen een deel van het licht in het blauwe deel van het spectrum absorberen. Omdat we de elektronenstructuur van goud kennen, kunnen we dat ook uitrekenen. Het klopt. We begrijpen waarom goud geel is.

Zo zou ik nog vele bladzijden lang door kunnen gaan. Goud heeft een structuur en het heeft eigenschappen, en de eigenschappen zijn uit de structuur te begrijpen. Dat is de taak die de vaste stof fysici zich gesteld hebben, en op die weg zijn ze ver gevorderd.

Tot de pronkstukken van het Nationaal Museum te Athene behoren de gouden dodenmaskers die in de koningsgraven te Mycene zijn aangetroffen. Het publiek dat in dichte drommen langs de vitrines schuift om dit goud te observeren heeft van het bovenstaande weinig weet. Voor hen heeft dit goud een eigenschap die in het rijtje fysische eigenschappen (elektrische, mechanische, magnetische, optische, etc.) niet voorkomt: het ontroert. Het is goud dat door de hand van de kunstenaar is omgevormd tot een voorwerp dat uitdrukking heeft, een taal spreekt. *Bezield goud.* Een fysicus die deze maskers met zijn instrumentarium zou doorlichten ontwaart daarvan niets. Het materiaal van de maskers heeft hetzelfde geleidingsvermogen en dezelfde reflectie-coëfficiënt als dat van een gouden polshorloge.

De Colombiaan Gabriël Garcia Marquez, schrijver van zulke prachtige romans als 'Honderd jaar eenzaamheid' en 'Liefde in tijden van cholera' en Nobelprijswinnaar voor de literatuur, wordt tot de 'magische realisten' gerekend. Dat zijn schrijvers die de werkelijkheid om hen heen beschrijven *alsof* die bezield was. Hijzelf vindt dat onzin. Hier volgt het citaat waarin hij uitlegt waarom.

'Alles wat in het Caribisch gebied of Latijns Amerika gebeurt, of wat vreemd en ongewoon is noemen ze magisch realisme. In feite is er geen magisch realisme in de literatuur. Er is wel een magische werkelijkheid die je in het Caribische gebied kunt vinden. Daarvoor hoef je alleen maar de straat op te gaan. Met die magische werkelijkheid zijn wij opgegroeid. Maar die is ook aanwezig in Europa en Azië.

Jullie worden echter gehinderd door je culturele vorming. Alle Europeanen zijn uiteindelijk *Cartesianen*. Ze verwerpen alles wat niet binnen het rationele denken valt. Je gaat naar Europa en je ziet er even uitzonderlijke dingen gebeuren als in onze landen. Wij geven ons alleen gemakkelijker over aan die werkelijkheid. Wij zijn er deel van, we aanvaarden haar. *Jullie systeem van denken dwingt je om die werkelijkheid af te wijzen.*

Het is jullie heel goed gegaan in het leven. Maar ik geloof dat jullie je minder amuseren dan wij.'

Er is dus geen magisch realisme, er is alleen een magische realiteit. Hij ziet die gewoon en schrijft op wat hij ziet. Hij is dus gewoon een realist. Wij in het Westen zien het alleen maar niet omdat we ons ervoor afsluiten. Omdat we 'Cartesiaanse' oogkleppen op hebben. Omdat wij de wereld bekijken met de rationele ogen van de natuurwetenschappers, de ogen van de 'Verlichting', in dit verband een leuk ironisch woord.

Wat is een zonnebloem? Om dat te weten te komen zou men een botanische Flora kunnen raadplegen en daar de volgende beschrijving aantreffen. *Helianthus annuus L (Zonnebloem).* Plant groen, stijfharig, ruw. Hoofdjes 0.10 - 0.40 breed, knikkend. Straalbloemen geel. Schijfbloemen bruin. 1.00 - 3.00. De schilder Vincent van Gogh heeft de zonnebloem op verscheidene van zijn schilderijen tot leven gebracht. Laten we eens luisteren naar wat J.H. van den Berg daar over zegt.

'Wie voor Van Gogh's zonnebloemen staat wordt getroffen door het feit dat de bloemen heel weinig en bijzonder goed lijken. Ze lijken niet op de zonnebloemen zoals we die menen (of meenden) te kennen, omdat geen fotograaf in staat is zulke zonnebloemen op zijn kleurgevoelige film vast te leggen. Ze lijken bijzonder goed op de zonnebloemen die we steeds meer gaan zien, omdat ze alles bevatten en weergeven wat de zonnebloem met zich en in zich heeft. De hoge groei van de plant met de geweldige bloem. De van de bloem afslaande gele vlammen van de kroonbladeren. De bollende bloembodem met de steeds nauwere vruchtbaarheidskrans. De hitte van een zonrijke zomer. De majesteit van de zon zelf. De niet te stuiten praal van de aarde. Het is alles veel meer dan de bloem zelf. Maar dat is niet waar. Het 'meer' hoort tot de bloem, is die bloem. Neem het opgesomde, en alles wat daaraan nog toe te voegen zou zijn, van de zonnebloem af, en men houdt een botanisch gewas over, armetierige rest van wat de zonnebloem is. In de twee eeuwen tussen 1700 en 1900 leerden we, stap na stap, met de armetierige rest genoegen te nemen, waardoor we ertoe kwamen te denken dat de opgesomde eigenschappen door ons als *ideetjes* aan de zonnebloem werden gehangen. Van Gogh ontmaskerde dit als falsificatie. Hij demonstreerde dat de ideetjes geen ornamenten zijn, maar authentieke eigenschappen van de zonnebloem, *van het ding zelf*. Zijn zonnebloemen tonen dat de wereld waarin wij leven een geladen, numineuze, magische wereld is. Het ding is ruimte, tijd, kleur, fleur, geluid, stilte, hartstocht, kleinmoedigheid. Een schepping komt ons in het *ding* tegemoet. Als we ons oog, ons oor, onze zintuigen van tussen 1700 en 1900 maar willen afschaffen. Als we het ding van tussen 1700 en 1900 maar willen afschaffen en het ding willen zien van de twintigste eeuw. Van Gogh deed het ons voor.'

'Eigenschappen', noemt Van den Berg dat. Majesteit, praal, daar slaat geen wijzer van een fysisch meetinstrument van uit. Gele vlammen, waarvan de temperatuur niet meetbaar is. Wie het zien wil moet de oogkleppen van tussen 1700 en 1900, het tijdperk der Verlichting, afzetten. Is het dan een wonder dat Van Gogh's tijdgenoten het niet zagen? Is het niet heerlijk dat wie tegenwoordig een tentoonstelling van zijn werk wil zien lang van te voren plaats moet bespreken? Het tijdperk 1700-1900 begint toch eindelijk op zijn eind te lopen, niet in de laatste plaats door de verrichtingen van de twintigste eeuwse natuurkunde.

Tenslotte. Enige tijd geleden vroeg mijn vriend, de kunstschilder Jan Bos, of ik een tentoonstelling van zijn werk met een korte toespraak wilde openen. Ik deinsde verschrikt terug. 'Dat kan je niet menen', zei ik, 'wat weet ik nou van kunst?' 'Ik hoef geen professionele blabla', was het antwoord. 'Jij houdt van mijn werk en je legt maar uit, in je eigen woorden, waarom.' Ik heb het maar gedaan. Omdat het toespraakje, in mijn eigen woorden, precies aansluit bij wat in deze paragraaf aan de orde is druk ik het hieronder, ter illustratie, af.

Inleiding bij de tentoonstelling van Jan Bos, Doddendael,
1 dec. 1985.

Als het uit de inleiding van Jan Bos al niet duidelijk mocht zijn
geworden, kan ik het maar beter hardop herhalen: tot u
spreekt een leek, een geïnteresseerde leek, en zeker geen
kunstkenner. Dat heeft als klein voordeel dat het niet moeilijk
te begrijpen zal zijn wat ik tot u te zeggen heb, maar het grote
nadeel is, dat u van mij weinig of niets leren kunt. Ik hoop u
straks uit te leggen waarom dat maar het beste is ook.

Mijn relatie met het werk van Jan Bos is in één opzicht een
heel bijzondere: ongeveer vijfentwintig jaar geleden waren
mijn vrouw en ik de eersten die één van zijn schilderijen
kochten. Ik heb het meegebracht, het staat hier voor u. Het is
geïnspireerd op het marktplein te Delft, waar de toren van de
Nieuwe Kerk oprijst. De voorgrond, het plein en de toren,
wordt bestraald door een bruisend licht; op de achtergrond,
de Voldersgracht en de Vlamingstraat, heerst een heftig ontij,
duistere luchten, zwiepende bomen, het is daar niet pluis. De
huisjes op het marktplein voelen dat ook: ze buigen zich als
bloemen naar het licht.

Waarom heb ik dit meegebracht? Om u de tegenstelling te
laten zien met het werk dat hier tentoongesteld is en dat kenmerkend is voor zijn kunst van ongeveer de laatste tien jaar.
Dat is ook ongeveer de tijd dat hij in de Gelderse Achterhoek
woont, en ik denk dat dat niet toevallig is. Het oude schilderij:
plakkaatverf, de grove penseelstreek, de grote lijn. De con-
trasten zijn uitbundig, het komt overrompelend op je af. En
dan het tegenwoordige werk: aquarel (een heel bijzondere
aquareltechniek, dat wel). Bladen die minutieus geschilderd
zijn, met grote aandacht voor het detail (de schilder weet het
dan ook te waarderen als ze met gewapend oog bekeken worden). Wat de atmosfeer betreft: de dingen komen niet op je af,
maar eerder omgekeerd: ze trekken zich in zichzelf terug.

Op de doeken van Jan Bos komen zelden of nooit mensen of
dieren voor. Maar de mens is er wel geweest, dat is duidelijk te
zien aan wat hij achtergelaten heeft: een weg, een landhuis,
een station, een hek, een fietsenhok. De mens heeft dat alles
gemaakt met een bepaald doel: de weg om te betreden, het hek
om iets af te schermen, het fietsenhok om zijn rijwielen op te
bergen. Maar nu is hij weg en dan gebeurt er iets verrassends:

de dingen op de schilderijen van Jan Bos zijn niet meer wat ze waren in de ogen van hun makers, de *dingen trekken zich terug en leiden hun eigen bestaan*, los van de mens, vreemd, maar buitengewoon intrigerend.

Hetzelfde idee, dezelfde atmosfeer, kom ik tegen in een versregel van Martinus Nijhoff:
'Het avondlicht zinkt door de vensters binnen.
De bruine meubels denken aan elkaar.'
De bruine meubels denken aan elkaar. Stoelen, gemaakt om comfortabel in te zitten, denken aan de tafel. Dat deelt de dichter ons mee. Dat heeft de schilder ook bespeurd. Wat ze denken vertellen ze ons niet, de kunstenaars weten het, denk ik, ook niet, hoogstens vermoeden ze iets. *De dingen hebben hun geheim*, en daar zijn ze niet mededeelzaam over. Zolang ze het niet prijsgeven boeien ze ons.

Er is geen groter contrast denkbaar dan tussen deze wereld die de kunstenaars ons laten voelen en de wereld waarin ik overdag verkeer: die van de moderne natuurkunde. Daar valt wel degelijk iets te leren. Daar wordt het onbegrijpelijke begrijpelijk gemaakt, daar worden geheimen ontsluierd, verschijnselen in kaart gebracht en vastgelegd in overzichtelijke formules, hoe eenvoudiger hoe mooier: $E = mc^2$, daar zit een atoombom in, en hij is er uitgekomen ook. Er zijn vakgenoten van mij die de hoop koesteren dat op deze wijze eenmaal al het raadselachtige ontraadseld zal zijn, vanaf de 'big bang', de grote klap waar alles mee begon, tot op vandaag en tot en met de toekomst.

Ik hoop dat ik het niet meer hoef mee te maken. Want als ik 's avonds thuiskom staan de gedichten op de boekenplank, de muziek op de platen en de schilderijen aan de wand, en ze zeggen allemaal hetzelfde: there are more things in heaven and earth than are dreamt of in your philosophy. Het fietsenhokje, omringd door een onwaarschijnlijk prachtig geschilderde bomenpartij, op een van de doeken van Jan Bos is er nog, en het is nog net zo geheimzinnig als een jaar geleden. Je krijgt een relatie met zo'n schilderij, het is iemand in je huis, een vreemde, onbegrijpelijke, boeiende huisgenoot. Wat er in omgaat weet ik niet, ik kan het u niet vertellen. In die zin kunt u dus van mij niets leren, en dat is maar beter ook. Want ik zou het wel willen weten, maar het niet willen begrijpen, en het nog veel minder uitleggen.

Tot slot wil ik het besprokene samenvatten in twee citaten, beide van schilders. Het eerste is van Armando: 'Langzamerhand ben ik gaan begrijpen dat je niet moet schilderen of schrijven wat je weet. Je zou datgene moeten schilderen of schrijven wat zich tussen het weten en het begrijpen verbergt. Een kleine aanduiding, een wenk, is mogelijk, een vermoeden, meer niet, en dat is al heel wat.' En het tweede, nog korter, is van René Magritte: 'Over het mysterie kun je niet spreken, je moet erdoor gegrepen worden.'

Aspecten van het licht

Er is misschien geen natuurverschijnsel dat de natuurkundigen, en hen niet alleen, zo gefascineerd heeft als het licht. We weten er inmiddels een heleboel van. Het licht, zoals alle andere elektromagnetische golven, plant zich voort met de onwaarschijnlijke snelheid van 300.000 km per seconde. In één seconde zou het langs de evenaar acht keer om de aarde heen kunnen lopen. (Alleen al het experiment waarmee Foucault voor het eerst in staat was om deze fantastische snelheid te meten zou iedereen er van moeten overtuigen dat natuurkunde een prachtig vak is). Er is nog iets wonderlijks aan de hand met de snelheid van het licht. Schiet men vanaf het dak van een rijdende trein die een snelheid heeft van 100 km per uur in de rijrichting een kogel af die de loop met een snelheid van 50 km per uur verlaat, dan heeft die kogel ten opzichte van een waarnemer op de grond een snelheid van $100 + 50 = 150$ km per uur. Schiet men tegen de rijrichting in, dan wordt dat $100 - 50 = 50$ km per uur. De twee snelheden van de kogel zijn optelbaar. Zet men een lichtbron op het dak (een mitrailleur die fotonen afschiet) dan is de snelheid van dit licht voor een waarnemer op de grond in alle richtingen dezelfde, en wel 300.000 km per seconde. De snelheid van het licht is niet te beïnvloeden. Het is tevens de grootste snelheid die in de natuur mogelijk is. Dit gegeven, door Einstein als hard feit aanvaard, vormde de basis van zijn speciale relativiteitstheorie, waaruit wonderlijke konsekwenties voortvloeien voor de begrippen ruimte en tijd, en die tevens de explosieve formule $E = mc^2$ opleverde.

Soms toont het licht ons zijn 'deeltjesgezicht': het gedraagt zich als een stroom hagelkorrels uit een jachtgeweer, een stroom fotonen die met andere deeltjes, zoals elektronen, kunnen botsen zoals twee biljartballen dat doen. Soms keert het ons zijn 'golfgezicht' toe. Wit zonlicht blijkt dan te bestaan uit golven met een breed scala van golflengten, waarvan wij maar een klein stukje kunnen zien; het menselijk oog is slechts gevoelig voor het golflengtegebied tussen 0.4 en 0.8 duizendste millimeter. Daarbinnen ontwaren wij het kleurenspectrum; daarbuiten voelen wij de infrarode warmtestraling en werkt het ultraviolette deel van het spectrum in op onze huid, waardoor die de begeerde bruine kleur krijgt.

Allemaal voorbeelden van 'harde feiten' over het licht. Mededelingen die het licht heeft prijsgegeven aan 'waarnemers', mensen die zich met het licht in verbinding stelden om tot zijn geheimen door te dringen. Wat mij betreft: even zoveel wonderen waarover men niet ophoudt zich te verbazen. Belevenissen van de mens die naar het licht kijkt.

Natuurkundigen zijn niet de enigen die het licht beleven, en die hun belevenissen neerleggen in een kunstwerk: hun theorie, hun aanschouwingswijze. (Andere) kunstenaars doen dat ook. Schilders natuurlijk. Wordt niet Rembrandt de 'tovenaar met het licht' genoemd? Dichters. Het volgende gedicht van Hans Andreus verhaalt een belevenis met het licht:

Liggen in de zon

Ik hoor het licht het zonlicht pizzicato
de warmte spreekt weer tegen mijn gezicht
ik lig weer dat gaat zo maar niet dat gaat zo
ik lig weer monomaan en monodwaas van licht

Ik lig languit lig in mijn huid te zingen
lig zacht te zingen antwoord op het licht
lig dwaas zo dwaas niet buiten mensen dingen
te zingen van het licht dat op en om mij ligt

Ik lig hier duidelijk zeer zuidelijk lig zonder
te weten hoe of wat ik lig alleen maar stil
ik weet alleen het licht van wonder boven wonder
ik weet alleen maar alles wat ik weten wil.

Een wonderlijke belevenis met wonderlijk licht. Licht dat een tokkelend geluid voortbrengt dat je horen kunt, waarop je zingend antwoord geeft. Licht waar je een verstandhouding mee hebt. Licht dat van alles doet wat fysisch licht niet kan. Daar heeft de dichter in zijn 'theorie' ook geen boodschap aan. Hij weet niet 'hoe of wat'. Hij weet alleen maar alles wat hij weten wil.

In het volgende gedicht van Ida Gerhardt, dat voor mij tot de twee of drie mooiste behoort die in de Nederlandse taal zijn opgeschreven, heeft het licht het eerste en het laatste woord.

Zondagmorgen

Het licht begint te wandelen door het huis
en raakt de dingen aan. Wij eten
ons vroege brood, gedoopt in zon.
Jij hebt het witte kleed gespreid,
en grassen in een glas gezet.
Dit is de dag waarop de arbeid rust.
De handpalm is geopend naar het licht.

Wat een rust. Het licht dendert niet met een snelheid van 300.000 km per seconde het huis binnen, het *wandelt*. Op zijn wandeling raakt het de dingen zachtjes aan en wekt ze tot leven. Is het licht in de eerste regel al geen fysisch licht meer, dat van de laatste regel is uitgesproken meta-fysisch, religieus van aard. Ander licht. Door de week zijn de handpalmen neerwaarts gericht, men ziet slechts de handruggen van de bezige mens. Op de zondagmorgen opent hij de handpalm, het gebaar van iemand die hulp van buiten inroept, die zich toekeert naar het licht, naar God. Het is het gebaar van de christelijke gemeente die, op zondagmorgen bijeen, de voorganger namens haar als eerste woorden hoort uitspreken: onze hulp is in de naam van de Heer die hemel en aarde heeft gemaakt. En die aan het eind van de dienst opnieuw de handpalmen opent naar het licht als ze de zegen ontvangt: de Heer zegene u en Hij behoede u. De Heer doe zijn aangezicht over u lichten en Hij zij u genadig. Men kan aanvoeren dat het licht, zoals het in dichterlijke of religieuze taal wordt verwoord, 'slechts' beeldspraak is en dat het enige 'reële' licht datgene is waar de fysici het over hebben, het objectieve licht. Daar zijn wel een paar dingen over op te merken.

Ten eerste. Wat is de uitspraak: 'Het licht toont ons in sommige experimenten zijn golfgezicht, in andere zijn deeltjesgezicht', anders dan beeldspraak? Een stamelende aanduiding van een geheim? Was het niet Einstein die zei: 'Het schoonste dat we beleven kunnen is datgene wat vol geheimen is. Dat is het grondgevoel dat aan de wieg van de ware kunst en wetenschap staat'? En van de ware religie, zou ik er aan willen toevoegen.

Ten tweede. We hebben gezien dat modern fysisch licht niet losgemaakt kan worden van hem die het waarneemt. Zo komen ook de gedichten tot stand door een interactie tussen het licht en de dichter die het waarneemt. Alleen verschilt zijn waarnemingsantenne van de meetapparatuur der natuurkundigen. Een belangrijk verschil lijkt te zijn dat alle natuurkundigen die de proef van Foucault herhalen binnen een zekere foutenmarge tot dezelfde uitkomst voor de lichtsnelheid komen, terwijl alle dichters die met het licht geconfronteerd worden een ander gedicht produceren. Het eerste lijkt zuiver objectief, het tweede subjectief. Daar staat het volgende tegenover. Het gedicht van Hans Andreus bijvoorbeeld brengt de ervaring van het 'Liggen in de zon' op zo'n manier onder woorden dat hij voor talloze mensen herkenbaar is. Voor grote gedichten is dat bovendien niet aan tijd gebonden. Binnen een zekere marge verwoordt zo'n gedicht een belevenis die door mensen door de eeuwen heen als hun eigen belevenis herkend wordt. De waarneming die het gedicht beschrijft is herhaalbaar. Daarmee brengt het iets universeels van het menszijn, van de wisselwerking tussen de mens en het licht, onder woorden. De beroemde uitspraak van Willem Kloos: 'Een gedicht is de allerindividueelste expressie van de allerindividueelste emotie' is volstrekt onjuist. Voor hem was dat maar goed ook, want anders had hij nooit een van zijn gedichten gepubliceerd gekregen en zouden klassieke regels als 'Ik ween om bloemen in den knop gebroken, en voor den uchtend van haar bloei vergaan' niet tot op vandaag mensen kunnen ontroeren.

Ten derde. Volgens sommigen is het niet zo zeker dat het religieuze spreken over 'God die het licht is' als beeldspraak moet worden opgevat, althans zo bedoeld is. Harry Mulisch wijdt daar in een artikel, 'Het licht' getiteld, een boeiende beschouwing aan. Hij constateert dat in de vroegste uitspraak van de joods-christelijke religie over het licht, het eerste scheppingswoord: 'En God sprak: Daar zij licht, en er was licht', nog duidelijk scheiding gemaakt wordt tussen het licht en God die het schiep. Omstreeks het begin van onze jaartelling verandert dat. In een poging om de joods-christelijke religie te verzoenen met de denkbeelden van de Griekse filosofie wordt dan God door verschillende denkers *geïdentificeerd* met het licht: God is licht, en dat is letterlijk bedoeld. Deze uitspraak vindt men bijvoorbeeld bij de apostel Johannes. Ook beschrijft deze in zijn evangelie de komst van Jezus, de Zoon van God, in de wereld met de woorden: het waarachtige licht, dat ieder mens verlicht was komende in de wereld. Later zegt Jezus, eveneens volgens Johannes, van zichzelf: Ik ben het licht der wereld. Deze letterlijke identificatie van God en zijn Zoon met het licht houdt stand tot diep in de Middeleeuwen, waarna het vooral onder invloed van Thomas van Aquino wordt verdrongen door de opvatting dat het natuurlijk licht (lumen naturale) streng gescheiden moet worden gehouden van het goddelijke licht (lumen divinum) welke laatste kwalificatie uitsluitend als beeldspraak diende te worden opgevat. De volgende passage uit Mulisch' artikel is in verband met het in dit hoofdstuk besprokene interessant:

'Met dit uitdoven van het lumen divinum bleef het lumen naturale verweesd achter als een natuurverschijnsel onder vele andere, zoals warmte of magnetisme. En nu kon Newton het nemen en door zijn prisma leiden en in zeven stukken breken. De enige stemmen die zich in de komende eeuwen nog tegen Newton en zijn spectrum verhieven waren, tegen de prijs van belachelijkheid, die van Goethe met zijn 'Zur Farbenlehre' en die van Schopenhauer met zijn 'Ueber das Sehn und die Farben'. Alleen in hen was nog iets levend gebleven van die inmiddels vergeten of verdrongen traditie.'

Op de basis van het ontmythologiseerde lumen naturale kon de klassieke fysica van het licht zich voorspoedig ontwikkelen tot een overzichtelijke theorie van een elektromagnetische golf die in brilleglazen, microscopen en telescopen voor een begrijpelijke beeldvorming zorg draagt. Totdat in de twintigste eeuw zich de aanschouwingswijze van het licht ontwikkelt die wij in het voorgaande hebben beschreven en die Mulisch karakteriseert met: de stralende wederkomst van het lumen divinum als lumen naturale. In de Big Bang, die beter Big

Flash genoemd kan worden omdat er niets bij te horen viel en des te meer te zien, ontstaat in één grote lichtflits alles uit het niets. Het 'Daar zij licht' is tevens de goddelijke zelfschepping. De dubbelnatuur van het licht vertoont overeenkomst met de dubbelnatuur van de Zoon, die zichzelf het Licht der wereld noemt, en van wie gezegd wordt dat hij tegelijk waarachtig God is en waarachtig mens. De oude lichtmetafysica blijkt de aard van de moderne lichtfysica te bezitten. De oude speculaties waren letterlijk waar, maar het voordeel is dat we ze nu niet langer hoeven te 'geloven' omdat de wetenschap ze op een solide basis heeft gezet.

Tot zover Mulisch. De beschouwing mag dan boeiend zijn, het is de grote vraag of zij juist is en of daarmee aan het bijbelse spreken over 'God die Licht is' recht wordt gedaan. Om te beginnen is hij niet consistent. De dualiteit van het fysische licht wordt in verband gebracht met de dubbelnatuur van Jezus, waarbij over het hoofd wordt gezien dat van God eveneens wordt gezegd dat hij Licht is, terwijl bij hem van een dubbelnatuur geen sprake is. Vervolgens moet volgens moderne theologen (bijvoorbeeld Karl Barth) de uitspraak 'God is Licht' verstaan worden in het licht van de tekst (Ps 119): 'Uw woord is een lamp voor mijn voet en een licht op mijn pad.' God die Licht is betekent: God die met zijn woord een weg wijst door het leven. 'In het Woord was leven en het leven was het licht der mensen.' In dit verband is het interessant dat in het scheppingsverhaal van Genesis eerst staat dat God sprak: 'Er zij licht' (de eerste dag) en pas daarna dat hij de zon schiep die fysisch licht verspreidt (de vierde dag).

In de laatst geciteerde uitspraak van Mulisch toont hij zich een typisch kind van de Verlichting. Het religieuze spreken over God die Licht is, die het licht te voorschijn riep of zichzelf schiep in de Big Flash, over zijn Zoon die zichzelf 'het Licht der wereld' noemt en in wiens veronderstelde dubbelnatuur zich het tweeslachtige karakter van het licht weerspiegelt, was niet meer dan speculeren op noties die pas in onze tijd volledig zijn opgehelderd als vrucht van natuurkundig onderzoek. We bezitten nu duidelijkheid op het niveau van de wetenschap, het enige volwaardige niveau waarop duidelijkheid verkrijgbaar is. De speculaties, 'dat oude sprookjesbos', zoals Mulisch het noemt, zijn achterhaald en hoogstens nog geschikt voor een interessante historische nabeschouwing.

Is dat zo? Is God een achterhaalde notie, die overbodig gemaakt is door de vorderingen van de natuurkunde? Of is hij, zoals sommige hedendaagse natuurkundigen beweren, juist te vinden langs de weg van de natuurwetenschap? Of staan er misschien andere wegen open die naar God leiden? Valt er op dit gebied iets te 'bewijzen'? Dat zijn vragen waarmee we ons in het vervolg zullen bezighouden.

6. Vier fysici en God

Het boek waar wij mee bezig zijn handelt niet, of niet in de eerste plaats, over natuurkunde in de abstracte zin, maar over mensen die zich met natuurkunde bezig houden, over hun mensbeeld en over hun godsbeeld. Vandaar dat ik de aangekondigde bespreking van de vraag naar God wil openen met een hoofdstuk waarin we zullen nagaan welke rol God speelt in het leven en de wereldbeschouwing van een viertal prominente fysici. Twee van hen, Newton en Pascal, leefden voor 1700, de twee andere, Einstein en Hawking, na 1900. Het levert een viertal sterk uiteenlopende beelden op, die echter wel duidelijk maken dat er een kloof gaapt tussen de eerste en de laatste twee.

Isaac Newton (1642-1727): Een man uit één stuk

'One and the same I am throughout life in all the organs of the senses: and one and the same is God, always and everywhere'.

Deelt men aan een aantal natuurkundigen stembriefjes uit met de vraag: wilt u de drie grootste fysici uit de geschiedenis in volgorde van belangrijkheid opschrijven? dan zal het resultaat uitwijzen dat op de derde plaats een aantal verschillende namen genoemd worden. Galilei, Maxwell, Bohr en Heisenberg zal men daar zeker tegenkomen. De twee namen op de eerste twee plaatsen zijn op alle briefjes dezelfde: Newton en Einstein, in wisselende volgorde.
We hebben in het voorafgaande Newton al verschillende malen ontmoet: als ontwerper van een nieuwe theorie van het licht, neergelegd in zijn boek 'Opticks' van 1704 en, nog veel belangrijker, als grondlegger van een nieuwe mechanica en ontdekker van de algemene wet van de zwaartekracht, voor het eerst gepubliceerd in 1687 in zijn boek 'Philosophiae Naturalis Principia Mathematica', meestal kortweg de Principia genoemd. Dat boek heeft niet alleen de natuurkunde maar ook de wereld veranderd. We zullen daar nu niet nader op ingaan. Het gaat in dit hoofdstuk om iets anders.
In alle biografieën van Newton wordt vermeld dat hij behalve

de natuurwetenschap ook de theologie beoefende. Het hoofdstukje 'Newton's theologie' in die biografieën is kort in vergelijking met de rest en dat is terecht. Zijn wetenschappelijke publikaties op dat gebied hebben, in tegenstelling tot zijn natuurkundig werk, de tand des tijds niet doorstaan. In moderne theologische werken zal men nergens een verwijzing naar Newton tegenkomen.

Voor de beantwoording van vragen als: wie was Newton als mens? wat waren zijn diepste motieven? wie was God voor hem? is meer nodig dan uit zijn theologische werken te halen valt. Daarover bevatten zijn nagelaten geschriften een grote hoeveelheid informatie. Ze zijn buitengewoon omvangrijk. IJverige tellers hebben vastgesteld dat Newton ongeveer een miljoen woorden over religie aan het papier heeft toevertrouwd, ongeveer evenveel als over natuurwetenschap. Het overgrote deel daarvan is niet gepubliceerd. Wel valt op dat ook in zijn grote wetenschappelijke werken hier en daar vrijmoedig over God gesproken wordt, zoals we al eerder constateerden dat ook de mens Newton daarin aanwezig was. Een onderzoek naar Newton's religieuze leven heeft kort geleden een boekje opgeleverd van Frank E. Manuel, getiteld 'The religion of Isaac Newton', dat grotendeels gebaseerd is op zijn ongepubliceerde geschriften. Met name de Yahuda collectie (Joodse Nationale en Universiteitsbibliotheek te Jeruzalem) speelt daarin een belangrijke rol. Ik meen dat wat Manuel uit zijn schat aan documentatie aan het licht gebracht heeft, verre van algemene bekendheid geniet en dat het de moeite waard is zijn bevindingen hier kort samen te vatten.

Eén uiterst belangrijke correctie van het gangbare beeld moet onmiddellijk worden aangebracht. Als met 'het religieuze leven van Newton' bedoeld zou worden dat hij *daarnaast* nog andere levens had, bijvoorbeeld een wetenschappelijk, dan is dat een onjuiste voorstelling van zaken. Toch is dit het beeld dat men gewoonlijk in de literatuur tegenkomt en dat in zijn meest extreme vorm voor het eerst onder woorden is gebracht door de Franse astronoom Jean-Baptiste Bidot in het begin van de negentiende eeuw. Deze brengt een *tweedeling* aan in het leven van Newton: eerst de periode van jeugd en jonge volwassenheid, tot ongeveer zijn veertigste jaar, waarin hij zijn experimenten uitvoerde en theorieën ontwierp volgens de strengst mogelijke wetenschappelijke methode, de tijd van zijn revolutionaire ontdekkingen. Daarna de tweede periode, waarin hij tot seniliteit verviel en zich overgaf aan mystieke fantasieën.

Zelfs het meest oppervlakkige onderzoek, zegt Manuel, toont aan dat deze voorstelling van zaken geen been heeft om op te staan. Vanaf zijn vroegste geschriften, daterend van ongeveer zijn twintigste jaar, zijn wetenschap en religie beide aanwezig, in dezelfde omvang en intensiteit en onscheidbaar met elkaar verbonden. Ze vormen een *eenheid*. Zijn hele leven kan in drie woorden worden samengevat: hij wist zich *dienaar van God*. God is zijn Heer, zijn Meester, en het zoeken van zijn wil en die te gehoorzamen, dat was alles waar het hem om begonnen was. Bij het zoeken naar de kennis van zijn Meester en naar diens wil stonden hem slechts twee wegen open: de bestudering van zijn daden in de fysische wereld, zijn Schepping, het Boek der Natuur, en de bestudering van zijn geboden in het Boek der Schriften. De twee Boeken waren voor hem gelijkwaardig, ze stonden ook niet op gespannen voet met elkaar. De kennis van God die in het ene wordt onthuld is in harmonie met het andere, ze vormen een eenheid. In beide vindt hij dezelfde karakteristiek van het werk van de Schepper: een goddelijke *eenvoud* in Natuur en Schrift.

De God van Newton is voor alles een *persoonlijke God*. Dit heeft hij wellicht het mooist beschreven in de derde editie van de Principia. Ik geef het in de engelse vertaling (uit het latijn) van zijn leerling William Whiston:

'This Being governs all Things, not as a Soul of the World, but as Lord of the Universe; and upon Account of his Dominion he is stiled Lord God, supreme over all. For the word God is a relative Term and has Reference to Servants and Deity is the Dominion of God; not (such as a Soul has) over a Body of his own, which is the Notion of those who make God the Soul of the World; but (such as a Governor has) over Servants. The supreme God is an eternal, infinite, absolutely perfect Being; but a Being, how perfect soever, without Dominion is not Lord God. For we say: my God, your God, the God of Israel, the God of Gods and the Lord of Lords. But we do not say: my Eternal, your Eternal, the Eternal of Israel, the Eternal of the Gods, we do not say: my Infinite (your Infinite, the Infinite of Israel). We do not say:

my Perfect (your Perfect, the Perfect of Israel). For these Terms have no Relation to Servants'.

Daar lag voor hem het kernpunt, waaraan hij met grote felheid heeft vastgehouden, onder andere in de disputen met zijn tijdgenoot Leibniz, wiens theologie in de ogen van Newton een rationalistisch bouwwerk was, en wiens God een 'metafysische' God. De God van Newton is een persoonlijk Meester, tegen wie de dienaar zegt: *mijn* Heer. Begrippen als liefde en genade staan bij hem op de achtergrond, maar zijn niet afwezig.

Die persoonlijke verhouding tot God is ook voelbaar aanwezig in een ontroerend document uit 1662 (Newton was toen 20 jaar). Het is een geschreven schuldbelijdenis, zoals dat in die tijd vaak werd gepraktiseerd: alvorens aan de eucharistie deel te nemen zette de gelovige, bij wijze van voorbereiding, een aantal van zijn zonden op papier. Tussen een aantal triviale zondetjes, zoals kleine ongehoorzaamheden en leugentjes, lezen we daar: 'Not turning nearer to Thee for my affections. Not living according to my belief. Not loving Thee for Thyself. Not loving Thee for Thy goodness to us. Not desiring Thy ordinances. Not longing for Thee. Fearing man above Thee.'

De opvatting van Newton over de wijze waarop theologie moest worden beoefend in relatie tot de kerk en de gelovigen is vermeldenswaard, en zou, als zij navolging had gevonden, de christelijke kerk een hoop ellende bespaard hebben. In zijn zienswijze was het voor de grote meerderheid van de 'gewone' gelovigen voldoende om het 'primitieve' Apostolisch Credo te onderschrijven en de geboden na te leven. Zelfs over de preciese betekenis van de daarin gebruikte woorden mochten zij nog best van mening verschillen. Het beoefenen van de theologie was voorbehouden aan een select gezelschap, waartoe hij zichzelf rekende. Deze studie was wel van groot belang, maar niet absoluut nodig om behouden te worden. Op dit niveau mocht, ja moest, het fel toegaan, maar meningsverschillen mochten geen gevolgen hebben in de vorm van vervolging of uitgesloten worden uit de christelijke gemeenschap. Hij bepleit dus een 'vrije speelruimte'. Ook voor het selecte gezelschap moest het onderschrijven van de basisprincipes voldoende zijn.

Newton's persoonlijke 'primitieve' Credo is te vinden in zijn boek over kerkgeschiedenis. Niet omdat het zo origineel is, maar vanwege zijn eenvoud en echtheid neem ik het hier over: 'Wij moeten geloven dat er één God of opperste Heer is, die wij mogen vrezen en gehoorzamen, wiens wetten wij mogen onderhouden en wie wij eer en glorie mogen brengen. Wij moeten geloven dat hij de vader is van wie alle dingen zijn, en dat hij de mensen liefheeft als zijn kinderen, en dat wij op onze beurt hem mogen liefhebben en gehoorzamen als onze vader. Wij moeten geloven dat hij de Almachtige Heer is van alle dingen, die een onweerstaanbare en grenzeloze macht bezit, aan wie wij niet mogen hopen te ontkomen wanneer wij tegen hem opstaan en andere goden in het leven roepen of de wetten van zijn heerschappij overtreden, en dat ons een grote beloning wacht als wij zijn wil doen. Wij moeten geloven dat hij de God is van de Joden, die hemel en aarde geschapen heeft met alle dingen daarin, zoals is uitgedrukt in de tien geboden; we mogen hem danken voor ons bestaan en voor alle zegeningen van dit leven; we mogen zijn naam niet zomaar gebruiken of beelden vereren of andere goden. Want hoewel er velen zijn die God genoemd worden, in de hemel en op de aarde, toch is er voor ons maar één God, de vader van wie alle dingen zijn en wij in hem, en één Heer Jesus Christus door wie alle dingen zijn en wij door hem: dat is slechts één God en Heer die wij vereren'.

Na Newton's dood breekt het tijdperk van de Verlichting aan waarin de Rede tot godheid verheven wordt. In 1802 wekte Henri de Saint-Simon, een Franse ex-edelman, zijn tijdgenoten op om een nieuwe kerk te stichten waarin de natuurwetenschappers als priesters zouden fungeren en hij noemde het de Religie van Newton. In dezelfde tijd gaf een andere Franse aristocraat een manifest uit waarin het Engelse volk in ronde bewoordingen werd veroordeeld vanwege zijn falen om Newton's goddelijke persoon te vereren; hij begon een nieuwe jaartelling bij het jaar van Newton's geboorte en stelde de stichting van een heiligdom voor in Newton's geboortedorp Woolthorpe. Newton zou, had hij het vernomen, zich omgedraaid hebben in zijn graf.

Dat graf staat in de Westminster Abbey te Londen. Het bevat de volgende inscriptie:

Hier rust
Sir Isaac Newton, Ridder

Die door een bijkans bovennatuurlijke geestkracht als
eerste aantoonde
De bewegingen en figuren der planeten
De paden van de kometen en de getijden van de oceanen
Hij onderzocht met grote ijver
De verschillende brekingsindexen van de lichtstralen en
de eigenschappen van de kleuren die zij veroorzaken.
Een onverdroten, scherpzinnig en nauwgezet vertolker
van de Natuur, de Oudheid en de Heilige Schriften.
Hij bracht in zijn filosofie de majesteit Gods tot uitdruk-
king en vertoonde in zijn gedrag de eenvoud van het
Evangelie.
Laten de stervelingen zich verheugen
dat eens geleefd heeft een zo groot
SIERAAD VOOR HET MENSELIJK GESLACHT.
Geboren 25 december 1642, overleden 20 maart 1727.

Een tikje overdreven, misschien, maar niet ver bezijden de
waarheid. Stephen Hawking, de huidige bezetter van de leerstoel in Cambridge die ooit door Newton werd ingenomen,
wijdt in zijn boek 'Het heelal' twee bladzijden aan Newton.
De eerste zin van dat verhaal luidt: 'Isaac Newton was geen
prettig mens' en de laatste: 'Hij voerde met succes een cam-
pagne tegen valsemunterij en bracht uiteindelijk nog menig
man aan de galg'. Daar tussenin wordt, zonder één positief
woord, van hetzelfde dikke hout planken gezaagd. Wat
iemand in de positie en van de klasse van een Hawking tot een
dergelijk negativisme kan bewegen ontgaat mij volledig, maar
het is een goede aanleiding om met een relativerende opmerking te besluiten. Ik doe dat liever met de woorden van Frank
Manuel: 'Newton toonde zich een meester in academische
debatteer-technieken en hij kon een tegenstander vernietigen
op diens eigen terrein, met diens eigen wapens en met een
zekere wrede voldoening. Ik beveel Newton niet aan voor een
heiligverklaring'. Zelfs Newton was maar een mens.

Blaise Pascal (1623-1662): Spanning
'*Het hart heeft zijn redenen die de rede niet kent*'

Natuurkundige grootheden worden uitgedrukt in eenheden die vaak de naam dragen van een natuurkundige die op dat gebied een grote rol heeft gespeeld. Zo worden de elektrische grootheden stroomsterkte, potentiaal en vermogen uitgedrukt in Ampère, Volt en Watt, namen die iedere bezitter van een gloeilamp kent. De eenheid van *kracht* is de *Newton*, de eenheid van *spanning* is de *Pascal*.

Daar zit voor mij ook een symbolische betekenis aan. Wie met Newton geconfronteerd wordt ontmoet kracht. Een sterke persoonlijkheid, een man uit één stuk. Een monument. 'Bijna bovennatuurlijke geestkracht' staat op zijn graf geschreven. Indrukwekkend, maar ver af. Wie Pascal ontmoet betreedt een spanningsveld. De spanning tussen hart en verstand; tussen de 'orde van de geest' en de 'orde van de liefde', zoals hij het uitdrukt; tussen de mens in zijn grootheid en zijn diepe val; tussen God die verborgen is en toch nabij. De spanning tussen de immense opgave die hij voor zich zag en de korte tijd die hem was toegemeten. Men ontmoet een *mens* die ook vandaag nog dichtbij is.

Eerst iets, in het kort, over zijn leven en werk (zie voor een goed overzicht bijvoorbeeld 'Blaise Pascal' van P. van der Hoeven).

Schoolonderwijs heeft hij nooit genoten; hij werd onderwezen door zijn vader, die al snel ontdekte met welk een buitengewoon begaafde leerling hij te doen had. Een wonderkind. Reeds op zestienjarige leeftijd verrijkte hij de wiskunde met een nieuwe stelling. Voor zijn twintigste jaar construeerde hij de eerste rekenmachine in de geschiedenis. Hij was één van de eersten die in de natuurkunde de bewijskracht van het experiment voorop stelden en te werk gingen volgens een streng wetenschappelijke methode. Zijn grootste roem ontleent hij aan het experiment waarin hij liet zien dat de hoogte van de kwikkolom in een barometerbuis afnam wanneer men de buis van de voet van een berg naar de top verplaatste, waarmee werd aangetoond dat het kwik omhoog werd gestuwd door het gewicht van de lucht. Blijvende betekenis heeft ook de 'wet van Pascal' in de natuurkunde van het vloeistofevenwicht.

Pascal paart een briljant verstand, een levendige fantasie en een scherp kritisch vermogen aan een mateloze werkdrift. De jaren die hij aan de realisering van zijn rekenmachine wijdde, schrijft zijn zuster Gilberte in de eerste biografie die aan Pascal is gewijd, hebben zijn gezondheid voorgoed geknakt. Sinds zijn achttiende jaar heeft hij geen dag zonder pijn meer gekend. Hij wist dat hij maar weinig tijd had om wat hij als zijn taak zag te voltooien. Hij stierf op negenendertigjarige leeftijd.

Pascal groeide op in een gelovig katholiek gezin. Van beslissende betekenis voor de religieuze ontwikkeling van Pascal is geweest dat het gezin in 1646, toen hij 23 jaar oud was, in aanraking kwam met de spirituele vernieuwingsbeweging binnen de katholieke kerk die haar centrum had in het klooster van Port-Royal. De beweging stond voor een terugkeer naar de beleving van de elementaire waarden van het christelijk geloof en kwam daardoor al snel in conflict met de officiële katholieke kerk, waarin deze beleving op de achtergrond was geraakt en door tal van misstanden overwoekerd. Pascal was de eerste van het gezin die volledig voor hun inzichten gewonnen werd, daarna via hem zijn zuster Jacqueline met wie hij zijn hele leven een intieme verstandhouding heeft gehad en die later tot het klooster van Port-Royal toetrad, en vervolgens ook het hele gezin. In de strijd die de beweging met name tegen de Jezuïeten te voeren had, heeft Pascal een belangrijke rol gespeeld. Daarvan legt zijn apologetisch geschrift de 'Lettres Provinciales' getuigenis af. De brieven werden door Rome veroordeeld. Naar aanleiding daarvan noemt hij later de Inquisitie en de Orde der Jezuïeten 'de beide gesels van de waarheid'.

De doelstelling van de beweging was, schrijft Gilberte, om voor God te leven en geen ander doel te hebben dan hem alleen. 'Deze waarheid' vervolgt zij, 'kwam hem (Pascal) zo vanzelfsprekend voor, zo noodzakelijk en zo nuttig, dat hij al zijn onderzoekingen beëindigde, zodat hij sedertdien van alle andere kennis afzag om zich te wijden aan datgene wat Jezus Christus het enig-nodige noemt.' Het is bijna ironisch om vast te stellen dat, evenals dat bij Newton is gebeurd, hier gepoogd wordt een *tweedeling* in het leven van Pascal aan te brengen, maar met precies de omgekeerde bedoeling: Gilberte beschouwt het eerste deel van zijn leven waarin hij wetenschappelijk bezig was als een soort jeugdzonde, waar hij een punt achter zette toen hij eenmaal het licht had gezien. Net als bij Newton houdt deze voorstelling van zaken geen stand tegenover de feiten. Pascal is zijn leven lang bezig geweest met de wetenschap en even lang met de godsdienst, al traden er in de loop der jaren wel accentverschuivingen op. Van een conflict tussen die twee was al evenmin sprake.

Wellicht het belangrijkste dat Pascal ons heeft nagelaten zijn de Pensées. Na zijn dood werden een kleine duizend losse papiertjes aangetroffen waarop hij op zeer puntige wijze gedachten had geformuleerd over de wetenschap, over de mens en zijn verhouding tot God, over het christelijk geloof. Ze zijn later ontcijferd, gerangschikt naar bepaalde onderwerpen en gepubliceerd. Ze zijn vandaag nog springlevend. Alleen al door de aard van de Pensées is het ondoenlijk er een samenvattend overzicht van te geven. In het volgende zal ik trachten enkele lijnen in het denken van Pascal over de religie weer te geven.

De mens die we bij Pascal tegenkomen is een wezen dat oog in oog met de eeuwigheid en de onmetelijke ruimte van het heelal overweldigd wordt door een gevoel van nietigheid en zich wanhopig afvraagt wat daarin zijn plaats is en de zin van zijn bestaan:

'Als ik de korte duur van mijn leven beschouw, verzwolgen in de voorafgaande en de volgende eeuwigheid, de kleine ruimte die ik vul en zelfs die ik zie, nietig in de onmetelijke oneindigheid der ruimten die ik niet ken en die mij niet kennen, schrik ik terug en verwonder mij er over mijzelf hier te zien en niet daar, want er is geen enkele reden waarom wel hier en niet daar, waarom wel nu en niet toen. Wie heeft mij hier geplaatst? Door wiens orde en beleid zijn deze plaats en tijd voor mij bestemd?'

De verleiding is groot om, geconfronteerd met zulke vragen het dan maar snel op te geven, in scepticisme te vervallen en te vluchten in een bestaan dat gevuld is met afleiding in 'leuke dingen':

'De angst slaat mij om het hart als ik zie hoe verblind en ellendig de mens is. We zijn in het donker aan ons zelf overgelaten, verdwaald in een uithoek van de wereld, en we weten niet wie ons hier heeft neergezet, wat de bedoeling van het leven is, wat er na de dood van ons terecht zal komen, niets weten we. Het leven lijkt een nachtmerrie waarin je op een onbewoond eiland bent beland, maar je weet niet waar je bent en je kunt er ook niet afkomen. Het verbaast me dat de mensen hier niet wanhopig van worden. Ik vraag de mensen wel eens of ze soms meer weten dan ik. Dan zeggen ze van niet, en de ongelukkige verdwaalden kijken om zich heen en ze ontdekken een paar leuke dingen en daar geven ze zich dan aan over. Ik heb zelf niets kunnen vinden om me aan over te geven. Maar ik heb me wel afgevraagd of er niets anders te vinden is, en ik heb gezocht of God iets van zich heeft laten horen'.

Hoe vindt men uit of God iets van zich heeft laten horen? De 'godsbewijzen' die in zijn tijd in omloop waren, en die door het scholastieke denken waren geproduceerd, vindt hij niet erg overtuigend:

'Het is niet zo eenvoudig. Als er niets op het bestaan van een God wees zou ik ongelovig worden. Als ik overal bewijzen vond voor het bestaan van God zou ik veilig en rustig geloven. Maar ik zie te veel bewijzen om te ontkennen dat God bestaat en te weinig bewijzen om helemaal zeker te zijn. Het is onbegrijpelijk dat God bestaat en het is onbegrijpelijk dat God niet bestaat. Het is onbegrijpelijk dat de ziel bij het lichaam hoort en onbegrijpelijk dat we geen ziel zouden hebben. Onbegrijpelijk dat de wereld geschapen is en onbegrijpelijk dat de wereld niet geschapen zou zijn. Mijn hart streeft er naar om de waarheid te weten en te volgen.'

De spanning is voelbaar. Veilig en rustig geloven is er niet bij, veilig en rustig niet-geloven al evenmin. Kan het verstand hier dan geen uitkomst bieden? Het zesmaal herhaald 'onbegrijpelijk' wijst er al op dat het in deze richting niet gezocht moet worden. Toch heeft Pascal een hoge dunk van het verstand ('de orde van de geest'):

'De mens is kennelijk gemaakt om te denken. Daar is heel zijn waarde en waardigheid in gelegen. En het is zijn plicht na te denken over zijn leven. Het is logisch dat men dan eerst nadenkt over zichzelf, over de Schepper en over zijn doel.'

Het denken maakt de grootheid van de mens uit. Maar het denken stuit op zijn eigen grenzen:

'De laatste stap van het verstand is te erkennen dat er oneindig veel dingen zijn die het te boven gaan; het is door en door zwak als het niet tot deze kennis komt.'

Het verstand dat zijn grenzen overschrijdt is hoogmoedig,

maar het verstand dat niet tot zijn grenzen gaat is zwak. Het denken behoort tot het wezen van de mens, maar juist daarom is het beperkt. Dat geldt ook voor de wetenschap. Niet de betekenis van de wetenschap wordt door Pascal ontkend (dat zou ook moeilijk kunnen bij een man die zich zijn leven lang zo intensief met de wetenschap heeft bezig gehouden) maar wel de pretentie van absolute geldigheid.

Hoever kan men nu met het denken komen? Volgens Pascal zover:

'De grootheid van de mens is daarin groot dat hij zich ellendig weet. Een boom is zich dat niet bewust. Zich ellendig te weten is dus ellendig zijn, maar het is groot te weten dat men ellendig is.'

Daarmee bevindt Pascal zich dicht in de buurt van een moderne filosoof als Leszek Kolakowski, die zegt: 'De filosofie dient duidelijk te maken dat alle empirische pogingen om onze wereld als een rationele zinvolle orde voor te stellen tot mislukken zijn gedoemd. Het bestaan heeft niet een zin die we er als het ware proefondervindelijk aan zouden kunnen ontlenen. Wie stelt dat ons bestaan zin heeft beweegt zich buiten het terrein van het filosofisch denken. Dat is zeker niet verboden, als je maar beseft dat je het gebied van de ratio verlaat en dat van de mythe betreedt.' Het woord 'mythe' heeft in onze oren de negatieve klank van 'fabeltje', maar niet in Kolakowski's omschrijving: 'Mythes zijn alle geestelijke constructies die aan ons leven en aan onze intellectuele inspanningen doel en betekenis geven. *Zonder dat kunnen we niet overleven.* Het is in essentie een zaak van religie.'

Zo ook bij Pascal. Zijn uitspraken over 'de ellendige toestand' van de mens zijn niet bedoeld om dit vast te stellen en daarin te berusten, maar om duidelijk te maken dat ons leven in zichzelf niet rusten kan. Hij noemt het dan ook niet meer dan *redelijk* dat de mens zich inspant om een weg te vinden die hem boven zijn uitzichtloze toestand doet uitstijgen:

'Er zijn slechts twee soorten mensen die men redelijk kan noemen: zij die God dienen met hun ganse hart omdat zij hem kennen, en zij die God zoeken met hun ganse hart omdat zij hem niet kennen.'

In dit citaat is het sleutelwoord tweemaal gevallen: *het hart.* Het verstand moet tot het inzicht komen waar zijn grenzen liggen, maar daarachter doemt niet het irrationele, het onkenbare op, maar het domein ('de orde') van de goddelijke liefde. Hoewel Pascal het redelijk noemt om God te zoeken betekent dat niet dat de rede het zoeklicht is waarmee men hem vinden kan. Het domein van de goddelijke liefde ligt buiten de grenzen van het verstand. De mens is daarvan niet uitgesloten, maar integendeel, daar komt hij tot zijn ware bestemming. Hij moet dus, zij het niet of niet uitsluitend met het verstand, op deze goddelijke liefde kunnen reageren. Het orgaan waarmee hij dit doet, en dat niet samenvalt met zijn verstand maar daar evenmin mee in strijd is, noemt Pascal 'het hart'.

We zullen hier niet uitvoerig stilstaan bij de vraag wat 'het hart' bij Pascal precies betekent (zie daarvoor bijvoorbeeld Van der Hoeven). Het is meer dan het gevoel. Het is de kern van de menselijke persoonlijkheid, zijn instelling tegenover het leven, de bron van zijn daden. Het is het centrum waaruit de genegenheid ontspringt. We zullen Pascal nog één keer aan het woord laten in een fragment waarin hij, zonder een spoor van onduidelijkheid of twijfel, beschrijft waar de weg van het hart hem heeft gebracht:

'De God van Abraham, de God van Isaak, de God van Jacob, de God van de christenen is een God van liefde en troost; het is een God die het hart van hen die hij bezit vervult; het is een God die hen doet voelen hoe ellendig zij er aan toe zijn en hoe oneindig zijn ontferming is. Hij verenigt zich met de grond van hun ziel, vervult ze met nederigheid, vreugde, vertrouwen en liefde, en maakt ze ongeschikt een ander doel te dienen dan hemzelf.'

De bewoordingen van het fragment doen denken aan die van een uniek document dat na zijn dood bij toeval werd gevonden, ingenaaid in de voering van zijn jas. Het staat bekend als het 'Memoriaal'. Het is gedateerd maandag 23 november van 'het jaar der genade' 1654, van half elf 's avonds tot half één 's nachts. Het beschrijft in extatische bewoordingen een diepe mystieke ervaring, hem op dat tijdstip overkomen. Het begint met de woorden:

Vuur. God van Abraham, God van Isaak, God van Jakob, niet
van filosofen en geleerden.
Zekerheid. Zekerheid. Gevoel, Vreugde, Vrede.
God van Jezus Christus.

Niemand wist van het bestaan van het document af; met niemand, zelfs niet met zijn zuster Jacqueline, heeft hij ooit over deze belevenis gesproken. Men voelt zich bijna een gluurder als men het leest. Het was nooit bedoeld om anderen onder ogen te komen. Toch ben ik blij dat het bewaard is gebleven. Het onderstreept nog eens wat in de Pensées duidelijk werd: dat deze grote geleerde de God, die geen bedenksel is van filosofen en geleerden, maar zich in de heilsgeschiedenis van joden en christenen heeft bekend gemaakt, persoonlijk gekend, ontmoet en gediend heeft.

Albert Einstein (1879-1955)
'Religie zonder wetenschap is blind, wetenschap zonder religie is lam'.

Einstein is zonder twijfel de grootste natuurkundige van onze eeuw. In dit stukje zullen wij zijn grootheid als fysicus niet nader onderstrepen, dat gebeurde in het voorgaande reeds vele malen. Hier zullen wij kort ingaan op zijn verhouding tot de religie. De bron is voor een belangrijk deel de al eerder genoemde biografie van Pais.

Einstein groeide op in een liberaal joods gezin, waarin over religieuze zaken en voorschriften nauwelijks gesproken werd. Wel kreeg hij onderricht in het judaïsme van een verre verwant en later van een geschiedenisleraar op het gymnasium. Als gevolg daarvan maakt hij op zijn elfde jaar een even korte als intense religieuze fase door. Hij houdt zich strikt aan de joodse religieuze voorschriften en componeerde zelfs, zoals hij later vertelde, enkele hymnen ter ere van God die hij enthousiast zong op weg naar school. Later schrijft hij hierover: 'Het is mij duidelijk dat dit verloren religieuze paradijs van mijn jeugd een eerste poging was om mijzelf te bevrijden van het 'alleen maar persoonlijke'.

In enkele van zijn beroemde uitspraken maakt hij melding van God. 'God dobbelt niet' kwamen we al tegen. Een andere: 'God is wel geraffineerd, maar boosaardig is hij niet'. Men moet daaruit niet de conclusie trekken dat Einstein in een persoonlijke God geloofde die geraffineerd kan zijn of dobbelstenen werpen. Dat deed hij, zoals we nog zullen zien, niet. Men kan in deze uitspraken 'God' straffeloos vervangen door 'de Natuur' en dan staat er wat hij bedoelde. Hij gebruikt het woord als een – enigszins ironische – manier van spreken (the Old One!), die misschien toch ook verraadt hoe diep hij onder de indruk was van de majesteit van de natuur. 'Als hij al een God had', zegt Pais, 'was het de God van Spinoza'. Dat lijkt mij trefzeker uitgedrukt, zoals uit het volgende zal blijken.

Het voornaamste geschrift van Einstein's hand dat ons inzicht verschaft in zijn opvatting over religie is een kort artikel in Nature (1940) getiteld 'Science and religion', waarvan ik de inhoud zal trachten weer te geven. Hij vindt het moeilijk, zegt hij, om een definitie van religie te geven en daarom vraagt hij liever: wat is karakteristiek voor een religieus mens? Zijn antwoord is: dat is iemand die zich zo goed hij kan bevrijd heeft van de kluisters van zijn zelfzuchtige verlangens en die zich bezig houdt met gedachten, gevoelens en aspiraties waaraan hij vasthoudt vanwege hun *boven-persoonlijke* waarde. Waar het om gaat is de inhoud van deze boven-persoonlijke waarden en niet zo zeer of die verbonden kunnen worden met een Goddelijk Wezen, want anders zou men Boeddha en Spinoza niet tot de religieuze mensen kunnen rekenen. Welnu, zegt hij, als religie zo wordt opgevat kan er nooit een conflict met de wetenschap ontstaan. De wetenschap kan alleen vaststellen wat *is*, maar niet wat *zou moeten zijn*; buiten het domein van de wetenschap blijven waardeoordelen van allerlei aard nodig. Religie daarentegen handelt over waardebepalingen van menselijke gedachten en daden; zij kan niet met enig recht spreken over feiten en relaties tussen feiten. Alle conflicten tussen wetenschap en religie uit het verleden berusten, zo gezien, op misvattingen, op grensoverschrijdingen van beide kanten.

Hoewel dus de gebieden van religie en wetenschap duidelijk van elkaar zijn afgegrensd, bestaan er toch onderlinge betrekkingen. De religie moet de *doelstellingen* bepalen, maar kan van de wetenschap iets leren over de *middelen* waarmee die doelen kunnen worden bereikt. Anderzijds zijn wetenschappers mensen die met hart en ziel zoeken naar waarheid en begrip, en dat streven ontspringt aan de bron van de religie. Hij vat deze onderlinge verbondenheid samen in de beroemde uitspraak die boven dit stukje staat.

Maar dan komt hij tot wat voor hem het grote verschil is tussen zijn opvatting van religie en die van de historische

godsdiensten, namelijk het concept 'God', die in de godsdiensten wordt voorgesteld als een persoonlijke God. Daar
ligt voor Einstein het niet te overkomen struikelblok, de belangrijkste bron voor hedendaagse conflicten tussen wetenschap en godsdienst. Datgene wat voor Newton de absoluut
wezenlijke kern van zijn geloof uitmaakte is voor Einstein de
steen des aanstoots die verwijderd moet worden. Hij roept de
'godsdienstleraren' met klem op de moed te hebben het leerstuk van een persoonlijke God te laten vallen en raadt hen aan
zich te wijden aan de krachten die het goede, het ware en het
schone in de mensheid zelf aankweken.

Waarom is Einstein zo fel gekant tegen de gedachte van een
persoonlijke God? Het doel van de wetenschap is algemene
regels vast te stellen, wetten van de Natuur, die algemene
geldigheid hebben. Dat dit mogelijk is, is een geloof dat niet te
bewijzen is, maar dat wel steeds bevestigd wordt naarmate
men dieper in de orde van de natuur doordringt. 'Hoe meer
een mens doordrongen raakt van de ordelijke regelmaat van
alle gebeurtenissen, des te vaster wordt zijn overtuiging dat er
geen ruimte over is voor oorzaken van een andere aard.' Onder die 'oorzaken van andere aard' verstaat hij de menselijke
wil en de goddelijke wil. Waar het op neerkomt is dat hij
onverzwakt vasthoudt aan het geloof in een causaal-deterministisch wereldbeeld. Dat zal, gezien wat in de vorige hoofdstukken besproken is, geen verbazing wekken.

Einstein besluit met een passage die zo kenmerkend is voor de
noblesse van zijn geest dat ik hem in zijn geheel overneem:
'Als het een van de doeleinden van de religie is om de mensheid te bevrijden, zover als dat mogelijk is, van de slavernij
van zelfzuchtige verlangens en van zijn angsten, kan het wetenschappelijk denken de religie nog in een andere zin be-
hulpzaam zijn. Hoewel het juist is dat het doel van de wetenschap is om regels te ontdekken die ons in staat stellen om
feiten met elkaar in verband te brengen en ze te voorspellen, is
dat niet het enige doel. Wetenschap streeft er ook naar om de
ontdekte verbanden terug te brengen tot het kleinst mogelijke
aantal begripselementen. Het is in het streven naar de rationele éénmaking van het veelvoudige dat de wetenschap wordt
vervuld van de diepe eerbied voor de rationaliteit die in het
bestaan manifest wordt. Langs de weg van het begrijpen bereikt hij een verregaande bevrijding van de kluisters van per-

soonlijke hoop en verlangens *en bereikt zo de nederige geestes-houding tegenover de grootheid van de rede die in het bestaan zit ingebakken en die, in zijn diepste diepten, ontoegankelijk is voor de mens.* Deze houding lijkt mij echter religieus in de hoogste zin van het woord'.

Het kost geen moeite in dit fragment de man te herkennen van wie Pais zegt: 'Hij was de meest vrije mens die ik ooit gekend heb. Daar bedoel ik mee dat hij, meer dan ieder ander die ik ontmoet heb meester was van zijn eigen bestemming. Als hij al een God had, was het de God van Spinoza'. En: 'Hij schreef dat hij zich met lichaam en ziel aan de wetenschap had verkocht, op de vlucht van het 'Ik' en het 'Wij' naar het 'Het'. Toch zocht hij geen afstand tussen zichzelf en andere mensen. De afgetrok-kenheid lag binnen hemzelf en stelde hem in staat om in ge-dachten verzonken door het leven te wandelen. Wat zo onge-woon is aan deze man is dat hij tegelijkertijd niet buiten de wereld stond of op een afstand was.' En tenslotte: 'Volgens zijn eigen definitie was Einstein natuurlijk een diep religieus mens'.

Stephen Hawking
'...want dan kennen we de geest van God.'

Als iemand het zo ver gebracht heeft dat hij op jeugdige leeftijd benoemd wordt tot hoogleraar in Cambridge op dezelfde leerstoel die ooit door Isaac Newton werd bezet; als diezelfde man fundamentele bijdragen levert op zijn vakgebied, de kos-mologie, daarover diepzinnige artikelen publiceert en de we-reld rondreist om er lezingen over te houden; als hij ook nog tijd vindt voor reeksen televisie interviews en voor het schrij-ven van een boek waarin hij de fysica van het heelal voor een breed publiek op een enthousiaste wijze uiteen tracht te zetten, dan verdient zo iemand grote bewondering voor zijn intelli-gentie, geestdrift en werkkracht. Als diezelfde man, getroffen door een zeldzame ziekte, een volledig verlamd lichaam heeft, waardoor hij, aan een rolstoel geketend, slechts door anderen kan worden voortbewogen; als die ziekte hem ook zijn spraak-vermogen geheel heeft ontnomen, waardoor hij zich slechts met behulp van een ingenieus apparaat dat een blikkerig geluid produceert verstaanbaar weet te maken, dan schieten woorden tekort om deze geestkracht te beschrijven. Die man bestaat. Hij heet Stephen Hawking.

In het voorafgaande kwamen wij hem al enkele malen tegen. Bij die gelegenheden zag ik mij genoodzaakt enkele kritische opmerkingen te maken, en in wat hierna volgt zal dat niet anders zijn. Het doet aan de hierboven uitgesproken bewondering niets af.

Het gaat hier over het boek 'A brief history of time' (Nederlandse vertaling' 'Het heelal') dat in vele landen langdurig op de bestsellerslijsten heeft gestaan. Hij beschrijft daarin hoe volgens de ideeën van de moderne kosmologie het heelal zoals wij dat nu waarnemen zich heeft ontwikkeld vanaf het moment dat de oerknal plaats vond. Op die ideeën zelf zal ik hier niet nader ingaan; dat komt in het volgende hoofdstuk aan de orde. Waar het hier om gaat is het feit dat Hawking het in zijn boek veelvuldig over God heeft (het woord God is het laatste woord van het boek) en om de wijze waarop hij dat doet.

Het komt, in het kort, hierop neer: is het in de theorie die het ontstaan en de ontwikkeling van het heelal tracht te beschrijven nog mogelijk of nodig een plaats(je) voor God als Schepper in te ruimen? Is er nog behoefte aan die hypothese? De schrijver weet het spannend te houden: Soms lijkt het er op van wel, even later weer niet. Zo vertelt hij van een congres dat in 1981 door de Jezuïeten in het Vaticaan was georganiseerd met de bedoeling zich op de hoogte te stellen van de modernste ontwikkelingen in de kosmologie en die met de deskundige deelnemers te bespreken. Tijdens een audiëntie door de paus aan de congresgangers verleend bedenkt Hawking: 'Ik was op dat moment blij dat hij het onderwerp van de voordracht die ik kort tevoren tijdens het congres had uitgesproken niet kende – de mogelijkheid dat de ruimtetijd eindig was maar onbegrensd, wat immers betekent dat zij geen begin had en dus geen moment van schepping. Ik voelde er weinig voor het lot van Galilei te ondergaan.' De arme paus in de rol van een kind dat nog in Sinterklaas gelooft terwijl de volwassenen wel beter weten.

Het heelal, inclusief de mens, is in de visie van Hawking een groot en uiterst ingewikkeld cryptogram dat – misschien – ooit door God in elkaar is gezet. Bij een juiste oplossing verschijnt in het midden een woord van zeven letters dat ons – eventueel – de naam van de maker en zijn wezen onthult. De oplossing van het raadsel is voorbehouden aan de knapste jongens van de klas, de natuurkundigen. God – als hij bestaat

– kijkt gespannen toe. Zal het ze lukken? Of luiden de zeven letters: Mis Poes? Hawking is vol vertrouwen in de goede afloop die we naar zijn inschatting binnen een jaar of tien zullen beleven. De laatste zin van het boek luidt:

'Zodra we een volledige theorie zullen ontdekken zal deze na verloop van tijd voor iedereen begrijpelijk zijn, niet alleen voor een handjevol geleerden. Dan kunnen allen, filosofen, geleerden en gewone mensen, deelnemen aan de discussie waarom wij en het heelal bestaan. Wanneer we het antwoord op die vraag kennen is dat de bekroning van het menselijk verstand, want dan kennen we de geest van God.'

De mateloze arrogantie. De mensheid heeft in zijn lange geschiedenis nog geen zinnig woord gezegd over de vraag 'waarom wij en het heelal bestaan'. Die discussie kan pas beginnen als de natuurkundigen klaar zijn. Dan zal de Grote Formule aan de mensheid worden uitgelegd en zullen ook de eenvoudige zielen in het licht worden gezet. Ze mogen dan meediscussiëren. Jammer voor Jezus en Boeddha en al die anderen die het niet hebben mogen meemaken.

Op de vraag wat er van de natuurkunde te verwachten valt bij het zoeken naar God kom ik in het volgende hoofdstuk terug. Hier wil ik nog een ander aspect uit het relaas van Hawking naar voren halen. Over de audiëntie van de paus tijdens het genoemde Vaticaans congres vertelt hij:

'Hij (de paus) gaf ons te kennen dat er geen bezwaren bestonden tegen het bestuderen van de evolutie van het heelal na de oerknal, maar onder geen beding mochten we proberen tot de oerknal zelf door te dringen, want dat was het moment van de schepping en derhalve het werk van God.'

Als dit een juiste weergave zou zijn van wat de paus daar gezegd heeft, zou er reden tot verbazing zijn. Het congres was immers belegd om de verhouding tussen Kerk en natuurwetenschap, die sinds Galilei danig was verstoord, weer wat te verbeteren. De paus schijnt hier weer te vervallen in de oude fout van zijn voorgangers door de natuurkundigen te vertellen hoe ver ze mogen gaan. In werkelijkheid* heeft de paus

---

* Met dank aan de heer W. Bennink te Nijmegen, die mij de tekst van de pauselijke toespraak toezond. (Archief van Kerken 37 (1982) 252), op grond waarvan deze passage veranderd is ten opzichte van de eerste druk.

het volgende gezegd: 'Elke wetenschappelijke hypothese over het ontstaan van de wereld, zoals die van een oeratoom waaruit het geheel van het fysische heelal zou voortvloeien, laat het probleem betreffende het begin van het heelal open. De wetenschap kan uit zichzelf een dergelijke kwestie niet oplossen: dit weten van de mensen moet zich verheffen boven de natuurkunde en de astrofysica en wat de metafysica wordt genoemd; het weten moet vooral komen van de openbaring van God.' De paus *verbiedt* de natuurkundigen dus niets. Hij is alleen vol vertrouwen dat ze een bepaalde grens niet kunnen overschrijden (hoewel? let op het woordje 'vooral'). Misschien is Hawking's 'vertaling' wel ingegeven door zijn gevoel van verbondenheid met Galilei vanwege hun gemeenschappelijke geboortedag.

7. Fysica: een weg naar God?

'Our little systems have their day
They have their day and cease to be
They are but broken lights of Thee
And Thou o Lord art more than they.'

Alfred Tennyson

'God en de nieuwe natuurkunde' is de titel van een boek van Paul Davies, de schrijver van 'Superkracht' die we al eerder ontmoetten. De twee boeken behandelen grotendeels dezelfde ontwikkelingen in de moderne natuurkunde en kosmologie; het eerst genoemde gaat een stap verder en brengt deze ontwikkelingen in verband met God. Is er nog plaats voor hem? Is hij misschien zelfs te vinden langs de weg van de wetenschap?

De inzet van het boek maakt de schrijver in het voorwoord duidelijk met de zin: 'Het lijkt misschien vreemd, maar ik heb het gevoel dat de natuurwetenschap een zekerder weg vormt tot God dan de religie.' De twee, natuurwetenschap en religie worden zo tegenover elkaar geplaatst, als twee concurrerende wegen naar God, waarvan Davies de eerste superieur acht. Daar is niets op tegen, zolang als de 'concurrent', de religie, serieus genomen wordt. Daarvan is naar mijn oordeel in dit boek geen sprake. Voordat ik op het eigenlijke betoog van het boek inga wil ik dat aan een paar voorbeelden illustreren.

'Dat de kerk tegenwoordig door velen wordt genegeerd komt doordat de natuurwetenschap onze samenleving zo drastisch omver heeft gegooid dat de bijbelse kijk op de wereld nauwelijks meer van toepassing blijkt te zijn. Zoals een cynicus opmerkte: 'Er zijn maar weinig naasten meer met een os en een ezel die we zouden kunnen begeren." Ik vind zo'n man niet zozeer cynisch als wel stompzinnig. Het gaat hier om het gebod: 'Gij zult niet begeren het huis van uw naaste, of zijn vrouw, of zijn os of zijn ezel of ook maar iets dat van uw naaste is.' Het kost niet de geringste intellectuele inspanning om os en ezel te moderniseren tot Mercedes Benz en luxe zeiljacht. Recht overeind staat dan een voor iedereen leesbare en begrijpelijke leefregel, die men, bijvoorbeeld in reclameboodschappen voor automobielen, luidkeels wordt aangemoedigd te overtreden. De begeerlijkheid van de aangeprezen auto's wordt nog onderstreept door ze te draperen met eveneens zeer begeerlijke 'vrouwen van de naaste'. Dat zo'n leefregel niet populair is komt heus niet omdat er 'os en ezel' staat, en nog veel minder omdat de natuurkunde de samenleving zo drastisch omver heeft gegooid. Begeerte is de ziel van de commercie.

Een andere passage:

'Door meer te ontdekken over de manier waarop het heelal in elkaar zit en hoe het werkt, over de aard van het leven en het bewustzijn, kunnen wetenschappers het bouwmateriaal verschaffen waaruit een geloof wordt opgebouwd. Het is onzin om te discussiëren over de vraag of de schepping 4004 of 10.000 jaar voor Christus plaats vond als wetenschappelijk onderzoek laat zien dat de aarde vier en een half miljard jaar oud is. Men kan niet verwachten dat een geloof dat gebaseerd is op veronderstellingen die aantoonbaar onjuist zijn een lang leven beschoren is.'

Daar staan ze weer tegenover elkaar: de wetenschapper die bouwmateriaal aandraagt voor een geloof en de stupide gelovigen die over achterhaalde problemen vechten. Ik weet ook wel dat in een bepaalde variant van het christendom, de fundamentalistische, deze problemen nog niet als achterhaald worden beschouwd, maar zelfs voor die variant is het belachelijk om te beweren dat zulke kwesties de *basis* zijn waarop het geloof berust.

Davies mag ook graag citeren uit een boek van de fysicus Hermann Bondi, die, naar hij zelf opmerkt, geen goed woord voor de religie over heeft. Iets als dit, bijvoorbeeld:

'Niets is echter verder van de gelovige (elke gelovige) dan elementaire bescheidenheid. Iedereen in zijn macht (in de moderne samenleving zijn dat meestal alleen zijn kinderen) krijgt zijn geloof tegen heug en meug opgelepeld. Vaak zijn die kinderen er inderdaad van doordrongen dat ze tot die ene uitverkoren groep behoren die de wijsheid in pacht heeft en die een privé-telefoonlijn heeft met het kantoor van de Allerhoogste.'

Dergelijke citaten worden door Davies wel (enigszins) afgezwakt, bijvoorbeeld met 'Natuurlijk zijn niet *alle* gelovige mensen overijverige fanatiekelingen', maar intussen staat het er wel allemaal.

Een beproefde discussietechniek is ook de tegenstander woorden in de mond te leggen en opvattingen toe te dichten waarin die zich absoluut niet herkent en vervolgens die opvattingen te bestrijden. Het boek staat vol met zinnen die beginnen met 'Christenen beweren...' of 'Nu zal een theoloog opmerken...', terwijl ik in mijn wijde omgeving geen christen ken die zoiets beweert of een theoloog die de hem in de mond gelegde opmerking zou willen maken. In het hoofdstuk getiteld 'Wonderen' laat de schrijver bladzijden lang een fictieve 'gelovige' met een dito 'scepticus' over dit onderwerp discussiëren. Vanaf de eerste zin van 'gelovige': 'Volgens mij vormen wonderen het beste bewijs voor het bestaan van God', voegt deze de ene onnozelheid aan de andere ongerijmdheid, zodat 'scepticus' weinig moeite heeft het gevecht op alle punten te winnen. De laatste bedient zich ook van het grofste geschut, bijvoorbeeld wanneer hij de evangelisten (Mattheus, Marcus, Lucas en Johannes) karakteriseert als een 'stel bijgelovige fanatiekelingen die er belang bij hadden reclame te maken voor hun geloof'.

Reclame maken voor het eigen geloof doet Davies als volgt: 'De geweldige kracht van het wetenschappelijk denken is dagelijks zichtbaar in de wonderen van de hedendaagse techniek. Het lijkt daarom redelijk om ook enig vertrouwen te hebben in het wereldbeeld van de wetenschapper.' Wonderen bewijzen niets over het bestaan van God, maar (andere) wonderen, zoals computers en atoombommen, moeten aannemelijk maken dat de breinen die daar achter zitten ook wel het goede zicht op God en mens zullen hebben.

Genoeg hierover. Ik wil nu trachten in het kort het betoog van het boek weer te geven. Davies formuleert eerst wat hij de Vier Grote Vragen van het bestaan noemt:

1) Hoe heeft het heelal zijn organisatie bereikt?
2) Hoe zijn de dingen waaruit het heelal bestaat er gekomen?
3) Waarom bestaat het heelal uit de dingen waaruit het bestaat?
4) Waarom zijn de natuurwetten zoals ze zijn?

Let wel: dat zijn hoofdvragen *van het bestaan*. Als men de antwoorden kent heeft het bestaan geen geheimen meer. De mogelijkheid dat dit misschien de hoofdvragen *van de fysica* zouden kunnen zijn wordt niet ter sprake gebracht.

De huidige stand van zaken is dat de eerste vraag redelijk

bevredigend beantwoord is. Althans is het feit dat de toestand nu beter geordend, georganiseerd is dan bij het begin van de oerknal toen er volstrekte chaos heerste, niet langer in strijd met de natuurwetten, zoals men lange tijd gedacht heeft. Met het antwoord op de tweede vraag is men een eindweegs gevorderd, terwijl de oplossingen van de vragen 3 en 4 zich in een puur speculatief stadium bevinden.

We zullen de historie van vraag 2 nu kort volgen. Het is duidelijk dat lichamen zoals sterren en planeten gevormd zijn uit de oergassen (overwegend waterstof en helium), die op hun beurt weer ontstonden vlak na de oerknal. Hier deelt Davies mee dat de bijbel niet duidelijk is over de vraag of het materiaal waaruit de sterren, de planeten en ons eigen lichaam zijn gemaakt al bestond voor de scheppingsgebeurtenis of niet. Hij meent dat gelovigen geen andere keus hebben dan te veronderstellen dat God dit materiaal ook geschapen heeft, omdat hij anders niet almachtig zou zijn (dit is de eerste van de vele malen dat de schrijver het begrip almacht te berde brengt, ik kom daarop terug). Immers, had God de materie niet geschapen dan zou hij in zijn werk beperkt zijn geweest doordat hij het moest doen met het materiaal dat er al was.

Vervolgens wordt aangetoond dat de materie zoals wij die kennen helemaal niet geschapen hoeft te zijn, maar op een 'natuurlijke' wijze ontstaan kan zijn, en wel uit energie. Uit een energiekwantum kunnen twee deeltjes ontstaan, die elkaars 'antideeltjes' zijn, zoals een elektron en een positron (een elektron met een positieve lading). Als de ons bekende materie op deze wijze ontstaan is, dan was het tot voor kort een groot raadsel waarom het ons bekende heelal vrijwel geheel uit materie (protonen, electronen etc.) bestaat, en waar de bijbehorende antimaterie (antiprotonen, positronen etc.) dan gebleven is. In het raadsel van deze onbalans is sinds kort enige duidelijkheid gekomen: bij de zeer hoge temperaturen waarbij het materialiseringsproces zich afspeelt is er sprake van een uiterst geringe onbalans. Er ontstaat ongeveer één miljardste meer materie dan antimaterie. De uit de straling ontstane materiedeeltjes hebben zich direct na hun ontstaan weer met de bijbehorende antimateriedeeltjes verenigd tot energie, die we nu nog kunnen waarnemen als de warmtestraling die uit het heelal tot ons komt. De temperatuur van die warmtestraling klopt met wat men uitrekent. Wat er aan materie overgebleven is, is dat miljardste deel; daaruit bestaat het hele waarneembare heelal. Zover gekomen constateert Davies:

'De vraag naar het ontstaan van de materie is een goed voorbeeld van een fundamenteel probleem waar we altijd mee te maken krijgen als we proberen het bestaan van God af te leiden uit natuurlijke verschijnselen. Het ontstaan van materie zonder antimaterie was eerst wonderbaarlijk: er was misschien een bovennatuurlijke inbreng voor nodig tijdens de oerknal. Nu lijkt het er op dat het verschijnsel met gewone natuurkunde te verklaren is.'

De betoogtrant tot nu toe is typerend voor wat er verder nog volgt. Eerst wordt gesteld dat 'gelovigen', of 'theologen' of 'de christelijke leer' gedwongen zijn om te menen dat God de materie direct, uit het niets, geschapen heeft. Dan laat hij zien dat de natuurkunde deze bovennatuurlijke ingreep niet nodig heeft, omdat de materie langs natuurlijke weg uit energie ontstaan is. En dan voert hij de 'theologen' weer sprekend in, die nu, teruggeslagen naar de volgende verdedigings-linie, zeggen: 'Ja, maar nu moeten we nog een verklaring zien te vinden voor het ontstaan van de energie. Daar is dan toch zeker wel een bovennatuurlijke ingreep voor nodig?'

Welnu, u raadt het al, dat is evenmin nodig, en wel hierom: de totale energie die het heelal bevat, zo is uitgerekend, is nul! En iets wat nul is hoeft niet geschapen te zijn. De energie is gewoon ontstaan uit de lege ruimte. We hoeven dan alleen nog maar te verklaren *hoe* energie kan ontstaan uit lege ruimte. Daar is intussen een redelijk bevredigende theorie voor, gebaseerd op de wetten van de kwantumfysica. Dan rijst onmiddellijk de volgende vraag: maar die lege ruimte, en de daaraan gekoppelde tijd, waar komt die dan vandaan? Zou het niet kunnen zijn dat God die tenminste geschapen heeft? In de woorden van Davies: 'Men zou kunnen aanvoeren dat de wetenschap nog steeds niet het bestaan van ruimte en tijd heeft verklaard. Aangenomen dat het ontstaan van de materie – lang beschouwd als een goddelijke ingreep – nu met gewone natuurkundige wetten verklaard kan worden, kunnen we dan nog steeds alleen met behulp van God verklaren waarom er eigenlijk een heelal is en waarom er ruimte en tijd bestaan, zodat er materie uit gevormd kon worden?'

Voordat hij deze vraag bespreekt, die, zoals we zullen zien

nog verre van beantwoord is en waarvoor men zich voorlopig op speculaties moet verlaten, maakt de schrijver eerst nog een merkwaardige excursie. Hij geeft zich op dit punt uitgebreid moeite om het zogenaamde 'kosmologische bewijs' voor het bestaan van God, dat ontwikkeld werd door de middeleeuwer Thomas van Aquino en wat later verstevigd door o.a. Leibniz, te ontzenuwen. Hij laat dan zien dat het begrip 'oorzaak' dat in deze redenering gebruikt wordt in strijd is met de kwantumfysica en dat het gebezigde begrip 'tijd' niet overeenkomt met wat de relativiteitstheorie daarover leert. Dat is waarachtig geen wonder, zou je zeggen. Hij vermeldt nog wel dat dit kosmologische bewijs al heftig bestreden werd door David Hume, Immanuel Kant en Bertrand Russell (toch werkelijk geen vooraanstaande christelijke woordvoerders) maar niet dat reeds Pascal er niets in zag. Voor gelovigen, zegt Pascal, zijn dit soort bewijzen niet nodig omdat ze God langs andere wegen kennen, en ongelovigen worden er terecht niet door overtuigd. Het feit dat de naam van Pascal in het hele boek van Davies niet voorkomt is trouwens veelbetekenend.

Terug naar het ontstaan van de ruimte-tijd. Een theorie van het 'spontaan' ontstaan van ruimte-tijd is er nog niet, maar er bestaan wel ideeën over hoe zo'n theorie er uit zou moeten zien. De oplossing wordt gezocht in de toepassing van de kwantumtheorie op de zwaartekracht. In het bijzonder zou deze theorie het mogelijk moeten maken dat ruimte-tijd spontaan en zonder oorzaak wordt gegenereerd en vernietigd, net zoals de gewone kwantumfysica het mogelijk maakt dat deeltjes spontaan worden gevormd en vernietigd. Zover is het nog niet, maar als het zou lukken dan is al van te voren duidelijk dat de grootte van zo'n spontaan gevormd stukje ruimte extreem klein zou moeten zijn: miljarden maal miljarden kleiner dan een atoom. Dan moet nog verklaard worden hoe zo'n miniheelal kan uitgroeien tot de ons bekende proporties. Voor dit opzwelproces zijn reeds theorieën ontwikkeld ('het inflatiescenario') die een redelijke graad van aanvaardbaarheid hebben bereikt.

Als dit allemaal bevredigend afloopt is het antwoord bereikt op vraag 2: waar komt het heelal vandaan? Het antwoord luidt: uit het niets. Dit antwoord vertoont slechts oppervlakkige overeenkomst met het christelijke leerstuk van de creatio ex nihilo (de schepping uit het niets), omdat het hier niet om een *schepping* gaat, waarvoor een schepper nodig zou zijn, maar om het *ontstaan* en de daarop volgende ontwikkeling van het heelal die geheel met de natuurwetten te beschrijven is.

Er zijn dan nog twee vragen over. Eerst vraag 3: waarom bestaat het heelal uit de 'dingen' waaruit het bestaat (elektronen, protonen, etc.)? We weten in het algemeen hoe een elektron of proton zich gedraagt als het er eenmaal is, maar we hebben geen helder idee waarom het nu juist elektronen of protonen zijn en geen andere deeltjes. Zo'n theorie is er nog (bij lange na) niet, maar ook hier is Davies vol hoop. Hij gelooft dat het een kwestie van tijd is. De oplossing van dit vraagstuk moet komen uit de theorie van de supergravitatie, die we hier niet verder zullen bespreken. Dit toekomstvisioen beschrijft Davies als volgt: 'Als de supergravitatietheorie slaagt, zal deze ons niet alleen alles vertellen over het waarom van de deeltjes die nu bestaan, maar hij zal ook verklaren waarom ze de lading, de massa en andere eigenschappen hebben die ze hebben. Dit alles zal volgen uit een schitterende wiskundige theorie die heel de fysica zal omvatten in één superwet.'

Zijn we dan eindelijk klaar? Het scenario voor het 'heelal uit niets' beweert dat alles wat we nodig hebben de natuurwetten zijn (mooier nog: de ene superwet) – verder kan het heelal het alleen af, inclusief zijn eigen schepping. Is God nu definitief van het toneel verdwenen? Maar nee, dan blijft er nog de laatste vraag, die Davies *de ene fundamentele vraag van het bestaan*' noemt: hoe zit het met de natuurwetten? Waarom zijn die zoals ze zijn? Heeft God die dan misschien bedacht? Had God het, bij wijze van spreken, voor het kiezen welke superwet hij zou vervaardigen om het heelal in werking te zetten? Er is nog één hoop dat we daar ook om heen kunnen. Om te beginnen kan de keus die God had al niet oneindig groot zijn: het heelal dat hij verkiest moet *logisch consistent* zijn. Dat is al een inperking van zijn almacht, want hij kan blijkbaar niet alles kiezen. Dat zou nog veel erger worden wanneer mocht blijken dat de superwet die wij zullen ontdekken en dus het heelal zoals het is, de *enige* logische mogelijkheid is. Dan is de almachtige God ineengeschrompeld tot iemand die niets te kiezen had, en dan kan hij eindelijk als schepper worden afgevoerd.

Betekent dit nu dat God niet bestaat? Dat hoeft niet per se: we hebben hem alleen als schepper niet meer nodig. Davies: 'Maar deze filosofie sluit niet uit dat er een universele geest bestaat die deel uitmaakt van dat unieke heelal; we zien dan een natuurlijke God in plaats van een bovennatuurlijke.' Maar het bestaan van een dergelijke God is ook al niet veilig. 'Geest' betekent, zoals Davies elders in het boek uiteenzet, 'organisatie'. Nu vertelt de tweede hoofdwet van de thermodynamica dat de wanorde, de desorganisatie, in het heelal voortdurend moet toenemen, zodat het heelal uiteindelijk de 'wanorde-dood' sterft. De mate van organisatie in het heelal, en daarmee God, neemt voortdurend af, totdat er niets meer over is. God sterft aan zijn eigen tweede hoofdwet, die hij niet had kunnen omzeilen omdat er in het begin geen andere keus mogelijk was.

Tot zover een samenvatting van het betoog van Davies, dat ik onderweg al van enig commentaar heb voorzien. Op een vijftal punten wil ik nu nog nader ingaan.

1. Gods 'almacht'

Telkens opnieuw construeert Davies in zijn betoog een tegenstelling tussen de almacht van God en één van zijn andere 'eigenschappen'. Als God dit of dat is kan hij ook niet tegelijk almachtig zijn. Hij hanteert daarbij een soort wiskundig aandoende definitie: almachtig is hij die *alles* kan. Kan men aantonen dat hij één ding niet kan, dan is hij niet almachtig. Dat lijkt een logische definitie maar dat is het niet. Het is absurd. Dat weet ik al sinds mijn vroegste jeugd, toen mijn 'ongelovige' vriendjes mij met triomfantelijke pretoogjes de vraag voorlegden: 'God is almachtig, hè? Kan hij dan een zo grote steen maken dat hij hem zelf niet op kan tillen?' Precies dezelfde paradox staat in de wiskunde bekend onder de naam 'paradox van Bertrand Russell', die hem bedacht heeft. Hij luidt: laat R de verzameling zijn van alle verzamelingen die zich zelf niet als element bevatten. Hoort R dan tot die verzameling? Voor wie dit te abstract vindt heeft Russell het probleem als volgt vertaald: de kapper van een dorp scheert *alle* mannen van het dorp die zichzelf niet scheren. Scheert de kapper zichzelf? Na even nadenken zal men inzien dat zowel het antwoord 'ja' als 'nee' fout is. De vraag leidt, evenals die over de almachtige stenenmaker, tot een absurditeit. De reden is in beide gevallen dezelfde: men kan blijkbaar niet op deze manier met het begrip *alles* omspringen.

Het op deze wijze gebruiken van het begrip 'almachtig' is dus in zichzelf zinloos en heeft bovendien niets te maken met de wijze waarop de bijbel over God spreekt. Ik zal dat nog aan een voorbeeld toelichten. In een hoofdstuk over 'de tijd' construeert Davies weer een nieuwe paradox als hij de verhouding van God en de tijd bespreekt. Het komt in het kort hierop neer. Eén van tweeën: of God bestaat in de tijd of hij staat er buiten, is tijdloos. In het eerste geval is hij onderworpen aan de natuurkundige wetten voor de tijd en (daar hebben we het weer) dan kan hij niet almachtig zijn. In het tweede geval kan hij geen persoonlijk God zijn, want alle dingen die een persoon doet, zoals nadenken, voelen, plannen maken, vinden plaats in de tijd. En dus luidt de conclusie: God kan niet tegelijk almachtig en een persoonlijk God zijn. Welnu, om die conclusie te bereiken had men de relativiteitstheorie niet hoeven uit te vinden. Hij staat letterlijk in de bijbel, opgetekend door de apostel Paulus die tweeduizend jaar geleden schreef: 'Al zijn wij ontrouw, Hij blijft trouw, *want zichzelf verloochenen kan Hij niet.*' God kan iets niet omdat hij een persoon is die volstrekt trouw is. Het is nog sterker: deze 'almachtige' kan soms blijkbaar *minder* dan zijn schepselen die het over het algemeen weinig moeite kost om ontrouw te zijn.

Het hele gedoe van Davies met het begrip 'almacht' berust op het drijfzand van een absurde definitie, die niets met de inhoud van het bijbelse woord (dat trouwens een stamelende vertaling is van het vrijwel onvertaalbare Hebreeuwse woord sjaddai) te maken heeft. Wie wil weten wat het woord wel zou kunnen betekenen wordt verwezen naar elementaire boekjes over theologie.

2. God als gaatjesvuller

De 'theoloog' die in het betoog van Davies sprekend wordt ingevoerd vervult daar de volgende rol. In ieder stadium waarin de natuurkundigen weer een stap voorwaarts hebben gezet in het verklaren van iets dat tot dan toe onverklaard was, zegt hij: 'Goed, accoord, tot zover moet ik (helaas) wel meegaan. Maar voor het volgende probleem waar jullie nog geen oplossing voor weten, daar heb je toch zeker God als verklaring voor nodig?' Hij is voortdurend in het defensief, wordt steeds opnieuw teruggeworpen op de volgende verdedigingslijn. Hij gebruikt God als vulling voor het 'gat' van alles wat nog niet verklaard is. Het gat wordt steeds kleiner. Hij blijft steeds wanhopiger zoeken of er voor God nog ergens een plaatsje te vinden is. Als het gat uiteindelijk definitief gedicht is geeft hij zich over. Dan is God nergens meer voor nodig.

In dit verband schrijft Davies een zin waarmee ik het geheel eens ben, namelijk deze: *Als we God willen vinden moeten we hem vinden in datgene wat we ontdekken over de wereld, niet in wat we niet kunnen ontdekken.* Ik ben het daarmee eens in een zin die door de schrijver waarschijnlijk niet bedoeld is, namelijk als we 'de wereld' opvatten in de breedst mogelijke zin, de wereld van alle menselijke ervaringen, waarvan de fysische waarnemingen en theorieën slechts een deel uitmaken. Ik ga nog een stap verder: het is zelfs uitermate onwaarschijnlijk dat we God in de laatstgenoemde ervaringen zullen aantreffen, en wel *per definitie*: het ligt in de aard van de natuurkunde dat dit niet kan. Ik zal dat trachten uit te leggen. Het feit dat er überhaupt zoiets als natuurkunde mogelijk is berust er op dat de mens die de werkelijkheid om hem heen beziet al snel constateert dat daar geen chaos en willekeur heersen, maar orde en regelmaat. De zon komt dagelijks op, eb en vloed hebben hun vaste tijden waarop men de klok gelijk kan zetten. Een steen die vandaag naar beneden valt stijgt morgen niet ten hemel, een auto die men in zijn eerste versnelling zet rijdt vandaag naar voren en morgen ook. Wij zijn daar zo aan gewend dat we het volmaakt vanzelfsprekend vinden, maar dat is het niet. Wat mij betreft mag men dit gerust een wonder noemen. De fysische werkelijkheid om ons heen is *betrouwbaar* en dat is een grondvoorwaarde voor ons bestaan. Iemand drukte dat als volgt uit:

'De werkelijkheid is betrouwbaar. Zij is geen spookhuis of grillig sprookje. Wij kunnen op haar aan. Wij kunnen in haar ons oriënteren, ons er in geborgen weten en plannen maken voor haar en onze toekomst. Haar leefbaarheid berust op haar kenbaarheid en deze is: de kenbaarheid van haar *wetmatigheid*.'

Wat fysici nu doen is doordringen in die wetmatigheid. De

fysische werkelijkheid beschrijven in zo eenvoudig mogelijke wetten, die zo groot mogelijke groepen van waargenomen verschijnselen omvatten. Dat gaat heel lang goed: tot in de diepste diepten van het atoom, tot in de verste uithoeken van het heelal, tot aan het begin van de Grote Knal. Zolang dat goed gaat is er geen enkele reden om God erbij te halen. Voor niemand: voor de ongelovige fysicus uiteraard niet, maar evenmin voor gelovige fysici of theologen. Voor allen is er slechts reden tot verbazing en verwondering, dat de orde die wij oppervlakkig al met het blote oog kunnen waarnemen, zo diep in de kosmos verankerd ligt. (Het Griekse woord kosmos betekent trouwens orde). Er is al helemaal geen reden om bij iedere stap voorwaarts triomfantelijk te roepen dat we daar God ook alweer niet bij nodig hadden.

Hoe zit het dan met God? Het citaat hierboven, over de betrouwbaarheid van de werkelijkheid, is niet, zoals men misschien zou denken van een fysicus, maar van een theoloog. Het is afkomstig uit 'Christelijk geloof' van H. Berkhof, uit het hoofdstuk over de schepping. Ik heb er wel één zin in veranderd, namelijk de eerste. Die luidt in werkelijkheid (verkort weergegeven)':

'Het geschapen zijn door God die trouw is betekent dat de werkelijkheid betrouwbaar is.'

Dit is een voorbeeld van hoe *echte* theologen (en niet de sprekende poppen van buikspreker Davies) over de schepping spreken. Er is geen sprake van *concurrentie* tussen God en de natuurwetten: dat God verdreven zou worden uit het steeds groeiende gebied in ruimte en tijd dat volgens onze waarnemingen door de natuurwetten wordt beheerst. De natuurwetten weerspiegelen de trouw van God, die daardoor een leefbaar bestaan voor de mens heeft mogelijk gemaakt.

Natuurlijk is dit een *geloofsuitspraak*, die niet gefundeerd is in de natuurwetten zelf. Men ziet het er om zo te zeggen niet aan af, maar krijgt er pas oog voor als men elders in de menselijke ervaringswereld de trouw van God heeft leren kennen (aan de vraag of, en hoe, dat mogelijk is, is een belangrijk deel van de rest van dit boek gewijd). Precies zo heeft Pascal het al ruim drie eeuwen geleden geformuleerd. Alleen op deze manier is God als schepper 'nodig'. Als gaatjesvuller voor wat fysici (nog) niet van de Grote Knal begrijpen kan hij gemist worden.

3. Het scheppingsgeloof en de natuurkunde

Als men op de zo juist beschreven wijze vanuit het bijbelse scheppingsgeloof tegen de natuurwetten aankijkt, is dan iedere spanning tussen die twee definitief weggenomen? Om die vraag te kunnen beantwoorden moeten we eerst wat nader ingaan op de inhoud en de betekenis van de scheppingsverhalen zoals die in de eerste hoofdstukken van het boek Genesis worden verteld. Het meervoud 'verhalen' is opzettelijk gebruikt, omdat één van de eerste dingen die opvalt bij lezing van de eerste twee hoofdstukken van Genesis is dat met name de schepping van de mens op twee verschillende manieren beschreven wordt. De twee verhalen zijn, als men ze zou opvatten als een letterlijk verslag van een feitelijke gebeurtenis in het verleden in regelrechte tegenspraak met elkaar. Dan zijn er maar twee mogelijkheden. De eerste is dat de schrijver zo verregaand onnozel was dat hij niet gemerkt heeft dat hij zichzelf al op de eerste twee bladzijden van zijn boek tegensprak. De tweede – en dat is vandaag de vrijwel algemeen aanvaarde opvatting – is dat de verhalen helemaal niet pretenderen een ooggetuigeverslag te zijn van iemand die er bij geweest is, of een dictee van God die er bij geweest is aan de schrijver die dat gehoorzaam opschreef, maar dat het *verhalen* zijn. Let wel: verhalen en geen verhaaltjes. Verhalen die een zin hebben, die iets duidelijk proberen te maken over de relatie tussen de mens en zijn wereld, tussen de mens en God, zijn Schepper.

De verhalen zijn opgeschreven enkele eeuwen voor het begin van onze jaartelling, tijdens een dieptepunt in het bestaan van het joodse volk, de babylonische ballingschap. Het volk had toen al een lange geschiedenis achter de rug, waarin God zich, vanaf aartsvader Abraham, met hen had ingelaten, de weg had gewezen, zich de Bevrijder had getoond, hun de Thora had geschonken, zich door zijn profeten tot hen wendde als zij de weg dreigden te verlaten. Vanuit die ervaringen met God in de geschiedenis zijn de scheppingsverhalen geconcipieerd als 'extrapolaties naar het begin', waarin in beeldende taal, uitgedrukt in het wereldbeeld van die tijd, de bedoeling van God met zijn schepping en met de mens, de kroon van de schepping, zijn verwoord. Voor wie lezen kan – en theologen zijn belangrijke helpers om ons te leren lezen – bevatten ze een rijke inhoud. Een enkel aspect van die inhoud heb ik hierboven al aangeduid (de betrouwbaarheid van de fysische werkelijkheid als spiegel van de trouw van God). Voor een gedetailleerde uitwerking is hier geen plaats, daarvoor wordt de geïnteresseerde lezer verwezen naar, bijvoorbeeld, het geciteerde boek van Berkhof.

Het zal duidelijk zijn dat de scheppingsverhalen, zo opgevat, geen bron van natuurwetenschappelijke informatie kunnen zijn. Ze vertellen ons niets over elektronen en quarks, over het ontstaan van melkwegstelsels of de gebeurtenissen tijdens de eerste seconde. Ze leveren geen antwoord op vraagstellingen zoals die van Davies, of God nu direct de materie geschapen heeft, of de energie, of de ruimte-tijd, of de natuurwetten. Het is aan de fysici voorbehouden om zich daar in volle vrijheid en met diepe verwondering mee bezig te houden. Hun resultaten kunnen het scheppingsgeloof niet bedreigen. Integendeel. Als de 'schitterende wiskundige theorie die heel de fysica zal omvatten in één superwet' ooit tot stand komt zullen gelovige fysici zich minstens evenzeer verheugen als hun ongelovige collega's, omdat zij daarin de sublieme eenvoud van God terugvinden die ook spreekt uit de 'superwet' van God voor het menselijk bestaan: 'God is liefde. Laten wij daarom elkander liefhebben.'

Zijn er dan helemaal geen problemen meer? Misschien doemt er aan de einder nog één op, namelijk wanneer het hele scenario dat Davies heeft geschetst tot het einde zou worden afgelopen zoals hij het hoopt en gelooft. Ter herinnering: de voorlaatste stap daarin was dat er één natuurwet is op grond waarvan het heelal zich uit het niets kan ontwikkelen. De laatste stap: die natuurwet is de enige (logische) mogelijkheid. God had geen keus. Dat lijkt inderdaad enigszins bedreigend voor het scheppingsgeloof. Want al zagen we dat de bijbelse scheppingsverhalen geen enkele informatie bedoelen te geven over de vraag wat de scheppingsdaad in materiële zin nu precies inhield, dat neemt niet weg dat er toch 'ergens' ruimte voor zou moeten zijn.

Voorlopig kan ik er niet van wakker liggen. We hebben gezien dat een aanzienlijk deel van het scenario nog zuiver speculatief is. Bij iedere stap vermeldt Davies hoe het zou 'moeten' aflopen. Met 'moeten' bedoelt hij dat er alleen dan een fysische verklaring mogelijk is. De theorie van de kwantumzwaartekracht 'moet' het dan mogelijk maken dat er spontaan ruimte-tijd wordt gegenereerd. Enzovoort. Als de superwet gevonden is, 'moet' dat de enige mogelijkheid zijn. Dat moet allemaal omdat, zoals hij ergens verklaart, 'de wetenschapsmens de voorkeur geeft aan een wereld die volgens de natuurwetten werkt'. Dat is de vooronderstelling waar hij van uitgaat, die ik gerust een geloof durf te noemen. Dat moet dan allemaal nog blijken. Zoals uit het voorgaande is af te leiden zou ik volledig tevreden zijn als het hele scenario tot en met de voorlaatste stap zou kunnen worden afgewerkt. Met de laatste stap zou ik, voor zover het nu valt te overzien, enige moeite heben. Ook dat is minder ernstig dan het lijkt omdat dit slechts in strijd is met Gods almacht in de hierboven beschreven zin en daar hoeft ook niet al te zwaar aan getild te worden. En bij dat alles is het ook nog goed de prachtige versregels van Tennyson in gedachten te houden die ik boven dit hoofdstuk geschreven heb, en die Berkhof als motto aan zijn boek over theologie (!) heeft meegegeven. 'Our little systems have their day.' Onze denksysteempjes. Theologie bijvoorbeeld. En natuurkunde niet te vergeten. 'They have their day and cease to be, they are but broken lights of Thee, And Thou o Lord art more than they.'

4. Grensoverschrijdingen

We zullen nu nog enige aandacht besteden aan de uitspraak van Davies dat 'wetenschappers bouwstenen aandragen voor een geloof' en zijn vermoeden dat 'de natuurwetenschap een zekerder weg tot God vormt dan de religie'. Aangezien zijn scenario een vrij nauwkeurige beschrijving geeft hoe de wetenschap ons leidt naar het uiteindelijke inzicht en hoe dat inzicht er ongeveer uit zal zien, kan het uiteindelijke resultaat reeds nu redelijk beoordeeld worden. Het ziet er zo uit: het heelal heeft zichzelf geschapen uit het niets. De superwet kan *alles* vanaf het begin verklaren. Deze superwet is de enige mogelijke. Als God dan nog iets voorstelt kan hij hoogstens als geest in dat unieke universum aanwezig zijn, en met het universum zal hij uiteindelijk aan de wanordedood te gronde gaan.
Ik kan het niet helpen dat ik het eindstation van deze 'natuurwetenschappelijke weg naar God' buitengewoon armetierig

vind. Dat is te zwak uitgedrukt. Het heeft voor mij geen enkele betekenis. Alle 'fundamentele vragen van het bestaan' mogen hiermee dan beantwoord zijn, ik kan er niets mee beginnen. De simpele vraag (en is dat soms geen fundamentele vraag van het bestaan?) 'Hoe moet ik leven' krijgt geen begin van een antwoord. Op de dag dat de Grote Formule het licht zal zien zal er in de mensenwereld weing veranderen, zomin als de eerste maanlanding of de theorie van de elektrozwakke kracht een waarneembare verbetering van het menselijk gedrag tot gevolg hebben gehad. Als de weg naar God die door de religie wordt gewezen nog minder voorstelt dan dit, dan stelt de religie inderdaad *niets* voor.

Het moet hier benadrukt worden dat opvattingen zoals die door schrijvers als Davies en Hawking worden vertolkt, binnen de hedendaagse fysische wereld tamelijk extreem zijn. In het voorafgaande ontmoetten we fysici als David Bohm en Max Jammer die een heel ander geluid laten horen. Een man als Abraham Pais, die als weinigen de twintigste-eeuwse fysica in zijn volle breedte en diepte doorziet, antwoordt op de vraag of hij denkt dat de fysica bijna klaar is: 'Die opvatting, daar heb ik geen enkele sympathie mee. Eenvoudig geen enkele sympathie. Er zijn zoveel onopgeloste problemen op fundamenteel niveau dat ik het eenvoudig voorbarig vind om te zeggen dat we nu bijna klaar zijn. Persoonlijk geloof ik dat helemaal niet.'

Waarom heb ik dan zoveel aandacht besteed aan de opinies van het genoemde tweetal? Omdat juist die twee hun opvattingen hebben uitgedragen in populaire boeken die in oplagen van miljoenen over de hele wereld zijn verkocht. Ze voorzien blijkbaar in een grote behoefte bij een niet-deskundig publiek. Davies constateert dat zelf ook: 'Ook veel gewone mensen zoeken naar een diepere zin van hun leven en merken dat hun ideeën goed overeenkomen met die van de moderne natuurkunde. Bij het geven van colleges en lezingen over moderne natuurkunde heb ik gemerkt dat men steeds meer het gevoel krijgt dat de fundamentele natuurkunde de weg wijst naar een nieuwe opvatting over de mens en zijn plaats in het heelal.' Deze schrijvers, die op de beschreven manier aan deze behoeften tegemoet komen, maken zich naar mijn mening schuldig aan *grensoverschrijding*: natuurwetenschap (ver-)wordt tot pseudo-religie waarvan de wetenschappers de priesters zijn. De gelovigen krijgen dan bijvoorbeeld dit soort proza voorgezet:

'Wanneer de Euclidische ruimte-tijd wordt uitgerekt tot een oneindige imaginaire tijd, of anderszins begint in een singulariteit in de imaginaire tijd, staan we voor hetzelfde probleem als in de klassieke theorie, namelijk dat we de begintoestand van het heelal nader moeten omschrijven: God mag dan weten hoe het heelal begon, wij daarentegen kunnen geen enkele reden aangeven waarom het op een bepaalde manier zou moeten zijn begonnen en niet op een andere manier. De kwantumtheorie van de zwaartekracht heeft daarentegen een nieuwe mogelijkheid geopend, waarbij ruimte-tijd geen grens heeft en er derhalve ook geen noodzaak is het gedrag op de grens te beschrijven. Er zijn dan geen singulariteiten waarin de natuurwetten hun geldigheid verliezen en evenmin een rand van ruimte-tijd waar we God te hulp moeten roepen of één of andere nieuwe wet moeten verzinnen die de randvoorwaarden voor ruimte-tijd bepaalt. We zouden kunnen zeggen: 'De randvoorwaarde voor het heelal is dat het geen rand heeft.' Het heelal staat volgens dit model geheel op zichzelf en het ondervindt geen enkele invloed van buiten af. Het is noch geschapen, noch zal het vernietigd worden. Het *is* er gewoon.' (Hawking)

Dat is taal waar de meeste fysici al de grootste moeite mee hebben. Voor buitenstaanders is het taal waarbij vergeleken het oude kerklatijn nog kristalhelder was. Toverspreuken, daar komt het nog het dichtste bij, taal van de tovenaar in de primitiefste vormen van religie. Ik denk dat de mensen daar niet zozeer 'hun eigen ideeën in herkennen', maar dat het precies datgene is wat ze zoeken: tovertaal die hen in een soort mystieke vervoering kan brengen. De tovenaars legitimeren zich trouwens met *wonderen*: 'De geweldige kracht van het wetenschappelijk denken is dagelijks zichtbaar in de wonderen van de hedendaagse techniek. Het lijkt daarom redelijk om ook enig vertrouwen te hebben in het wereldbeeld van de wetenschapper' (Davies).

Het is niet meer dan billijk, hoewel zo overbekend en overbenadrukt dat ik het nauwelijks durf op te schrijven, om hier te constateren dat de omgekeerde grensoverschrijding, waarbij de religie de pretenties van een (pseudo)wetenschap voert, evenzeer verwerpelijk is. De veroordeling van Galilei's denkbeelden door de Kerk is het beroemdste voorbeeld. Ook vandaag nog menen fundamentalistische christenen dat de ouderdom van de aarde uit bijbelse gegevens af te leiden is. De fundamentalistische Islam is een ander afschrikwekkend voorbeeld van hoe het niet moet. De terreinafbakening tussen geloof en wetenschap zal wel een probleem blijven, maar de spanningen aan de grenzen kunnen wel degelijk verminderd worden door redelijke discussies tussen redelijke mensen, vooral als zij het 'Our little systems have their day' in hun vaandel voeren.

5. De gelovige natuurkundige: een schizofreen?

In het voorafgaande kwam ik tot de conclusie dat de resultaten van de moderne natuurkunde niet in tegenspraak zijn met, bijvoorbeeld, het bijbels scheppingsgeloof. Wie beide serieus neemt is daarmee nog geen schizofreen. Verder werd betoogd dat voor wie God wil vinden de natuurkunde niet de eerst aangewezen weg, ja waarschijnlijk zelfs een onbegaanbare weg is. De vraag naar God, wie hij is en wat hij doet, moet elders in de menselijke ervaringswereld worden beantwoord. In dat domein is er niets waarin de fysicus verschilt van de bakker of de buschauffeur en dan zou er geen enkele reden zijn om ons te verdiepen in de vraag hoe het speciaal de fysicus in dit domein vergaat. Ik zou het boek hier kunnen besluiten. Toch is er een reden waarom ik nog even door moet gaan. Het verwijt van schizofrenie, dat we eerder optekenden uit de mond van Van der Meer en waarin hij, zoals we zullen zien, niet alleen staat, heeft een andere grond. Het komt er op neer dat van de fysicus in het domein van de fysica en in dat van de religie twee houdingen worden gevraagd die zo volkomen van elkaar verschillen, ja in zo volstrekt conflict met elkaar zijn en daarom onverzoenlijk, dat zij in één persoon niet te verenigen zijn. Gebeurt dat toch dan is zo iemand schizofreen: als hij Dr. Jekyll is, moet Mr. Hyde uitgeschakeld worden en omgekeerd. Davies brengt het als volgt onder woorden:
'De wetenschapsmens en de theoloog benaderen de fundamentele vragen van het bestaan vanuit een geheel verschillend uitgangspunt. Natuurwetenschap is gebaseerd op zorgvuldig waarnemen en experimenteren, waardoor het mogelijk is om theorieën op te stellen die verband leggen tussen diverse waar-

nemingen. Essentieel voor deze aanpak is de bereidheid een theorie te laten vallen als er bewijsmateriaal wordt gevonden dat er mee in tegenspraak is.

Religie daarentegen is gebaseerd op openbaring en overgeleverde wijsheid. Een religieus dogma dat, naar beweerd wordt, een onveranderlijke Waarheid bevat, kan moeilijk worden aangepast aan nieuwe ideeën. De ware gelovige moet achter zijn geloof staan, ook al is er bewijsmateriaal dat er duidelijk mee in tegenspraak is. Men zegt dat een dergelijke Waarheid direct aan de gelovige wordt overgedragen en hem niet bereikt via het schiftingsproces van algemeen onderzoek. Het probleem met een Waarheid die geopenbaard wordt is dat zo'n Waarheid onjuist kan zijn en zelfs als dat niet zo is vragen andere mensen naar een goede reden alvorens het geloof van de gelovige te delen.'

De tegenstelling is duidelijk. De fysicus, als hij met fysica bezig is, is kritisch, vraagt naar bewijzen en gelooft pas iets als dat onomstotelijk bewezen is. Dan, in zijn vrije tijd, bijvoorbeeld op zondag, draait hij de schakelaar om. Hij zet het verstand op nul en de blik op oneindig. Hij schakelt iedere kritische zin uit. Bewijzen heeft hij niet nodig. Hij doet zijn mond open en slikt: waarheden en absurde dogma's verdwijnen door zijn keelgat, zoals hij in zijn kindertijd 's avonds voor het naar bed gaan een lepel levertraan moest doorslikken. Moeder stond er bij en zei: het is wel vies, maar het is goed voor je. Je krijgt een pepermuntje toe om de vieze smaak weg te werken. Zo ook met God. Als je maar klakkeloos zijn dogma's slikt, de geopenbaarde Waarheden die 'direct aan de gelovigen worden overgedragen', die om zo te zeggen uit de hemel komen aanregenen, en geen vragen stelt dan word je ook flink beloond: een mooi gevoel tijdens je leven en de hemel als je dood gaat.

Zoals gewoonlijk is Davies' voorstelling van zaken volstrekt carricaturaal. Omdat hij de enige niet is die er zo tegen aan kijkt voel ik me genoodzaakt er nader op in te gaan. Dat zal in de volgende hoofdstukken gebeuren.

8. Hoe bewijst men iets?

> 'Het geloof is een vaste grond voor de
> dingen die men hoopt en een bewijs voor
> de zaken die men niet ziet.'
>
> Brief aan de Hebreeën, Hoofdstuk 11:1

'Ik geloof alleen wat ik met eigen ogen gezien heb of waar een deugdelijk bewijs voor geleverd kan worden' is een uitspraak die nogal eens wordt gehoord, speciaal in kringen van de natuurwetenschap waar waarnemen en bewijzen in hoog aanzien staan.

Op die uitspraak kan al direct het één en ander worden afgedongen. Sinds ik een boeiende en verwarrende tentoonstelling over gezichtsbedrog gezien heb vertrouw ik mijn eigen ogen minder dan voorheen. Verder heeft Pascal er al op gewezen dat er dingen zijn waar iedereen in gelooft zonder dat er een spoor van bewijs voor bestaat. Zoals: 'Morgen komt er weer een dag', en: 'Eenmaal sterven we allemaal'. We geloven dat omdat het – voor zover we weten – altijd zo gegaan is en het 'dus' wel zo zal blijven doorgaan. En tenslotte: wat is eigenlijk een deugdelijk bewijs?

In de wiskunde worden bewijzen geproduceerd in de strikte, exacte zin van het woord. Als het bewijs eenmaal geleverd is, is er geen discussie of twijfel meer mogelijk. De drie hoeken van een driehoek zijn samen even groot als een gestrekte hoek. Dat is eens en voor altijd bewezen, daar valt nooit meer aan te tornen. Maar: de wiskunde moet ergens beginnen, uitgangspunten kiezen. Die uitgangspunten heten 'axioma's'. Ze *zijn onbewijsbaar*. Het resultaat van de drie hoeken van een driehoek hangt samen met het axioma: de kortste verbinding tussen twee punten is een rechte lijn. Vervangt men dit axioma door een ander, dan verandert de wiskunde. Er zijn wiskundes in soorten. Zo bestaat er een Euclidische en een Riemannse meetkunde.

In de methode van bewijsvoering is de wiskunde uniek. In

andere gebieden* van de menselijke ervaring – ook in de natuurwetenschap! – gaat het anders toe. Laten we als voorbeeld
eens kijken naar de rechtspraak, waar het begrip bewijs een
grote rol speelt. De schuld van de verdachte moet bewezen
worden. Hoe gaat dat in zijn werk? De bewijsvoering is de
taak van een openbare aanklager en hij voert die uit door het
aandragen van *bewijsmateriaal* (de Engelsen gebruiken hier
het mooie woord *evidence*, dat we in het vervolg zullen over-
nemen). De evidence is bijna altijd indirect, omdat het mis-
drijf zelf hoogst zelden door één of meer getuigen is waargenomen. Het gaat om vingerafdrukken, voetsporen, kogels die
uit een bepaald schietwapen afkomstig zijn, alibi's, motieven
(wie heeft er belang bij?) en dergelijke zaken. Het gaat om de
betrouwbaarheid en de overtuigingskracht van de getuigen à
charge en à décharge, en het is de rol van de aanklager en van
de verdediger om die kritisch te testen. Uit het totaal van de
evidence construeert de aanklager zijn 'zaak': een model
waarin de stukjes evidence op hun plaats vallen tot één beeld,
dat de schuld van de verdachte 'bewijst'. Of dat bewijs geleverd is of niet hangt af van de indruk die de totale evidence
maakt op degenen die oordelen moeten: de rechtbank, of, in
angelsaksische landen, de jury. Zij wegen de evidence en komen tot de uitspraak 'schuldig' wanneer de zaak voor hen
buiten redelijke twijfel ('beyond reasonable doubt') vaststaat.
Wat redelijk wordt geacht en wat niet is een subjectieve zaak:
de één is sneller overtuigd dan de ander. Absolute, objectieve
zekerheid is niet verkrijgbaar en als waarschuwing mogen de
talloze detectiveromans dienen waarin gedemonstreerd
wordt hoe een op het oog waterdicht bewijs op drijfzand kan
berusten. Ook komt het regelmatig voor dat een proces, soms
na jaren, heropend moet worden omdat een tot dan toe onbekend stukje evidence de hele bewijsconstructie op losse
schroeven zet.
In het dagelijks leven komen wij op ongeveer dezelfde manier
als dat in een rechtsgeding geschiedt tot een beslissing over
wat wij voor waar houden en wat niet. Zo geloven wij bijvoorbeeld vrijwel allemaal dat er aan de andere kant van de
aardbol een land bestaat, Australië genaamd, waarvan wij een

---

* Misschien met uitzondering van de filosofie, daarover kan ik
  niet oordelen.

bepaalde voorstelling hebben hoewel de meesten van ons er nooit geweest zijn. Hoe zijn we tot dat geloof gekomen? Het antwoord moet luiden: doordat de totale evidence, verschaft door een reeks getuigenverklaringen, voor ons voldoende overtuigingskracht bezit. De eerste getuige die ons over Australië bericht heeft was de onderwijzer van de basisschool, die ons met zijn stok het land op de globe aanwees en er bijzonderheden over vertelde. Er leeft een bijzondere diersoort, de kangoeroe en de oorspronkelijke bevolking (de 'aboriginals') is bedreven in het hanteren van de boemerang. De onderwijzer was er ook nooit geweest, maar wij geloofden hem onvoorwaardelijk waaruit mag blijken dat de persoon van de getuige en de autoriteit die hij uitstraalt van groot belang zijn voor de overtuigingskracht van zijn beweringen. In ons latere leven is het geloof in het bestaan van Australië alleen maar versterkt doordat steeds nieuwe evidence werd aangedragen. We lazen verslagen van de vliegtuigrace naar Melbourne, zagen kennissen of familie naar het land emigreren en ontvingen post, we namen via beelden kennis van een uniek operagebouw in Sydney, gelegen in een prachtig havengebied, we mochten per televisie meemaken hoe de staat zijn 200-jarig bestaan vierde. En, last but not least, ieder reisbureau vertelt ons dat we voor het niet geringe, maar voor velen te overkomen bedrag van ongeveer f 3000,- een vliegretour naar Sydney kunnen kopen. Het totaal van de evidence is voor vrijwel iedereen meer dan voldoende om het geloof in het bestaan van Australië buiten elke redelijke twijfel te stellen. *En als we willen, als we er voldoende geld en moeite in steken kunnen we dat geloof door eigen ervaring bevestigen ('waar maken').*

De basis van de natuurwetenschap is de evidence, het bewijsmateriaal dat wordt aangedragen door de waarnemingen van de onderzoekers. Deze rapporteren de resultaten van hun experimenten in de vorm van publikaties, *zij getuigen van hun ervaringen.* Dat getuigenis wordt – in principe – niet voetstoots door de natuurkundige gemeenschap aanvaard. De eis die gesteld wordt is dat het experiment reproduceerbaar, herhaalbaar is. Dat wil zeggen: het experiment moet zo nauwkeurig beschreven zijn, dat een andere natuurkundige *die de benodigde middelen tot zijn beschikking heeft* het experiment kan herhalen en dat dit dan hetzelfde resultaat oplevert. Een goed voorbeeld levert de recente deining rondom de 'koude kernfusie' (op het moment dat ik dit schrijf weet ik nog niet hoe het afgelopen is), een stukje moderne natuurkunde dat, wegens zijn mogelijk verstrekkende gevolgen voor de wereld-energievoorziening de voorpagina's van alle kranten heeft gehaald. Een tweetal onderzoekers van de universiteit van Utah rapporteerde aan een wetenschappelijk tijdschrift, en gelijk-tijdig via een persconferentie aan de wereldpers, dat zij erin geslaagd waren de fusie van twee zware waterstofkernen bij kamertemperatuur tot stand te brengen met een betrekkelijk eenvoudig experiment. Zij verstrekten bijzonderheden die hun verhaal aannemelijk moesten maken: er was een forse warmteontwikkeling geconstateerd, bij het proces waren neutronen en gammastralen vrijgekomen die de volgens de theorie vereiste energie bleken te bezitten. De consternatie die deze mededeling verwekte werd vooral veroorzaakt door het feit dat de natuurkundigen tot op dat moment meenden dat dit proces alleen bij temperaturen van vele miljoenen graden kon optreden ('hete kernfusie') en dat reeds gedurende tientallen jaren geprobeerd werd met extreem dure projecten dit proces onder controle te krijgen. Geen wonder dat onmid-dellijk op tal van laboratoria getracht werd het experiment van Pons en Fleischmann te herhalen. De resultaten daarvan zijn tot op heden verre van eensluidend en zeer verwarrend. Zo lang dit voortduurt is het experiment door de natuurkun-digen niet als evidence aanvaard.

Bij het hierboven beschreven experiment is aan de eis van de reproduceerbaarheid betrekkelijk eenvoudig te voldoen, om-dat het om een betrekkelijk eenvoudig experiment gaat. Bij de meeste resultaten van modern fysisch onderzoek ligt dat an-ders. Die zijn gewoonlijk verkregen met behulp van appara-ten van een zo grote ingewikkeldheid en kostbaarheid, en door onderzoekers met zo gespecialiseerde vaardigheden, dat het binnen vrijwel niemands bereik ligt de resultaten van zulke experimenten te verifiëren. Een goed voorbeeld is het werk van Carlo Rubbia, Simon van der Meer en medewerkers dat eerder werd genoemd, waarbij met behulp van de giganti-sche apparatuur van het CERN te Genève het bestaan van het W en het Z deeltje werd aangetoond. Dit experiment is tot nu toe éénmaal herhaald, door onderzoekers van de Stanford universiteit, maar daar zal het voorlopig wel bij blijven omdat niemand anders over de benodigde faciliteiten beschikt. De reproduceerbaarheid is vrijwel tot een illusie geworden. Er kan nog aan worden toegevoegd dat het bewijsmateriaal, dat is aangevoerd voor het bestaan van het W en het Z deeltje, voor een rechtbank van dubieuze waarde zou zijn. De advocaat (van de duivel) zou bijvoorbeeld kunnen opmerken dat een positief resultaat van het experiment vrijwel zeker tot een Nobelprijs voor de onderzoekers zou leiden. Kunnen onderzoekers voor wie zo grote belangen op het spel staan nog wel onbevooroordeeld bezig zijn? Moeten we hen op hun woord geloven? Binnen de natuurkundige wereld zijn ze direct op hun woord geloofd en de verwachte Nobelprijs is vrijwel onmiddellijk toegekend. Waarom werden in dit geval de resultaten van het experiment algemeen en zonder kritiek geaccepteerd, terwijl de bevindingen van Pons en Fleischmann over de koude kernfusie van meet af aan op wereldwijde scepsis en ongeloof stuitten? Men kan er slechts naar gissen, maar minstens twee factoren lijken daarbij een rol te hebben gespeeld. In de eerste plaats waren de resultaten van het CERN-experiment in overeenstemming met de voorspellingen van de theorie en daarom verwacht; de 'koude kernfusie' resultaten waren in strijd met de bestaande theorie en daarom totaal onverwacht. In de tweede plaats bevat de CERN groep een groot aantal onderzoekers van wereldwijde vermaardheid en eminente bekwaamheid op hun vakgebied; bij het tweetal koude-fusie-onderzoekers is dat in veel mindere mate het geval. In de natuurkunde is niet alleen van belang wat en hoe gerapporteerd wordt, maar ook wie het doet: autoriteit speelt een rol.

Tot zover ging het over wat ik de basis van de natuurwetenschap noemde: het experimentele bewijsmateriaal dat door de onderzoekers wordt aangedragen. Daar hoort, onafscheidelijk, een tweede ding bij. Net als voor de rechtbank wordt de evidence verzameld met het doel een 'zaak' op te bouwen: een theorie, een model van een stuk van de fysische werkelijkheid, waarin alle stukjes evidence op hun plaats vallen. Zolang dat het geval is wordt de theorie voor juist gehouden. Zij beschrijft het geheel van de waargenomen verschijnselen in de sector waar ze betrekking op heeft. Uit een goede theorie volgen *voorspellingen* die vertellen hoe een tot op dan niet uitgevoerd experiment moet verlopen. Zolang dat goed blijft gaan houdt de theorie stand. Zodra een nieuw en overtuigend stuk evidence met de theorie in strijd is moet deze worden herzien. Het proces moet heropend worden. Meestal leidt dat tot betrekkelijk geringe aanpassingen, maar soms is een totaal nieuwe conceptie nodig. Zo werden tot het einde van de 19e eeuw de bewegingswetten van Newton voor juist gehouden, totdat werd aangetoond dat deze in strijd waren met bepaalde experimentele feiten. Daaruit zijn, als volstrekt nieuwe concepties, de relativiteitstheorie en de kwantummechanica geboren, die Newton's mechanica als een grensgeval, een onder bepaalde voorwaarden goede benadering, in zich sluiten. Natuurkundige theorieën dragen een *tijdelijk* karakter, ze gaan mee zolang als ze voldoen en worden vervangen door betere als de noodzaak zich voordoet. Dat men daarom alleen al uiterst voorzichtig moet zijn met het afleiden van filosofische konsekwenties uit een bepaalde natuurkundige theorie werd in het voorgaande al betoogd aan de hand van de opkomst en ondergang van de deterministische wereldbeschouwing.

Samenvattend: natuurkundige evidence wordt aangedragen door onderzoekers, die daarmee getuigenis afleggen van hun ervaringen. Dat getuigenis is in principe controleerbaar doordat het experiment herhaalbaar moet zijn. In de praktijk is de mogelijkheid om de gegevens te controleren zeer beperkt en is slechts voorbehouden aan experts die ook nog over de nodige middelen moeten beschikken. Aanvaarding of verwerping van de evidence is een proces dat tijd nodig heeft en tot een consensus moet uitgroeien. Daarbij spelen subjectieve factoren een rol.

De totale, door een grote meerderheid van natuurkundigen aanvaarde, evidence wordt beschreven in theorieën, modellen, die een eindig bestaan hebben en voortdurend aangepast of door nieuwe vervangen moeten worden. De gedachte dat hieraan, en zelfs binnenkort, een eind komt door de formulering van een definitieve, 'alles' omvattende theorie vindt zeker geen steun in de geschiedenis van de natuurkunde en kan vooralsnog als een slecht gefundeerd geloof worden gekwalificeerd.

We komen nu toe aan de vraag: 'Bestaat God, en is dat te bewijzen?' In het verleden heeft de kerk, met name in het scholastieke denken, wel geprobeerd zogenaamde godsbewijzen te produceren, abstracte redeneringen die het bestaan van God buiten redelijke twijfel aannemelijk moesten maken. Daarvan heeft reeds Pascal – kort samengevat – gezegd: ze zijn nutteloos. Zij die niet geloven worden er niet door overtuigd; zij die geloven hebben ze niet nodig.

We zullen de kwestie hier van een andere kant bezien en het begrip 'bewijs' niet opvatten als een abstracte, logische redenering waar geen speld tussen te krijgen is, zoals dat in de wiskunde wordt gepraktiseerd, maar als het verzamelen van evidence om een zaak 'buiten redelijke twijfel' aannemelijk te maken. Precies zoals de openbare aanklager in een rechtsgeding de getuigenverklaringen inpast in de bewijsconstructie van zijn 'zaak', of zoals de natuurkundigen hun evidence aandragen om een theorie te testen, zo kan men de vraag stellen: hoe staat het met de evidence die het bestaan van God aannemelijk maakt of niet? Wat is de waarde en de overtuigingskracht van de getuigenverklaringen?

Het eerste wat opvalt is dat de schrijvers van verschillende bijbelboeken grote nadruk leggen op dit punt. Velen beroepen zich op eigen ervaringen of op getuigenissen van anderen die zij betrouwbaar achten. Dat woord 'ervaring' moet in letterlijke, zintuigelijke zin worden opgevat. De apostel Johannes begint zijn eerste brief met de woorden: 'Hetgeen wij *gehoord* hebben, hetgeen wij met onze eigen ogen *gezien* hebben, hetgeen onze handen *getast* hebben van het woord des levens, dat verkondigen wij ook u.' Hij roept maar liefst drie zintuigen te hulp. En de apostel Petrus zegt ergens: 'Wij zijn geen verzinsels nagevolgd, maar wij zijn *ooggetuigen* geweest van zijn majesteit.' Dezelfde apostel, op een andere plaats: 'Hij is verschenen aan *getuigen*, aan ons die met hem gegeten en gedronken hebben na zijn opstanding.' En Johannes vertelt ergens wat ze gegeten hebben: gebakken vis. De apostel Paulus en de evangelist Lucas beroepen zich eveneens veelvuldig op getuigen, waarbij de laatste in de inzet van zijn evangelie nog een merkwaardige combinatie maakt: hij schrijft op, zegt hij, datgene wat hem overgeleverd is door degenen die van het begin af ooggetuigen en dienaren des woords zijn geweest.

Het hoofdstuk dat zich het meest uitvoerig met deze dingen bezig houdt is het elfde van de brief aan de Hebreeën, dat inzet met de zin: 'Het geloof is een vaste grond voor de dingen

die men hoopt en een *bewijs* voor de zaken die men niet ziet.'
De rest van het hoofdstuk is dan gevuld met een lange rij
geloofsgetuigen uit de geschiedenis van Israël: de aartsvaders,
Mozes, David en vele anderen, die in hun leven met de God
van Israël in aanraking zijn gekomen en die van die ervaring
getuigenis hebben afgelegd. Van elk van die ervaringen wordt
een korte samenvatting gegeven. Af en toe wordt de opsomming onderbroken voor het geven van een karakteristiek die
de getuigen onder één noemer brengt: ze waren vreemdelingen op aarde. Ze waren op zoek naar een beter vaderland. Ze
zochten de stad, waarvan God de ontwerper en bouwheer is.
In de geschiedenis van het christelijke geloof – waartoe we ons
zullen beperken – is het niet bij het bijbels getuigenis gebleven. De boodschap heeft zich over de wereld verspreid en is
door miljoenen aanvaard, is voor hen tot ervaring, belevenis
geworden, die ze als getuigenis hebben doorgegeven aan hun
kinderen en aan hun omgeving. Van sommigen van hen, de
'groten' is het getuigenis in de vorm van hun woorden en de
beschrijving van hun leven bewaard gebleven, het verhaal van
hun ontmoeting met God. Om onze vraag te beantwoorden
moet hun getuigenis bestudeerd en gewogen worden, dat is
het minste wat men kan doen.
Dat is een subjectief proces. De mate waarin een getuigenis
indruk maakt hangt niet alleen af van de inhoud ervan, maar
ook van hem of haar die zich er voor openstelt. Ik schrijf een,
lang niet uitputtend, rijtje namen op van mensen die in dit
opzicht voor mij van grote betekenis zijn geweest: Johannes,
Paulus, Franciscus van Assisi, Blaise Pascal, Johann Sebastian
Bach, Dietrich Bonnhoeffer, Martin Luther King, dominee
Beyers Naudé, moeder Theresa van Calcutta, Ida Gerhardt.
De conclusie die uit de totale evidence getrokken kan worden
kan nooit zijn: God bestaat, dat is onomstotelijk bewezen;
maar wel: *voor mij* staat het bestaan van God, zijn aanwezigheid en effect in het leven van velen, buiten elke redelijke
twijfel.
Men kan nu direct tegenwerpen dat de keuze van de getuigen
een willekeurige, en zelfs sterk selectieve indruk maakt.
Waarom Franciscus genomen en niet de Borghia pausen?
Waarom telt de stem van moeder Theresa wel en die van de
Inquisitie niet? Tegenover Beyers Naudé staan de apartheids-
ideologen, die hun standpunt op de bijbel terugvoeren; te-

genover Martin Luther King de weerzinwekkende Amerikaanse televisiedominees die van het geloof een commercieel zaakje hebben gemaakt. Wordt niet iedere stem pro geneutraliseerd door een stem contra? Is het totale effect van '20 eeuwen christendom' niet nul of zelfs negatief? Hoe werkt eigenlijk de balans waarmee de weging wordt uitgevoerd?

Onlangs was ik in de beeldentuin van het Kröller-Müllermuseum in het park de Hoge Veluwe. In die tuin is een grote variëteit van moderne beeldende kunst tentoongesteld. Op een bepaald moment hoorde ik een medebezoeker zeggen: 'Het enige wat ik in die lui (hij bedoelde de kunstenaars) bewonder is dat ze zulk werk zo duur weten te verkopen.' Mijn vraag is: moet men, als men de betekenis van moderne kunstwerken probeert te peilen, de verklaring van een dergelijke 'getuige' op de negatieve schaal van de balans plaatsen? Mijn antwoord is: nee, dat moet men niet. Wie zoiets zegt bewijst alleen maar dat hij er niets van heeft gezien. *Zijn stem telt niet.*

Een stem die – voor mij – wel telt is die van Pierre Janssen. Deze bezielde kunstkenner trekt door het land en houdt voordrachten met het doel de moderne kunst voor een breed publiek toegankelijk te maken. Ik heb enkele van die lezingen bijgewoond. Ze zijn fascinerend. Met de inzet van heel zijn geestdriftige persoonlijkheid, met een overtuiging die overduidelijk van binnen uit komt (waarbij zijn hele lichaam meedoet, zijn ogen, zijn gelaatsuitdrukking, de gebaren van zijn prachtige handen) probeert hij zijn publiek deelgenoot te maken van zijn ervaringen met kunst. Hij bewijst niets. Hij schrijft niet voor wat men mooi moet vinden en wat niet, wat men zien en voelen moet. Hij tracht te zeggen wat hij zelf ziet en voelt. Hij verschaft hoogstens aanwijzingen. Wekt vermoedens hoe je in deze ervaringswereld zelf de weg kunt zoeken en met moeite vinden, hoe je er deel aan kunt krijgen. Dat is een proces dat nooit voltooid is, waar een heel leven te kort voor is. Maar aan de hand van zulke getuigen kom je wel verder, dring je dieper door in zin en betekenis van een wereld die je op het eerste gezicht met een schouderophalen voorbij zou lopen.

De beschrijving in de vorige alinea gegeven kan vrijwel woordelijk worden overgenomen als men de vraag stelt: 'Hoe dring ik door tot de geheimen van de fysische wereld?' waarvoor de natuurkundige zich gesteld ziet, of de vraag: 'Hoe krijg ik deel aan het geheimenis van God?' In alle gevallen zijn het de getuigen, zij die de evidence aandragen, die een mens op weg helpen naar dieper inzicht. De bewijsvoering verloopt langs vergelijkbare paden. De getuigen moeten kritisch getoetst worden, hun evidence gewogen, het kaf van het koren gescheiden worden. Selectiviteit is niet alleen toegestaan, het is een vereiste. In alle gevallen gaat dat met grote inspanning gepaard. Wat de moeite waard is wordt slechts met moeite verworven.

Wetenschap, kunst en religie zijn alle drie bezig met het raadsel van het menselijk bestaan, de omringende wereld en de relatie tussen die twee. De wetenschap neemt daarin, in tegenstelling tot wat vaak gedacht wordt, geen bijzondere plaats in in die zin dat zij 'objectief' zou zijn en de andere twee 'subjectief'. Zelfs de natuurkundigen van de twintigste eeuw hebben moeten erkennen dat de waarnemer en het waargenomene onscheidbaar zijn.

9. De getuigen

'Hetgeen wij gehoord hebben, hetgeen
wij met onze eigen ogen gezien hebben,
hetgeen onze handen getast hebben van
het Woord des Levens, dat verkondigen
wij ook u.'

1 Johannes 1:1

Wetenschap, kunst en religie, bezig met de geheimen van de wereld en het menselijk bestaan. Dat mag zo wezen, maar op de waardenschaal van de mens van onze tijd vertonen de drie grote verschillen. De appreciatie neemt af in de genoemde volgorde. De wetenschap mag zich nog altijd verheugen in een hoog aanzien, al is er de laatste tijd een kentering te bespeuren vooral met betrekking tot de *gevolgen* van de wetenschap, die minder zegenrijk zijn dan was gehoopt en verwacht. Ik verwacht dat die teleurstelling zich binnen afzienbare tijd ook zal uitstrekken tot de door natuurkundigen als Van der Meer en Hawking in het vooruitzicht gestelde ontsluiering van de laatste geheimen. Wat de kunst betreft, en vooral de moderne beeldende kunst, die werd tot voor kort door het overgrote deel van de mensheid niet ervaren als een bijdrage tot de zingeving van het bestaan. Ook dat is aan het veranderen: voor een tentoonstelling van beeldende kunst van enige importantie moet men tegenwoordig een uur in de rij staan voordat men wordt toegestaan in rijen dik langs de geëxposeerde werken te schuifelen. Dat mag hinderlijk zijn, het is een goed teken. En de religie? De kerken worden leger en leger en dat proces is nog niet tot staan gekomen. Een uitspraak als: 'Jezus is tegelijk waarachtig God en waarachtig mens' wordt geïrriteerd als onzinnig terzijde geschoven, als iets waar men niets mee kan. Een volstrekt analoge stelling als: 'Een elektron is tegelijk een deeltje en een golf' wordt met eerbiedig ontzag aangehoord. Hier mag misschien worden opgemerkt dat het kerkbezoek of het onderschrijven van kerkelijke dogma's niet de enige, en wellicht niet eens de belangrijkste graadmeter is voor de religiositeit van de mensen, voor hun verlangen naar het ervaren van God, naar een buitenmenselijke zingeving van het bestaan. Het is mogelijk dat de kerken er alleen maar niet in slagen in een verstaanbare taal een begaanbare weg te wijzen.

Hoe staat het met de natuurkundigen? Hoe kijken zij aan tegen de levensbeschouwelijke implicaties van hun wetenschap? In het algemeen kan men, denk ik, zeggen dat zij daar zeer huiverig tegenover staan. In een recent artikel in het Nederlands Tijdschrift voor Natuurkunde, getiteld 'Fysica en filosofie gaan niet goed samen', laten enkele vooraanstaande Nederlandse natuurkundigen zich over de kwestie uit. Naar aanleiding van de boeken van Capra ('De Tao van Fysica') en Gary Zukav ('De dansende Woe-Li-meesters') waarin gepoogd wordt de kwantummechanica te verbinden met de oosterse en met name Boeddhistische en Taoïstische wereldbeschouwing, zegt Casimir: 'Ik voel een zekere aversie tegen pogingen om de moderne natuurkunde te koppelen aan oosterse filosofieën en ik ben zeker niet de enige'. Het is een understatement. De beschouwingen van Capra c.s. zijn in de natuurkundige wereld algemeen met kille afwijzing ontvangen. En met recht, zoals o.a. door Harry Mulisch is betoogd in een uiterst boeiend artikel ('Het Licht'), waarin hij laat zien dat de moderne natuurwetenschap, veel meer dan met de oosterse filosofie, verbonden is met de tradities van het westelijk denken, met name van het christelijk geloof. Maar afgezien van de vraag of de verbinding van de natuurkunde met welke filosofie dan ook juist is of onjuist menen velen dat zoiets helemaal niet geprobeerd moet worden, dat de natuurkundige daar buiten moet blijven en gewoon zijn werk moet doen, zoals een stratenmaker een wegdek aanlegt. Dit beeld is van de Utrechtse (waarschijnlijk op een haar na Nobelprijswinnaar) hoogleraar G. 't Hooft: 'Als een stratenmaker een wegdek aanlegt doet het er niet toe waarom die straat wordt gemaakt en hoe andere straten er uitzien. Het gaat er alleen om dat hij de ene steen op de juiste manier voor de andere legt volgens de regels van de stratenmakerskunst. Zo liggen ook de regels van de kwantumtheorie vast. De onderzoeker weet precies wat hij onder bepaalde omstandigheden moet doen. Dat is genoeg. De discussie over de filosofie, de interpretatie, is volkomen onbelangrijk.'

Terzake van hun godsdienstige opvattingen huldigen veel fysici een soortgelijk terughoudend standpunt. Ze noemen zichzelf in dit opzicht 'agnost', dat wil zeggen: Ik weet het niet. Het kan zijn dat God er is, het kan ook zijn van niet. De evidence is onvoldoende om tot het één of tot het ander te besluiten. Gelovige collega's worden op zijn minst getolereerd, al is gerespecteerd misschien een iets te groot woord. Het onderwerp is grotendeels taboe. Godsdienst is een privé-zaak die buiten de dagelijkse ervaringswereld van de fysicus staat en behoort te staan. De agressiviteit waarmee een Simon van der Meer zijn gelovige vakgenoten voor schizofreen verklaart is meer uitzondering dan regel (al heeft, bij mijn weten, geen enkele fysicus tegen deze diverse malen herhaalde kwalificatie geprotesteerd). Wel is het zo dat geluiden als deze met een hoge versterkingsfactor tot de buitenwereld doordringen, waardoor bij de man in de straat de indruk ontstaat dat het geloof in God een uit de tijdse zaak is die al lang door de natuurwetenschap is achterhaald. Een predikant vertelt mij dat dit hem reeds door 15-jarige catechisanten wordt meegedeeld, met het bijpassende triomfantelijke gezicht van mensen die een onweerlegbaar feit te melden hebben. Een hoogleraar in de theologie, zo las ik onlangs, verklaarde dat hij niet in de lichamelijke opstanding van Christus kon geloven omdat hij nog nooit iemand door een gesloten deur had zien binnenkomen. Zou zo'n man misschien denken dat hij zich met een dergelijke stupide opmerking in de ogen van moderne natuurwetenschappers respectabel maakt?

Agnost ben ik zelf ook, niet zozeer ten aanzien van de religie, maar wel als het gaat om andere zaken zoals het bestaan van vliegende schotels, de werking van de acupunctuur, de heilzaamheid van het Moerman-dieet of de astrologie. Op grond van de evidence die ik over deze onderwerpen bezit ben ik van een grote scepsis vervuld. Maar ik voeg er onmiddellijk aan toe dat die evidence niet veel te betekenen heeft. Bij stukjes en brokjes lees je er wel eens wat over of hoor je er iets van, maar tot een serieuze bestudering gevolgd door een afweging is het bij mij nooit gekomen. De reden ligt voor de hand: *ik ben agnost bij gebrek aan interesse.*

Zou het kunnen zijn dat veel agnosticisme met betrekking tot de vraag: Bestaat God? Wie is hij en wat doet hij? op dezelfde leest geschoeid is? In het voorafgaande ontmoetten we in de Pensées van Pascal gedachten die in eerste aanleg in de richting van agnosticisme wezen. Ik herhaal er één van: 'Het is niet zo eenvoudig. Als er niets op het bestaan van God wees zou ik ongelovig worden. Als ik overal bewijzen vond voor het bestaan van God zou ik veilig en rustig geloven. Maar ik zie teveel bewijzen om te ontkennen dat God bestaat en te weinig bewijzen om helemaal zeker te zijn.' Maar hij voegt er wel aan toe: '*Mijn hart streeft er naar om de waarheid te weten en die te volgen*.' Dat is het kardinale punt. Hoe Pascal in zijn leven die waarheid gezocht en gevonden heeft en gevolgd is hebben we gezien. Men kan daar gerust van een worsteling spreken.

In het voorafgaande werd betoogd dat wie een antwoord zoekt op de vraag: Is er een God? Wie is hij en wat doet hij?, er goed aan doet zich open te stellen voor de evidence van de getuigen uit heden en verleden die gesproken hebben over hun ervaringen met God. De getuigen moeten geselecteerd worden en hun getuigenis kritisch gewogen. Dat is een persoonlijke, subjectieve zaak, maar het verstand speelt er wel een rol bij. Er moet over de selectie en het wegingsproces – ook – een redelijke discussie mogelijk zijn. Maar er is meer dan dat. 'Open stellen' heeft een dimensie waarbij de hele persoonlijkheid betrokken is, de evidence doet een beroep op verstand en hart beide.

Helène Nolthenius en Julien Green hebben beiden een prachtige biografie over de heilige Franciscus van Assisi geschreven. Die van Nolthenius is de meest afstandelijke, de meest kritische als het gaat om het toetsen van de evidence door een kritische beschouwing van de bronnen waaraan de gegevens ontspringen. Veel wordt dan dubieus, maar ook bij haar blijft veel van het getuigenis dat van dit leven uitgaat overeind. Beide schrijvers hebben verklaard dat ze van hun jeugd af door de figuur van Franciscus gegrepen zijn en dat deze fascinatie een leven lang heeft stand gehouden. Voor Nolthenius was deze ene getuige zelfs voldoende om in haar jonge jaren het christelijk geloof te omhelzen en tot de Rooms-Katholieke Kerk toe te treden. Dat dit geen stand gehouden heeft en dat zij later weer uit de kerk getreden is, is een ander verhaal, dat alleen maar aantoont dat de bewijskracht van de evidence in geloofszaken nooit definitief en waterdicht is, anders dan de stelling van Pythagoras die eens en voor altijd bewezen is en het golfkarakter van het licht dat ondubbelzinnig is aangetoond. De bewijsvoering is een levenslang proces, waarbij steeds nieuwe evidence aan het licht komt en de oude van andere gewichtsfactoren wordt voorzien. De getuigen kunnen een mens op weg brengen, een richting aanwijzen, tijdelijk overtuigen wellicht, maar de weg moet men zelf betreden, de aanwijzingen moeten in de eigen ervaring worden getoetst. Dat kan verschillend uitpakken, zoals geïllustreerd door Nolthenius en Green, die, hoewel beiden geïmponeerd door dezelfde getuige, verschillende wegen zijn gegaan.

In het protestantse milieu waarin ik ben opgegroeid werden de heiligen buiten de deur gehouden. Het punt waar het om draaide was dat de heiligen werden *vereerd* met een (misschien bijna) goddelijke verering die hun niet toekwam omdat het ook maar mensen waren. Dat zweemde naar afgoderij en diende met kracht verworpen te worden. Met het badwater (de heiligenverering) werd het kind (de heiligen) door de afvoer gespoeld. Dat bespaarde ons weliswaar de suikerzoete heiligenlevens die in katholieke kring werden opgedist en die in deze vorm een weinig overtuigende indruk maken, maar het beroofde ons ook van het getuigenis van een lange rij mensen die in hun leven de stem van God hadden vernomen en daar de konsekwenties uit hadden getrokken. Wij moesten het doen met Luther's 'Sola fide; sola gratia; sola scriptura': door het geloof alleen, door de genade alleen, door de schrift alleen, waarbij het woord 'alleen', gebezigd voor drie verschillende dingen, op zijn minst een merkwaardige indruk maakt.

Zo kwam het dat ik pas op latere leeftijd met het bestaan van sommige heiligen en de inhoud van hun getuigenis werd geconfronteerd. Van hen is vooral Franciscus mij zeer lief geworden. Waarom? Om de vrede, de liefde, het geluk dat van die mens afstraalt, over een kloof van acht eeuwen heen. Het geluk van een lichamelijk steeds meer gehavend en gepijnigd mens. Het geluk van iemand die alles miste wat in onze tijd geacht wordt tot geluk te leiden: bezit, geld, gezondheid, genot. 'Miste' is het verkeerde woord, hij miste het niet, hij verwierp het met alle kracht die in hem was, op het fanatieke af. Vrouwe Armoede was de voorwaarde van zijn geluk.

Ik zal niet proberen in een paar zinnen duidelijk te maken wat er van deze mens van Assisi uitgaat. Dat lukt toch niet. Het is uitvoerig en uitstekend gedaan door de genoemde auteurs. Het getuigenis ligt klaar voor wie het vernemen wil, al moet er soms veel puin geruimd worden om het naar boven te halen. Ik heb Franciscus' sporen gezocht in Assisi en omgeving, in het wijde dal van Spoleto in het prachtige Umbrische land. Op een paar kilometer van Assisi ligt Portiuncola, het ontroerend sjofele kapelletje waar de heilige zich met zijn eerste volgelingen ophield en waar hij ook gestorven is. Het is er nog. Dat de gevel met een niet onverdienstelijke, maar misplaatste schildering uit later tijd is verfraaid is tot daar aan toe. Veel erger is dit: om het kapelletje heen is een gigantische, monsterlijke basiliek gebouwd, waarin letterlijk alles schreeuwt en vloekt met alles waar Franciscus voor stond. Het vereist een abstractievermogen van niet geringe omvang om zich in deze barokke kermistent te concentreren op het nietige kapelletje dat er praktisch in verzinkt. Als je het goed probeert komen ze wel tevoorschijn: Franciscus, broeder Leo, broeder Egidio, broeder Ruffino. Het lukt beter in het kloostertje van San Damiano waar men nog het piepkleine daktuintje kan zien waar de heilige, lichamelijk reeds vrijwel gesloopt, het stralende Zonnelied componeerde. Ik vond hem terug in de kluizenarijtjes en rotsholen van het stille dal van Rieti. In Fonte Colombo waar hij de regel voor zijn orde op schrift stelde, in Greccio waar hij zijn fameuze kerstfeest vierde, in de kluizenarij van Poggio Bustone waar op een steen in de muur de groet is geschreven waarmee hij zijn medemensen begroette: buon giorno, buone gente; goedendag, goede mensen. Niet omdat hij dacht dat de mensen zo goed waren, maar omdat hij hoopte dat ze goed zouden worden als hij ze, bij wijze van voorschot, het vertrouwen schonk. Ik heb iets van hem gezien in de voddige pij die van hem bewaard is gebleven, in zijn afgetrapte sandalen, in het ontroerende briefje aan broeder Leo.

Zo kan het werken: dat wie zich verdiept in de levens van de grote getuigen, in de woorden en daden van hen die naar hun eigen zeggen de stem van God hebben gehoord en die zijn gevolgd, onder de indruk raakt en zich op de weg begeeft die door de getuigen wordt gewezen. We vermeldden, als voorbeeld, het verhaal van Helène Nolthenius. Maar zo werkt het meestal niet. De afstand is toch groot, in ruimte en tijd. Er moet wel erg veel stof verwijderd worden, er wordt veel van het voorstellingsvermogen geëist. Veel directer is de indruk van het getuigenis van de levenden die men van nabij kent:

ouders, vrienden, leermeesters. Hun stem (of de afwezigheid daarvan, of hun tegenstem) is doordringender, beslissender, misschien vooral ook omdat die wordt gehoord in de jonge jaren, in de tijd waarin een mens nog voor alles open staat.

Het gereformeerde milieu van de jaren 30-50 waarin ik ben opgegroeid heeft nationale bekendheid – beruchtheid is misschien een beter woord – gekregen door het werk van romanschrijvers zoals Jan Wolkers en Maarten 't Hart, die eveneens in dit milieu zijn groot geworden en het daarna de rug hebben toegekeerd. In hun boeken kijken zij er op terug met bitterheid en felle afkeer (Wolkers) of met een wat afstandelijker maar niet minder vernietigende ironie ('t Hart). Vooral de beschrijving van 't Hart herken ik, vaak tot in de kleinste details. De bekrompenheid. De armoe. De onverdraagzaamheid. De rationalistische manier waarop met de bijbeltekst werd omgegaan die werd opgesneden in fragmentjes die gebruikt werden als stukjes van een dogmatische legpuzzle die precies in elkaar moest passen. Of erger: die soms gebruikt werden om elkaar mee om de oren te slaan. 'Ik heb dominee in de hoek gedreven met de bijbel in de hand', heb ik eens iemand horen zeggen. De bijbel als aanvalswapen, om een tegenstander (een 'broeder' werd die genoemd) mee te bedreigen, zodat hij angstig terug deinst. Een stroom van bijbelteksten als een kogelregen. Een karikatuur, een perversie van wat er in dat boek te lezen staat voor wie een beetje lezen kan.

Dat was er allemaal. Als het alles was geweest was ik lang geleden, met 't Hart, Wolkers en zoveel anderen walgend opgestapt omdat een mens die deze naam verdient geen andere keus zou hebben. Het was niet alles. De beschrijving van 't Hart is juist tot in de kleinste bijzonderheden, maar één ding is er niet in te vinden: de hoofdzaak. Deze: dat in die omgeving mensen te vinden waren, en niet zo weinig, die – voor mij – herkenbaar waren als kinderen van God. Die met hem omgingen, zijn woorden opvingen, zijn daden deden. In wie ik de rabbi van Nazareth terugzag. Die, zoals de bijbel dat uitdrukt, 'wandelen als kinderen van het licht'. Door hen ben ik gebleven.

Dat was minder eenvoudig dan zo'n zinnetje misschien suggereert. De stem van deze getuigen is weinig luidruchtig, hun leven vaak niet erg opvallend. In de publiciteit zal men weinig sporen van hen aantreffen. Ze behoren overwegend tot het

slag van de zachtmoedigen van wie Jezus weliswaar zegt dat
ze de aarde zullen beërven, maar die erfenis wordt op zijn
vroegst uitgekeerd als de huidige bezitters dood zijn, en dat
kan nog even duren. Ze worden vaak overstemd door die
andere geluiden die door Maarten 't Hart zo beeldend tot
klinken zijn gebracht. Het is vrij eenvoudig om neer te schrijven, zoals ik eerder deed, dat het getuigenis van de laatsten
niet meetelt, omdat zij blijkbaar God niet hebben gekend en
dus niet weten waar ze het over hebben. In de praktijk levert
de schifting tussen het 'goede' getuigenis dat telt en het 'valse'
getuigenis dat genegeerd kan worden problemen op. Dat
komt omdat het tot nu toe gehanteerde onderscheid tussen de
'goede' en de 'valse' getuigen te simplistisch, te zwart-wit is.
Het is lang niet altijd zo dat het hier om twee scherp gescheiden en daarom goed van elkaar te onderscheiden mensensoor-
ten gaat. Ze zijn niet zelden in één persoon verenigd. Zo heb
ik ervaren dat een man die, op enige afstand, voor mij als
getuige van grote waarde was geweest, bij nadere kennisma-
king nogal ijdel bleek te zijn, van zichzelf vervuld, iemand die
geen gesprekken voerde maar monologen hield.
Daarom heb ik grote moeite met het soort christenen dat door
Maarten 't Hart ten tonele wordt gevoerd. Neem het koppel
ouderlingen uit 'Een vlucht regenwulpen', dat de doodzieke
moeder van de hoofdpersoon (Maarten) een laatste huisbezoek komt brengen. Het kan niet op. Ze hebben varkensogen,
jeneverneuzen, ze zijn verstoken van ieder menselijk gevoel,
ze zijn keihard. Ze braken bijbelteksten uit als sinistere drei-
gementen, ze trappen de moeder en de zoon waar ze maar
raken kunnen, ze misbruiken zelfs het gebed als steekwapen.
Als tenslotte de zoon de 'broeders' de deur uit ranselt doet hij
dat met volledige instemming van de lezer, die het waarachtig
nog spijt dat de broeder die de Boonervliet in is geschopt daar
niet in verzopen is. De scène mag een staaltje van meeslepende
vertelkunst worden genoemd, dat wel, maar is niet meer dan
een extreme karikatuur. Ik heb in mijn leven tientallen ouderlingen ontmoet, en niet één van hen wordt door de beschrijving van genoemde exemplaren bij benadering recht gedaan.
Wel ben ik bij sommigen van hen *elementen* tegengekomen
die in 't Harts beschrijving teruggevonden worden.
Hetzelfde probleem doet zich voor met sommige beschrijvingen van heiligenlevens. Die worden dan zo verheven, vlekke-

loos en bovenaards dat ze aan geloofwaardigheid inboeten. Ook bij een figuur als Franciscus van Assisi kan men zijn bedenkingen hebben. Zo staat diens bijna ziekelijke afkeer van het vrouwelijk geslacht (met uitzondering van Vrouwe Armoede) mij tegen.

Het komt tenslotte hierop neer. De getuigen die men ontmoet zijn geen zwarte duivels of sneeuwwitte engelen die voor de waardering van hun getuigenis van nulletjes en eentjes kunnen worden voorzien zoals een computer dat doet. Het zijn *mensen* die het hele spectrum van grijstinten tussen zwart en wit vertegenwoordigen. Het geheel van hun getuigenis werkt in op hart en verstand en stuurt een inwendig wegingsproces waarvan de resultante de richting bepaalt die men inslaat. Soms kan men – achteraf – beseffen of vermoeden welke getuigen van doorslaggevende betekenis zijn geweest. Ik besluit dit hoofdstuk met de korte beschrijving van een drietal van hen die voor mij, naar ik vermoed, die functie hebben gehad. De belangrijkste was mijn vader. Ik doe dat niet om wie dan ook te overtuigen, maar louter als illustratie, en dan nog van de hand van een illustrator die een geringe vaardigheid met deze tekenpen heeft opgedaan. Hier ben ik werkelijk jaloers op Maarten 't Hart, die in zijn meest ontroerende roman 'De aansprekers' heeft laten zien hoe zoiets gedaan kan worden.

Meester Bergsma

Meester (zo heette dat toen nog) Bergsma was het hoofd van de christelijke lagere school 'Groen van Prinsterer' te Delft. De bovenmeester. Een kaarsrechte man, met een snor en een strenge blik. Hij wàs streng, als dat nodig was. Hij kon ook mild zijn. Mijn gevoelens jegens hem waren vergelijkbaar met wat christenen 'de vreze Gods' noemen: liefde gemengd met ontzag. Rechtvaardig was hij ook. Hij heeft mij tweemaal voor een week van school verwijderd wegens wangedrag. Er viel niets op af te dingen, het was verdiend. Toen wij de school verlieten kregen we allemaal een hand van hem. Hij wist dat ik, als enige van de klas, naar het gymnasium zou gaan. Dat was hoog gegrepen, in dat milieu. Te hoog misschien? De hoogmoed lag op de loer. 'Zal je eenvoudig blijven, jongen?' zei hij en kneep mijn bedeesde hand vrijwel stuk.

Er is één dag in dat schooljaar 1943-1944 die ik nooit zal

vergeten. Op een ochtend troffen wij hem, toen we het klaslokaal binnenkwamen, achter de lessenaar aan, licht gebogen. De tranen stroomden over zijn gezicht. Schuw, als door de bliksem getroffen, zaten we in onze banken en bezagen wat daar gebeurde als een verbijsterend, voor onmogelijk gehouden natuurverschijnsel. Na enige tijd begon hij te spreken en vertelde, met horten en stoten en onophoudelijk doorhuilend, wat er gebeurd was. Zijn oudste zoon Folkert had deelgenomen aan het verzet tegen de gehate bezetter; hij was door de Duitsers gepakt en gefusilleerd. Gisteren. De jongen had gedaan wat hij moest doen, een andere weg was er niet. Hij, zijn vader, was er trots op.

Toen rechtte hij zijn rug, begaf zich naar het schoolbord en nam een stukje krijt. 'Schrijf maar over in je schrift', zei hij. Met vaste hand, in het fraaie schoonschrift dat wij van hem gewend waren, schreef hij:

Jezus, ga ons voor
deze wereld door
en u volgend op uw schreden
gaan wij moedig met u mede
Leid ons aan uw hand
naar het vaderland

en nog drie coupletten. Daaronder schreef hij: lievelingslied van Folkert Bergsma, gefusilleerd door de bezetter...
'We gaan het nu samen zingen', zei hij.

Dr. Cebus Cornelis de Bruin

Aan het Rotterdams gymnasium waar ik vervolgens terecht kwam werd het onderwijs in de Nederlandse taal- en letterkunde gegeven door Dr. C.C. de Bruin. Bij de leerlingen had hij de bijnaam Zebedeus, waarvan ik de herkomst pas begrepen heb toen ik in de overlijdensadvertentie zijn volledige voornamen voor het eerst zag. De zware klank van de bijnaam omschreef hem goed, in zekere zin. Hij was een zwaar gebouwde, brede man, met een groot, breed hoofd en een volle stem, die, vooral als hij kwaad was (één à tweemaal per jaar) met een ontzaglijk volume door de school schalde.
Hij was een buitengewoon geleerd man, wiens lessen aan veel

van zijn leerlingen niet besteed waren, maar aan anderen des te meer. Later kwam hij terecht op het niveau waar hij thuishoorde: hoogleraar te Leiden. Hem werd de hoogst zelden uitgereikte prijs voor Meesterschap van de Nederlandse Maatschappij voor Letterkunde toegekend. Vijfentwintig jaar nadat ik de school verlaten had kreeg ik, op mijn huisadres, een uitnodiging om het afscheidscollege van prof.dr. C.C. de Bruin te Leiden bij te wonen. Stomme verbazing. Hoe had hij, die ik zo lang niet gezien had, uitgevonden waar ik woonde? Alleen al daarom ben ik gegaan. En ik niet alleen, er waren honderden oud-leerlingen. Aan het eind van zijn schitterende college over Dante gekomen zei hij: 'Ik ga mijn laatste les besluiten met een gedicht van Nicolaas Beets, dat al mijn oud-leerlingen uit het hoofd kennen. Het is als verwoording van een religieus-poëtische ervaring uit de stilte voortgekomen en keert terug tot een zwijgen dat welsprekender is dan het zeggen.

'De moerbeitoppen ruisten'
God ging voorbij
Neen, niet voorbij, hij toefde;
Hij wist wat ik behoefde,
En sprak tot mij.

Sprak tot mij in den stillen,
Den stillen nacht.
Gedachten die mij kwelden,
Vervolgden en ontstelden
Verdreef hij zacht.

Hij liet zijn vrede dalen
Op ziel en zin;
'k Voelde zijn vaderarmen
Mij koestren en beschermen
En sluimerde in.

Den morgen die mij wekte
Begroette ik blij;
Ik had zo zacht geslapen
En Gij, mijn schild en wapen
Waart nog nabij.

Wat was het wonderbaarlijke aan deze gebeurtenis (behalve dan het raadselachtige speurwerk waarmee hij al onze adressen na vijfentwintig jaar had achterhaald, en waarover hij zich ook tijdens de receptie in geheimzinnig zwijgen hulde)? Dit: dat hij als vanzelfsprekend aannam dat wij dit gedicht, dat hij ons nooit uit het hoofd had laten leren, desondanks uit het hoofd kenden. En zo was het ook. Ik kende het 'by heart', zeggen de Engelsen en dat is veel mooier uitgedrukt. Hij wilde er dit mee zeggen: al die honderden lessen die ik jullie jarenlang gegeven heb ben je natuurlijk vergeten. Maar het enige wat ik had over te brengen, het enige waar het echt om ging, dat heb je natuurlijk onthouden. En zo was het.

Mijn vader

Ik zie hem nog scherp voor mij, zoals hij daar zat op de avond dat wij hem in het ziekenhuis opzochten. Die middag was de chirurg bij hem geweest en had hem het resultaat van het onderzoek meegedeeld. Ongeneeslijk. Hij had nog enkele maanden te leven. Hij vertelde het ons en huilde er zachtjes bij. Toen zei hij: 'Ik heb tweeënzeventig jaar mogen leven en ik heb van elke dag genoten. Ik was zo graag nog een poosje doorgegaan.' Ik wist dat het waar was. Dat hier niet, zoals toch ook gekund had, een moeitevol bestaan in het gezicht van de dood geromantiseerd werd tot iets wat het nooit geweest was. Dat hij werkelijk gelukkig geweest was.
Hoe zag zo'n gelukkig leven er uit? Op het eerste gezicht zo: de oudste zoon uit een arm boerengezin met elf kinderen, in het bezit van een scherp verstand. Die dolgraag had willen studeren, maar de kans niet kreeg. Na het doorlopen van de lagere school kwam hij bij zijn vader onder de koeien. Later verloofde hij zich met een meisje dat direct daarna tbc kreeg. Terwijl zij jarenlang kuurde drong zijn omgeving er vrijwel ééenstemmig op aan de verloving te verbreken. Uit zo'n vrouw kon geen gezonde, voor een bedrijf broodnodige, sterke boerin meer groeien. Hij verkoos, hardnekkig, te wachten, trouwde haar uiteindelijk toch en begon een eigen bedrijfje. Een stuk of tien koeien, aangeschaft van geleend geld. Een gepacht stukje land, gehuurde stallen. De lasten moesten tot de laatste cent worden opgebracht. Wij schrijven dan 1930, één jaar na 1929. De crisis is wereldwijd. De opbrengst van het

bedrijf is ten enenmale onvoldoende, zelfs voor een minimaal bestaan. Hij besluit de melk van zijn eigen koeien in de stad te gaan uitventen, wordt melkboer en boer tegelijk. Sjouwt door de stad met zijn trapbakfiets. Eén klant per straat, moordende concurrentie. Hij maakt werkweken van zeventig uur en houdt met moeite het hoofd boven water. In 1940 breekt de oorlog uit. De grote kans om eindelijk wat geld te verdienen, omdat nu op de zwarte markt zijn produkten ineens goud waard worden. Hij doet er niet aan mee, bij de naoorlogse geldzuivering is van hem geen zwarte cent te vorderen. Het blijft dus armoe, al wordt het na de oorlog geleidelijk wat beter. Als hij vijftig jaar is gaat hij voor het eerst van zijn leven een hele week met vakantie. Daarvoor bestond dat uit één of twee keer per jaar op een zomerse dag naar het strand van Kijkduin fietsen (15 km), hij en moeder elk met een kind voorop. 's Morgens had hij dan al gemolken, van 5 tot 8 uur, en 's middags moest hij voor melkenstijd terug zijn. 'Dagjesmensen' noemde een van mijn klasgenoten van het gymnasium dat, omdat zijn ouders 's zomers een hele maand een huis in Noordwijk huurden. Een soort mestkevers die het strand verontreinigden.

Wat deed hij met zijn 'vrije tijd'? Voor het belangrijkste deel viel die op zondag, tussen 8 en 3 uur. (Voor achten en na drieën: melken). Tusen 8 en 9 deed hij een dutje. Dan hees hij zich in het ouderlingenpak (vanaf zijn negenentwintigste jaar was hij vrijwel ononderbroken ouderling): een zwarte streepjesbroek, een zwart jasje en dito vest, een stijve witte boord die met twee knoopjes op een kraagloos overhemd gemonteerd werd, een grijze das. Aldus uitgedost begaf hij zich met zijn gezin ter kerke. Daar zagen wij hem, vlak voor de aanvang van de dienst, de kerk betreden in het rijtje ouderlingen en diakenen, allen gekleed in hetzelfde uniform. Na kerktijd: koffie, deze ene keer met koek, en eten. Vervolgens slapen tot drie uur. De doordeweekse avonden, voorzover men die na de reeds beschreven werkdagen nog tot de vrije tijd kon rekenen, besteedde hij voor een deel aan het ouderlingenwerk: huisbezoek, vergaderingen, studieclubjes. Daarnaast was hij ook al heel jong actief in het bestuur van een boerencoöperatie, die zich met toenemend succes verzette tegen de uitbuiting van de kleine boeren door de kapitalistische melkfabrieken.

Ziedaar een paar van de belangrijkste 'harde feiten' die genoeg grondstof zouden opleveren voor een biografie met een bittere strekking. Een slavenleven. Niets van wat wij vandaag 'zelf-ontplooiing' noemen. Boeken las hij weinig. Nooit heeft hij een concert bezocht, laat staan een instrument bespeeld, nooit een museum van binnen gezien. Hoe kan zo iemand naar waarheid aan het eind verklaren dat hij van iedere dag genoten heeft? Hoe is het mogelijk dat ik mij geen andere vader dan deze zou hebben gewenst?

Dat kwam, het hoge woord moet er maar uit, omdat hij God kende. God, met wie hij omging, die hij ontmoette in het Woord, tot wie hij sprak in het gebed en van wie hij antwoord kreeg. Wiens licht door hem heen straalde. Dat was wat er te genieten viel, dag in dag uit. De rest was secundair. Armoe? Als je iedere dag bidt 'Geef ons heden ons dagelijks brood' en je krijgt het ook, wat wil je dan nog meer? 'Mijn vrouw heeft geen bontjas, maar wel een bont schort.'

Het Woord stond centraal. Driemaal per dag werd er uit gelezen, bij het middag- en avondeten en voor het naar bed gaan. Na de laatste lezing, samen met moeder, knielden ze neer op de grond, voor hun stoelen, zoals wij ontwaarden als we omstreeks tien uur de huiskamerdeur openden en schielijk weer sloten. Het Woord werd doorgewerkt, van A tot Z, maar een heel bijzondere plaats nam het Boek der Psalmen in. Voor speciale gelegenheden een speciale psalm. Als er iemand in het gezin jarig was: Psalm 103. 'Looft den Heere, mijn ziel, en vergeet niet één van zijn weldaden.' Op bevrijdingsdag, 5 mei: Psalm 124. 'Als de Heere niet met ons geweest was, zegge nu Israël, toen onze tegenstanders tegen ons opstonden dan had-den zij ons levend verslonden.' Als de dood in de buurt was geweest: Psalm 23. 'Al ging ik ook door een dal van schaduwen des doods, ik vrees geen kwaad, want Gij zijt bij mij.' Op de oudejaarsavond om kwart voor twaalf ging de radio uit en wij wisten wat er kwam. Psalm 90. 'Eer de bergen geboren waren en Gij de aarde en de wereld uit het niets had voortgebracht, ja van eeuwigheid tot eeuwigheid zijt Gij God.' Daarna dankte hij voor 'alle zegeningen en weldaden' ons het afgelopen jaar uit Gods hand toegevallen en bad of Hij mee wilde gaan, het nieuwe jaar in. Voor de nieuwjaarsdag was er trouwens ook een psalm: 91. 'Wie in de schuilplaats des Allerhoogsten is gezeten, zal vernachten in de schaduw des Almachtigen.'

Daar leefde hij dus uit. Dat kwam niet zo zeer tot uiting in een veelheid van vroom gepraat (aan kwezelarij had hij zelfs een uitgesproken hekel), maar wel in zijn houding ten opzichte van zijn medemens. 'Wie zijn naaste nog nooit gezien heeft, heeft God nog nooit gezien', zei hij soms en daar handelde hij naar. Aan de vooravond van de hongerwinter, september 1944, toen het voedselgebrek al nijpend begon te worden, verkocht hij vrijwel zijn hele aardappeloogst, tegen normale, witte, prijs aan wie het nodig had. Van de normale winter-voorraad, achtergehouden voor het eigen gezin, gaf hij daarna nog zoveel weg dat deze te vroeg op was, waarna wij soms ook bloembollen en suikerbieten te eten kregen, verworven op moeizame fietstochten die hij met mij naar de bollenstreek ondernam. Op zo'n 'hongertocht' had ik eens zelfstandig een paar kropjes sla in de wacht gesleept. Hij gaf ze, tot mijn grote woede, weg aan iemand die ze harder nodig had dan wij. De melk die hij aan de door de bezetter gecontroleerde leverings-plicht wist te onttrekken deelde hij uit, speciaal aan krepeer-gevallen die hem door de huisarts werden verstrekt. 'Als jij X niet helpt, gaat X snel dood', zei die, en dan hielp hij X, als het maar even kon.

Dat alles, en veel meer, gebeurde met een volmaakte vanzelf-sprekendheid, waaraan geen woord vuilgemaakt hoefde te worden. Was hij misschien een heilige? Niet in de zoete, on-wereldse zin van het woord. De gereformeerde folklore, waarover Maarten 't Hart zulke sappige verhalen heeft ver-teld, had ook ons familieleven danig in zijn greep. Speciaal de 'zondagsvieringen' herinner ik mij als een wekelijks herhaalde verschrikking. De kerkdiensten (twee!) waaraan geen eind leek te komen. De rest van de dag die in verveling werd door-gebracht, waarin wij, gekleed in onze smetteloze zondagse pakjes, door het venster kijkend onze roomse en heidense vriendjes alles zagen doen waar wij naar hunkerden. Mijn vader handhaafde de regels met stiptheid, maar wist, op de een of andere manier, duidelijk te maken dat dit alles bijkomstig was, dat het hier niet echt om ging. Hij leerde ons er door heen te kijken naar waar het wel om ging.

Zijn prioriteiten in het leven stonden vast. Een laatste voor-beeld. Zou men hem gevraagd hebben: 'Stel dat je voor de toekomst van je zonen de keus had tussen een gelovige vuil-nisman en een ongelovige professor, wat zou je dan kiezen?', dan zou hij zonder een seconde bedenktijd voor het eerste gekozen hebben. Een gelovige professor, dat zou nog mooier geweest zijn natuurlijk, maar secondair. Het allermooiste was: dominee. Dienaar van het Woord.

Dat was zijn eigen onvervulde droom geweest. Daar kon, in het boerengezin waarin hij was opgegroeid, geen sprake van zijn. Twaalf jaar, de lagere school afgelopen, de leerplicht vervuld, dan was er maar één mogelijkheid: de handen uit de mouwen, onder de koeien, meewerken om het gezin in leven te houden. Toen al, vertelde hij, had hij zich voorgenomen dat het met zijn kinderen anders zou lopen.

Daarom stuurde hij mij naar het gymnasium. Zijn familie informeerde of het hem in de bol geslagen was. Of hij die jongen niet in zijn bedrijf kon gebruiken. Dat kon hij zeker. Dat zou een meeëter in een meewerker veranderd hebben, een verlichting voor het gezin dat toch al nauwelijks kon rondkomen. Hij gaf niet toe, dat sprak vanzelf. Het moest een gymnasium zijn, want daar onderwees men de klassieke talen, die, zo wist hij, een onmisbare basis vormden voor de studie van de theologie. Dat dit het hoogst bereikbare was, daarover liet hij geen misverstand bestaan. Ook sprak het vanzelf dat het een christelijk gymnasium zou wezen. Aangezien dit in Delft niet voorhanden was betekende het dat ik naar Rotterdam op en neer moest reizen, hetgeen aan zijn lasten nog de kosten van een treinabonnement toevoegde. Ik weet nog precies wat het kostte: ƒ 9.60, een maandelijkse rib uit zijn lijf.

Ik wist dus wat er van mij verwacht werd, maar gaandeweg werd duidelijk dat ik daaraan niet kon voldoen. Ik voelde geen 'roeping', iets wat in die tijd noodzakelijk geacht werd om predikant te kunnen worden. Bovendien had ik een lichte voorkeur voor de exacte vakken. Aan het eind van de vierde klas moest de keus gemaakt worden en ik koos beta. Ik weet nog hoe zwaar het mij viel hem dit mee te delen, omdat ik wist hoe diep teleurgesteld hij zou zijn, sterker nog en zonder overdrijving, hoe zijn wereld zou instorten. Ik vertelde het hem. Ik zag hem slikken, en toen zei hij: 'Jij moet de richting inslaan die jouw talenten het best tot hun recht doet komen. Dat kan je alleen zelf beoordelen.' Wel heeft hij later, toen ik hem vertelde wat ik wilde gaan studeren, nog duidelijk gezegd wat hij daarvan vond. 'Een inge-

nieur is niet meer dan een timmerman met een hoge hoed.'
Een nuttig ambachtsman, zoals hij zelf. Daar was niets verhevens aan.
Dit gedeelte van het verhaal heeft nog een happy end. Mijn jongere broer, die thuis de bel repareerde als die kapot was, en druk met het bouwen van radio's in de weer was, had hij naar de HBS gestuurd. Daar zou – op zijn best – een ingenieur in steken. Toen die de HBS doorlopen had deelde hij zijn vader mee dat hij predikant wilde worden, en zo is het ook geschied. Ik denk dat niets in zijn leven hem gelukkiger gemaakt heeft. Na de fatale boodschap van de chirurg mocht hij naar huis. Daar heeft hij de laatste maanden doorgebracht. In alle rust heeft hij zijn bureau uitgeruimd, papieren geordend, kennis overgedragen aan wie het weten moest. Vrome taal kwam ook toen niet over zijn lippen. 'Ze weten het nu wel', moet hij gedacht hebben.
We hebben hem begraven op 14 juli 1976. Quatorze juillet, jour de gloire. In de rouwdienst werd een lied gezongen waarvan twee regels de essentie van zijn leven samenvatten:
Die in Gods huis geplant zijn
Zij bloeien in Gods licht.
Na de begrafenis zei een oude dame tegen mij: 'Gecondoleerd en gefeliciteerd.' Bondiger kon het niet gezegd worden.

10. Twee wegen

Doorgrond mij, o God, en ken mijn hart,
toets mij, en ken mijn gedachten;
zie toe of bij mij een verkeerde weg is,
en leid mij op de eeuwige weg.

Psalm 139: 23, 24.

In het al eerder aangehaalde interview met de Oxfordse, voormalig marxistische filosoof Leszek Kolakowski komt de volgende dialoog voor tussen de interviewer (I) en Kolakowski (K):
I: Bent u christen geworden?
K: In zekere zin zou u me een christen kunnen noemen.
I: In welk opzicht?
K: Daar ga ik niet nader op in.
I: Waarom niet?
K: Omdat niemand daar iets mee te maken heeft.

Dat is duidelijke taal. De manier waarop ik mijn geloof beleef, zegt Kolakowski, is een privé aangelegenheid, die ik niet aan de publiciteit kwijt wil. Ik ben geen exhibitionist.
In de vorige hoofdstukken heb ik aangeduid, meer niet, hoe ik op de weg van het geloof terecht gekomen ben. Daar kan het niet bij blijven. De lezer heeft op dit punt het volste recht een paar vragen te stellen. Zoals: Hoe is het u op die weg vergaan? En op die andere, die van de natuurkunde? Hebben die twee iets met elkaar te maken, of zijn ze volstrekt gescheiden? Sterker misschien: Is het wel mogelijk met behoud van integriteit beide wegen tegelijk te gaan? Of bent u toch 'schizofreen'?
Het liefst zou ik Kolakowski nazeggen dat niemand daar iets mee te maken heeft, maar ik ben mij er van bewust dat dat niet kan. Ik kan er niet omheen. Er moet op zijn minst enige duidelijkheid over de gestelde vragen verschaft worden. Dat moet ook nog zonder enerzijds in exhibitionisme en anderzijds in nietszeggendheden te vervallen. Het moet geprobeerd worden. Ik zal dat doen door, uitvoeriger dan tot nu toe is gebeurd, op de aard van beide wegen in te gaan. We zullen dan

zien dat ze veel gemeenschappelijke kenmerken vertonen. Aan het eind zullen we een aantal punten beschouwen waar ze elkaar kruisen.

De weg van de natuurkunde

Hoe komt iemand er toe natuurkundige te worden? Bij toeval, is misschien in de meeste gevallen nog het beste antwoord. Jonge mensen, die tegen het einde van hun middelbare-schooltijd voor de belangrijke beslissing staan een vervolgstudie te kiezen, hebben gewoonlijk slechts uiterst vage voorstellingen van wat zo'n studie inhoudt, laat staan van wat de beroepspraktijk betekent waartoe die studie toegang verschaft. Ze bestuderen wat voorlichtingsmateriaal, kijken een paar uur rond op door de universiteiten georganiseerde open dagen, vinden wat ze zien soms 'wel leuk' en soms niet. Een leraar die zijn vak inspirerend weet te doceren kan van grote invloed zijn. Het beroep van de vader, vaak het enige waar een kind een meer dan oppervlakkig idee van heeft, kan een factor van belang zijn. Opvallend veel artsenkinderen gaan medicijnen studeren. En verder: Wat zit er in de lucht? Bij het begin van het ruimtevaarttijdperk, in de jaren 60, stroomden de faculteiten voor lucht- en ruimtevaart vol; in de jaren 70, de tijd van de 'maakbare samenleving', was het sociologie en andragologie; in onze tijd wordt het milieukunde. Tenslotte: Financiële vooruitzichten spelen geen hoofdrol. Voor de meeste jonge mensen weegt het zwaarst of zij verwachten dat de gekozen studie en de aansluitende beroepspraktijk hun bevrediging kan verschaffen. Op grond van die verwachtingen, of vager nog: vermoedens, kiezen zij.

Zo ongeveer is het mij vergaan. Aan het eind van de middelbare school waren er drie vakken die mijn speciale belangstelling hadden: Nederlandse taal- en letterkunde, klassieke talen en natuurkunde. Ze werden alle drie door geïnspireerde docenten onderwezen. Waarom is het natuurkunde geworden? Ten eerste, omdat de andere twee vrijwel zeker op het leraarschap zouden uitlopen, wat ik wel niet onaanvaardbaar vond, maar bij gebrek aan alternatieven toch te riskant. De natuurkunde bood wel een alternatief: Onderzoeker op een laboratorium. Wat dat inhield, daar had ik nauwelijks een vermoeden van (het leek me wel leuk), maar er was tenminste een keuzemogelijkheid. Ten tweede: Het atoomtijdperk was juist begonnen, en daar ging een enorme uitstraling van uit. Dat dit begin gemarkeerd werd door de twee vernietigende lichtflitsen boven Hiroshima en Nagasaki vermocht de euforie niet te temperen. Wie aan een eerstejaars natuurkunde in die tijd vroeg: Wat heeft je speciale belangstelling?, kreeg meestentijds hetzelfde antwoord: Kernfysica. Het doordringen in de diepste geheimen van het atoom. Ten derde: Natuurkunde kon in Delft gestudeerd worden, waar wij woonden. Dat beperkte de kosten, en dat was een zwaarwegende factor. Wel lag daar het accent op de toegepaste natuurkunde, maar dat zou – dacht ik toen, op grond waarvan eigenlijk? – wel niet veel verschil maken. En tenslotte: Het beroep van mijn vader, boer, was het enige dat ik van nabij en aan den lijve kende. Het is (was?) prachtig werk, in direct contact met de natuur en de dieren, met een tastbaar en zinvol produkt, maar zevendaagse werkweken van tienurige werkdagen moedigen niet aan, zeker niet als de materiële beloning leidt tot een zeer karig bestaan. Mijn vader deed trouwens geen moeite mij in zijn voetsporen te doen treden, integendeel. Hij gebruikte die mogelijkheid als stok achter de deur: 'Denk er om, als het met de studie niet vlot hangt de overall voor je klaar.'

Zo ging ik dan, met de overall in de rug en een uiterst vage toekomst in het vooruitzicht, in Delft natuurkunde studeren. De geestelijke schok die dat opleverde heb ik in het eerste hoofdstuk beschreven. De klimaatwisseling was radicaal. Het vakkenpakket van de middelbare school is gevarieerd en harmonieus. Het spreekt alle lagen van de persoonlijkheid aan. Na een uur natuurkunde komt er iemand Homerus met je lezen, een gedicht van Vondel uitleggen, je spieren ontspannen in een uurtje gymnastiek, of je leren naar muziek te luisteren. In Delft was het meten, tellen, rekenen, de hele dag. Een plons in een bak koud water. Het heeft me jaren gekost om een balans te vinden, en in feite gaat dat door tot op vandaag. Romans, gedichten, muziek moesten het doen, en deden het. Nijhoff, Vasalis, Bloem, Gerhardt, Bach, Mozart, Brahms en vele anderen moesten de balans rechttrekken die door Newton en consorten flink uit evenwicht was. En dan was daar ook nog God, over wie later meer.

Het onderwijs in de natuurkunde, zoals dat van achter de katheders op ons neerdaalde, had aanvankelijk, hoe vreemd dat misschien klinken mag, een sterk *dogmatisch* karakter. Daar werden *waarheden* verkondigd. In wiskundige taal geformuleerde natuurwetten, die tot op dat moment de tand des tijds hadden doorstaan. Die tegen iedere kritische toetsing door het experiment bestand waren gebleken. Alle tot op dat moment waargenomen fysische verschijnselen konden er (althans in principe) mee beschreven worden. Voor een klein deel konden we dat ook zelf verifiëren. Onze docenten bedachten vraagstukken, waarvan zij het antwoord wisten, en die wij, op basis van de ons geleerde theorie, moesten kunnen oplossen. Tijdens de practica mochten wij zelf experimenten uitvoeren, althans proefopstellingen gebruiken die grotendeels klaar stonden, en die bij zorgvuldig gebruik de uitkomsten opleverden die honderden studenten voor ons ook al geproduceerd hadden. Die uitkomsten, zowel van de sommetjes als van de proeven, waren altijd in overeenstemming met de bestaande theorie (als dat niet zo was hadden we het fout gedaan en moesten het overdoen). Zo ontwikkelde zich bij ons de rotsvaste overtuiging dat wat ons geleerd werd *waar* was. *Het was waar omdat het werkte.*

Maar gaandeweg werd ons steeds duidelijker gemaakt dat dit niet het voornaamste doel van de studie was. Dat het niet de bedoeling was dat wij, aan het eind van de studie gekomen, zouden verklaren: Ik geloof dat het allemaal waar is, ik kan er geen speld tussen krijgen. De bedoeling was veeleer deze: Dat wij ons de bestaande theorie en experimenteerkunde grondig eigen moesten maken om later, *op basis daarvan* zelfstandig, als volwassen fysici, te kunnen opereren. Om dan sommen te kunnen maken waarvan het antwoord aan niemand bekend was. Om experimenten te kunnen opzetten en uitvoeren die nooit eerder door iemand anders gedaan waren. Om – misschien het moeilijkste van alles – te leren zelf vragen te formuleren waarop een zinvol antwoord verwacht kon worden, een antwoord dat zou bijdragen aan de verdieping van het inzicht. Kortom: Om zelf nieuwe wegen te banen, maar wel wegen die aansloten op alles wat onze voorgangers bereikt hadden. Stratenmakers werden we, die hun eigen, hoogst persoonlijke steentjes mochten toevoegen aan een straat die door al onze voorgangers, de groten en de minder groten, door de eeuwen heen gelegd was. De groten, van het niveau Newton en Einstein, hadden de bruggen gebouwd op plaatsen waar de weg scheen te moeten eindigen aan de rand van een ravijn. Daarna konden de minder groten weer verder zwoegen in bestraatbaar land.

Daar diende de studie dus voor: Om de 'waarheden', de grondslagen die ons op college uit de doeken gedaan werden, te leren beheersen in die zin dat ze voor ons gingen leven en *operationeel* werden. We leerden het *gereedschap* hanteren: De schroevendraaier en de soldeerbout, de camera en de microscoop, de elektronische instrumenten en vooral: de wiskunde. Zo kwam de dag naderbij dat we als natuurkundigen volwassen werden verklaard. De stap die daaraan vooraf ging was de afstudeeropdracht. Voor het eerst werd ons, door de hoogleraar die wij als afstudeerdocent gekozen hadden, een vraag voorgelegd waarop niemand het antwoord wist, ook hij zelf niet. Daar mochten wij dan een jaar mee worstelen, en aan het eind onze bevindingen neerleggen in een verslag. De conclusies van zo'n verslag behelzen zelden de definitieve oplossing van het gestelde probleem. Ze beschrijven meestal hoe men een klein stukje gevorderd is in de richting van een antwoord. Ze bevatten aanbevelingen voor hoe het nu verder moet. Ze stellen nieuwe vragen, te beantwoorden door opvolgers. Soms delen ze alleen maar mee dat de gestelde vraag op doodlopende wegen voert en dat men beter andere vragen kan stellen. Ook dat is een positief resultaat. Er is wel geen nieuw steentje aan de straat toegevoegd, maar aan wie na ons komen is tenminste duidelijk gemaakt in welke richting dat maar beter niet geprobeerd moet worden.

Het voltooien van de afstudeeropdracht, de proeve van bekwaamheid, leidt tot de uitreiking van het doctoraal diploma. Het eindpunt van de studie. De volwassenverklaring. Ongelukkiger kan het nauwelijks geformuleerd worden. Vol-wassen? Vol-groeid? De groei moet nog beginnen. Er is een kiem gelegd, meer niet. Het diploma is niet meer dan een uitspraak van onze leermeesters dat ze het nu aandurven ons het leven in te sturen. *Van nu af aan mogen we meedoen.* We worden toegelaten tot de gemeenschap van natuurkundigen die internationaal is, en van alle tijden.

Die gemeenschap is essentieel. Wie zijn leven als fysisch onderzoeker begint wordt niet afgeworpen in niemandsland, 'in the middle of nowhere'. Hij staat aan het voorlopig eind van een gebaande weg en kan *van daaruit* verder. Hij staat op de schouders van die hem voorgingen. Hij stelt zich grondig op de hoogte hoever zijn vakgenoten gekomen zijn die, over de hele wereld, tegelijkertijd aan hetzelfde front staan en verder proberen te komen. Hij bestudeert de getuigenissen van hun ervaringen die in de vakliteratuur te vinden zijn. Die ervaringen zijn, zoals we eerder zagen, in principe controleerbaar, herhaalbaar. Dat mag dan in principe zo zijn, gepraktiseerd wordt het zelden. We zagen al eerder waarom niet: Het herhalen van andermans experimenten ligt meestal buiten ons bereik. We hebben er de middelen, de deskundigheid en de tijd niet voor. Er is nog een andere reden: Het loont niet. Bijna altijd zullen we vinden wat die ander vond. Soms wordt iemand op een fout betrapt, nog zeldzamer is de ontmaskering van een doelbewuste fraudeur. Daarom wordt de herhaalbaarheid gewoonlijk alleen getest als er een gegronde reden tot wantrouwen is. Voor het overige aanvaarden wij het getuigenis van onze vakbroeders als betrouwbaar, al was het alleen maar omdat we geen andere keus hebben. Dat vertrouwen wordt niet vaak beschaamd. De gemeenschap van fysici blijkt een verzameling van grotendeels serieuze, zorgvuldige en integere mensen te zijn. Temidden van hen, in samenwerking maar ook (zoals we eerder zagen) in concurrentie met hen baant men zijn eigen weg.

Geleidelijk aan leert men de collega's kennen. Men ontmoet hen in hun werken, de gepubliceerde vakliteratuur, kent hun namen en komt hen tegen op internationale conferenties over het vakgebied. Namen krijgen gezichten, de grote namen het eerst. Die onderscheiden zich op de bijeenkomsten zoals ze zich in hun werk onderscheiden: Zij zijn de trekpaarden, de inspirators, die de hoofdlezingen houden en de discussies beheersen. In de wandelgangen zijn ze voortdurend omringd door het voetvolk dat hen te spreken wil krijgen en zich aan hen wil optrekken. Aan hun ontbijttafel kan men van tevoren, als het lukt, een plaatsje bespreken om aan een 'werkontbijt' deel te nemen. Ook in de avonduren, als het voetvolk, uitgeput van een dag op de tenen lopen, verstrooiing zoekt in bars en bioscopen, gaan zij door. Zij kenmerken zich, behalve door een uitzonderlijke aanleg, ook door iets anders dat minstens zo belangrijk is: *Totale toewijding aan de wetenschap.* Langs die weg wordt – soms – de absolute top bereikt: De toekenning van de Nobelprijs, de heiligverklaring voor wetenschappers.

Er zijn fysici in soorten. Het vak is zo ontzaglijk uitgegroeid dat er niemand meer is die het geheel overziet. De gemeenschap van fysici is opgesplitst in deelgemeenschappen. Men is kernfysicus, astrofysicus, vaste-stoffysicus, enzovoort. Binnen ieder deelgebied spreekt men een eigen taal die voor buitenstaanders moeilijk te verstaan is. De raakvlakken tussen de deelgebieden zijn gering, men leeft goeddeels langs elkaar heen. Slechts met moeite kan men elkaar duidelijk maken waar men mee bezig is. Alleen grote sprongen voorwaarts, zoals de kwantummechanica, doen hun invloed in vrijwel alle deelgebieden gelden. Er is ook nog een andere onderverdeling in soorten fysici, twee ditmaal, die door alle deelgebieden heenloopt: Er zijn experimentele en theoretische fysici. De doeners en de denkers. De experimentatoren die hun apparaten in stelling brengen om nieuwe verschijnselen aan het licht te brengen en nieuwe eigenschappen van de materie op te sporen. De theoretici die, gewapend met papier en pen en, in de moderne tijd, met computers nadenken over die verschijnselen en trachten ze in een zoveel mogelijk omvattend theoretisch raamwerk onder te brengen. Als het goed is vormen die twee een harmonische, perfecte twee-eenheid. De theoreticus verklaart en voorspelt, de experimentator meet en test. In het voorgaande kwamen we een voorbeeld tegen: De theoretici Weinberg en Salam voorspelden van achter hun bureau het bestaan en de eigenschappen van de W- en Z-deeltjes; van der Meer c.s. bevestigden dat in hun experimenten. Zo harmonieus werkt het niet altijd. Soms wordt de theoretici door de experimentatoren verweten dat ze te etherisch bezig zijn, teveel met hun hoofd in de wolken lopen en te weinig van nut zijn bij het bedenken van zinvolle proeven die ook nog uitvoerbaar zijn.

Tenslotte iets over de aard van het natuurkundig onderzoek. Ik zal de lezer niet bezig houden met een beschrijving van mijn onderzoekswerk, maar alleen een drietal kenmerken noemen van het werk zoals ik het beleefd heb: Het is *uniek*, het is *opwindend* en fascinerend, en het is *niet prettig*.

Het werk van een fysisch onderzoeker verschilt essentieel van dat van, bijvoorbeeld, de bakker. Die bakt vandaag dezelfde broden die hij gisteren bakte, en morgen zal hij dat weer doen.

Die broden verschillen bovendien niet noemenswaard van die welke door zijn collega's geproduceerd worden. De onderzoeker is, als hij zijn probleem goed gekozen heeft, de enige op de wereld die daar op die manier mee bezig is. Nooit eerder in de geschiedenis heeft iemand hetzelfde gedaan. Het komt wel voor dat tegelijkertijd op de wereld anderen, met of zonder zijn medeweten, met hetzelfde probleem bezig zijn. Wat dan telt is wie er het eerst uitkomt. Het resultaat is dan uniek. Als de onderzoeker zijn resultaat heeft gepubliceerd is het voor altijd gedaan; het hoeft nooit meer door iemand herhaald te worden. Het is van hem, zijn persoonlijke bijdrage voorzien van zijn naam. Zij die na hem komen kunnen er op teruggrijpen.

Het werk is opwindend. Het is nog het beste te vergelijken met dat van een detective in een ingewikkelde misdaadroman. Het is het verzamelen van stukjes evidence die verscholen zitten tussen stapels irrelevante informatie. Het zoeken van goudkorrels in het zand. Je kijkt er overheen, je wordt voortdurend op het verkeerde been gezet. Het vergt, behalve logisch combineren en deduceren, ook geduld, intuïtie, creativiteit. Totdat dan, op sommige momenten, de stukjes op hun plaats vallen tot een logisch samenhangend geheel. Die momenten zijn niet talrijk, maar 'bevrediging' is een te zwak woord om zo'n belevenis mee uit te drukken. Vreugde, geluk komt er dichter bij.

De weg die naar zulke momenten leidt is fascinerend, maar prettig is hij niet. Prettig is het woord dat de wereld beschrijft die ons in reclameboodschappen wordt voorgetoverd. Daar zien wij uitsluitend onbewolkte luchten, stralende gezichten, gelukkige gezinnetjes. Er is geen zweetdruppel te zien, er wordt geen traan vergoten. Geluk dat niets kost. In zo'n wereld leeft de wetenschappelijk onderzoeker niet. Van zijn werk heeft Edison gezegd dat het voor 99% uit transpiratie en voor 1% uit inspiratie bestaat. Zwoegen dus. Vertwijfeling als je alweer een doodlopende weg bent ingeslagen. Woede over banaliteiten als het uitvallen van de stroom of de watertoevoer, waardoor het werk van weken ongedaan gemaakt wordt. Dat is allemaal vergeten in de grootse momenten van de doorbraak. Of liever nog: Juist tegen de achtergrond van het gezwoeg krijgen die momenten hun werkelijke glans. Het was de moeite waard vooral omdat het moeite heeft gekost.

Was het werkelijk de moeite waard? Aan welke maatstaven kan dat eigenlijk gemeten worden? Een paar kritische vragen over de hierboven gegeven beschrijving van het geluk dat in wetenschappelijk onderzoek beleefd kan worden zijn hier niet misplaatst. Is het niet erg 'ik-gericht'? Lijkt het niet verdacht veel op zelfbevrediging? Is het niet gewoon het zoeken van een aangenaam gevoel, mischien op een iets hoger plan dan dat waar de behoeften van de hedendaagse consument bevredigd worden, maar in wezen hetzelfde? Spelen trots en ijdelheid niet een grote rol? Voel ik me niet verheven boven de bakker, omdat mijn werk zo uniek is en het zijne zo alledaags? Spendeert de samenleving daar al dat geld aan? Hoe zit het met de maatschappelijke dimensie van het werk? Het heeft toch onmiskenbaar maatschappelijke gevolgen? Waar doe je het eigenlijk voor? Heeft het zin?

Op dit punt schieten mij een paar versregels te binnen van Jacques Bloem, een dichter van wie vele verzen in mijn hart gegrift staan. Deze:

Is dit genoeg, een stuk of wat gedichten,
voor de rechtvaardiging van een bestaan?

Ik vermoed dat Bloem, als hij de boven gegeven beschrijving van de aard van wetenschappelijk onderzoek zou hebben gelezen, die herkend zou hebben. Gedichten maken dat is niet: Wachten op inspiratie en als die komt opschrijven wat zij dicteert. De inspiratie, de inval is onmisbaar, maar de weg naar het voltooide gedicht waarin alle woorden op hun plaats staan kan lang en moeizaam zijn. Bloem moet, gezien de sublieme kwaliteit van zijn gedichten, vele malen dat geluksgevoel gekend hebben: Zo is het af, zo is het goed. En toch stelt hij die vraag: Genoeg voor de rechtvaardiging van een bestaan?

De vraag naar de rechtvaardiging van het bestaan is een *religieuze* vraag. In het voorgaande (hst 6) citeerde ik Pascal, en ik herhaal het hier in verkorte vorm:

'We weten niet wie ons hier heeft neergezet, wat de bedoeling van het leven is, wat er na de dood van ons terecht zal komen, niets weten we. Het verbaast me dat de mensen hier niet wanhopig van worden. Ik vraag de mensen wel eens of ze soms meer weten dan ik. Dan zeggen ze van niet en de ongelukkige verdoolden kijken om zich heen en ze ontdekken een paar leuke dingen en daar geven ze zich dan aan over. *Ik heb zelf niets kunnen vinden om me aan over te geven.* Maar ik heb me wel afgevraagd of er niets anders te vinden is en ik heb gezocht of God iets van zich heeft laten horen.'

Afleiding in een paar leuke dingen, daartoe is gelegenheid te over. De commercie draagt ze met handenvol aan. Maar ook een trapje hoger dan het platte consumentisme, op het niveau van wetenschap waarop Pascal zich bewoog, met de bevrediging, de triomfen en het geluksgevoel dat hij ongetwijfeld gekend moet hebben, is 'niets te vinden om me aan over te geven'. Geen rechtvaardiging van een bestaan. Is er iets anders te vinden? Heeft God iets van zich laten horen?

Het wordt tijd daar iets meer over te zeggen. Maar ik waarschuw van tevoren: Er worden geen pasklare antwoorden verstrekt op de gestelde vragen. Geen naadloze oplossingen, geen formule voor de zin van het bestaan. Hoogstens worden de contouren zichtbaar van een weg die men begaan kan, en die ik tastend en zoekend ben gegaan.

De weg van het geloof

Het antwoord op de vraag of God bestaat hoeft op zichzelf niet bijster interessant te zijn. In het Deïsme bijvoorbeeld, een manier van Godsbeschouwing die niet toevallig opkwam tegelijk met het gemechaniseerde wereldbeeld na Newton, met het begin van de Verlichting, is God de mechanicien, die in het begin de wereld geconstrueerd en in beweging gezet heeft en daarna de zaak op zijn beloop gelaten. Zoals een klokkenmaker een horloge vervaardigt, het opwindt en zich afwendt. Het al of niet bestaan van zo'n God laat mij koud. De enige mogelijkheid dat het wel van belang is of hij bestaat is dat hij zich met de wereld en met mijn bestaan inlaat, dat hij 'niet loslaat wat zijn hand begon'. Dat hij een weg wijst door het leven die begaanbaar is en die ergens uitkomt. Zelfs dat hoeft niet uitgesproken aantrekkelijk te zijn. Malcolm Muggeridge heeft dat, enigszins uitdagend, als volgt uitgedrukt:

'Is er een God? Ik persoonlijk zou erg gelukkig zijn als ik daar een definitief ontkennend antwoord op kon geven. Het zou me, wat mijn aard betreft, goed uitkomen als ik genoegen moest nemen met hetgeen deze wereld mij te bieden heeft, en iedere gedachte aan een goddelijk doel en een godheid om dat doel te koesteren en uit te voeren kon afschrijven als wensdromen of als eigendunk van het menselijk ras. Ik heb nooit een God gewild of een God gevreesd of enige noodzaak gevoeld er één uit te vinden. Ongelukkigerwijs ben ik tot de conclusie gedreven dat God mij wil.'

God wil iets met mij, wil mij, zegt Muggeridge, en dat is niet per se aangenaam. Het is zelfs verontrustend. Ik word liever met rust gelaten, zodat ik mij met overgave kan wijden aan mijn genoegens. Dat zou een hele zorg minder zijn. Maar ik ontkom er niet aan.

In het vorige hoofdstuk heb ik aangegeven hoe ik op de weg van het geloof terecht gekomen ben. De getuigen uit mijn jeugd, ouders, leermeesters, wekten door hun onderwijs en voorbeeld het vermoeden en een allengs groeiende zekerheid dat God niet alleen bestaat, maar dat hij ook werkzaam is in mensenlevens.

Het geloofsonderwijs dat wij ontvingen droeg – ook – een dogmatisch karakter. Daar werden *waarheden* verkondigd. Ik geef er een korte impressie van. God heeft de wereld geschapen en de mens. Na de schepping rustte hij op de zevende dag, overzag zijn werk en concludeerde dat het zeer goed was. De mens werd aangesteld om de schepping te beheren en verder te ontwikkelen, maar dat was hem niet genoeg. Hij wilde meer, hij wilde 'als God zijn'. Daarin bestaat zijn 'zondeval' die hem verdrijft uit het paradijs waar hij leefde in harmonie met God en zijn schepping. Eén van de eerste dingen die de gevallen mens doet is het doodslaan van zijn broeder. Maar God keert zich niet van hem af. Hij verschijnt in het leven van Abraham, de aartsvader van het volk Israël, die hij een land wijst om te wonen. Door bemiddeling van Mozes schenkt hij de Thora, de wet, de regel voor het leven zoals hij dat heeft bedoeld. Hij wijst de weg en blijft dat doen, ook als het volk zich telkens opnieuw van die weg afkeert, door de stem van zijn profeten. Op het laatst zendt hij zijn Zoon, in wie hij definitief laat zien wie hij is: Jezus, die van zichzelf zegt dat hij de weg is en de waarheid en het leven. Die, om de ergernis die deze pretentie oproept, aan het kruis genageld wordt, maar na drie dagen oprijst uit het graf. Die leeft, tot op vandaag, en die leven schenkt en bevrijding aan wie in hem geloven en zijn weg willen volgen. Die zelf de garantie is voor de uiteindelijke voltooiing van de wereld, de komst van het Koninkrijk van God, door één der apostelen kort omschreven als 'een nieuwe hemel en een nieuwe aarde waarop gerechtigheid woont'.

Dat, in een uiterst kleine notedop, werd ons als 'heilsgeschiedenis' voorgehouden door onze opvoeders. Het werd nog nader aangevuld met allerhande uitspraken die de kerk in de loop der eeuwen had geformuleerd om de christelijke geloofsinhoud nader te preciseren. Dogma's, zoals dat over de dubbelnatuur van Christus, de goddelijke Drie-eenheid, enzovoort.' Waarheden'. En nu is de gedachte van mensen als Paul Davies (hst. 7) dat een gelovige iemand is die een hele reeks van dergelijke 'waarheden' onderschrijft en een aantal historische feiten voor juist houdt, desnoods tegen alle gezond verstand en alle wetenschappelijke evidence in. Die als het ware een document waarop die feiten en waarheden staan opgesomd van zijn handtekening voorziet: Voor accoord verklaard, de dato..., en aan die verklaring zijn leven lang stijf en star vasthoudt. Maar zo zit het volstrekt niet in elkaar. Al was het alleen maar omdat het dan wel volkomen onbegrijpelijk wordt waarom zoiets alsmaar door zou gaan, eeuw in eeuw uit, van de ene generatie op de andere.

Een gelovige is iemand die een weg is ingeslagen. Zoals ook een natuurkundige iemand is die een weg volgt. Omdat de twee wegen zoveel met elkaar gemeen hebben herhaal ik hier in het kort enkele kenmerken van de laatste weg. We kwamen er op terecht door het inspirerend onderwijs van onze leermeesters. Zij onthulden ons de grondslagen, de 'waarheden' van het vak. Zij deden meer. Zij deden ons voor hoe die waarheden operationeel gemaakt konden worden. Zij reikten ons het gereedschap aan en leerden ons er mee omgaan. Pas in het experiment, in de eigen ervaring, gingen de grondslagen voor ons leven. We konden er zelf mee aan de gang. De enige zinvolle manier om dat te doen is in verbondenheid met de fysici uit heden en verleden. We mochten meedoen op de basis door onze voorgangers gelegd, samen met de tijdgenoten. Het is een weg van vallen en opstaan, van zweet en zwoegen, maar ook met momenten van diepe bevrediging. Onderweg word je wijzer, maar ook droeviger. Het inzicht verdiept zich, maar het leidt ook tot een groeiend besef van eigen beperktheid en onvermogen: Hoe meer ik weet, hoe meer ik ontdek dat ik niets weet. Het stemt tot bescheidenheid en nederigheid.

Zo ongeveer ziet de weg van een gelovige er uit. Aan het begin staan de getuigen uit de jeugd, de ouders en leermeesters. Zij hielden ons de grondslagen voor. Zij toonden ons het gereedschap, door ons in te leiden in wat Pascal 'de gewoonte' noemt: Ze leerden ons bidden, bijbellezen, zingen, en namen ons mee naar kerkdiensten die niet voor niets godsdienst*oefeningen* worden genoemd. Daar verveelden wij ons aanvankelijk eindeloos, maar geleidelijk aan begon tot ons door te dringen dat daar iets *gebeurde*. Dat daar een weg gewezen werd en uitzichten werden geopend. Dat daar woorden gesproken werden die het hart raakten. Woorden van de overkant. En het belangrijkste was dat wij in de dagelijkse omgang met de getuigen konden waarnemen dat die woorden ook *werkten*. Dat het niet bij woorden bleef, bij vrome uitspraken (daar waren zij trouwens spaarzaam mee) maar dat er uit *geleefd* werd. Zo werd het langzaam aan duidelijk dat wij dat ook wilden. Niet omdat het zo aangenaam was, of zo gemakkelijk, maar vanwege het licht dat daar scheen. De rust die er van uit ging, het vertrouwen. Omdat er een doel zichtbaar was.

Er komt dan een moment waarop je dat hardop uitspreekt. In de christelijke kerken heet dat 'belijdenis doen van het geloof'. Het gebeuren vindt plaats in een kerkdienst, meestal op Paasmorgen. Daar zegt een groep jonge mensen ja op de hun gestelde vragen, die er op neerkomen of zij bereid zijn de weg van God in te slaan. De enige zinvolle manier om dat te doen is in verbondenheid met de gelovigen uit heden en verleden. Daarom wordt dat ja uitgesproken in het midden van de gemeente. Het is, net zo als een doctoraal examen in de natuurkunde, een begin. De kiem is gelegd, de richting aangegeven. Van nu af mag je meedoen.

Hoe ziet de weg van God, die tevens de weg naar God is, er uit? Waar is hij te vinden? Dat is misschien goed aan te geven met het volgende vers, dat een berijming is van psalm 85:

Waar hij ook gaat, de vrede gaat hem voor,
Liefde en trouw ontluiken in zijn spoor.
Gerechtigheid gaat voor zijn aangezicht,
Zij bloeit alom waar hij zijn voetstap richt.

Het gaat hier over de voetstappen, de sporen van God. Het is een signalement. Waar God is, daar is hij bezig, en dit zijn de zichtbare tekenen van zijn aanwezigheid: Vrede, gerechtigheid, liefde, trouw. Waar die gevonden worden, daar is God. Wie aan die werken deel heeft, heeft deel aan hem, die gaat in zijn sporen. In de Bergrede zegt Jezus het ongeveer net zo: Zalig (dat is: vol van God) de vredestichters, de barmhartigen; zalig die hongeren en dorsten naar de gerechtigheid. Hier worden geen 'waarheden' verkondigd, hier gaat het – en dat is een unieke bijbelse uitdrukking – om het *doen* van de waarheid. 'Wie de waarheid doet gaat tot het licht', zegt Jezus ergens.

Het hoofdstuk van de Hebreeënbrief dat ik eerder aanhaalde, waarin een lange rij van geloofsgetuigen uit de geschiedenis van Israël de revue passeert, eindigt met de volgende conclusie: 'Laten dan ook wij, nu wij een zo grote wolk van getuigen om ons heen hebben, met volharding de weg gaan die voor ons ligt. Laat ons oog daarbij gericht zijn op Jezus'. Daarmee is de essentie van 'de weg' onder woorden gebracht: De navolging van Jezus, zo simpel is het.

Zo simpel is dat helemaal niet. Op die weg staan alle richtingwijzers 180 graden gedraaid ten opzichte van die in de wereld waarin wij leven. Daar geldt: Het geld is de sleutel die alle deuren opent. Hier: Nog eerder gaat een kameel door het oog van een naald dan een rijke het Koninkrijk van God binnen. In de wereld gaat het om aanzien, invloed, macht. Op de weg luidt het: Wie zichzelf verhoogt zal vernederd worden, maar wie zichzelf vernedert zal verhoogd worden. Als ik zwak ben, dan ben ik machtig. Enzovoort. Jezus vat het in één zin samen: Wie zijn leven wil behouden die zal het verliezen, maar wie het wil verliezen om mijnentwil, die zal het vinden. En het leven van Jezus wordt door een apostel in één woord samengevat: Die zichzelf *ontledigd* heeft. Zichzelf weggeschonken tot de dood er op volgde. Het is werkelijk geen wonder dat zij die deze weg willen volgen door de schrijver van de Hebreeënbrief *vreemdelingen op aarde* worden genoemd.

Een fysicus, schreef ik, wordt zich onderweg steeds sterker bewust van de beperktheid van zijn vermogens. Dat stemt tot bescheidenheid. Op de weg van het geloof gebeurt iets dergelijks, maar dan op een dieper niveau. Thomas à Kempis, de schrijver van 'De navolging van Christus', drukt het als volgt uit: 'Ach. Hoe moet gij blozen als gij u het leven van Jezus Christus voor de geest haalt, dat gij nog niet meer op hem lijkt, terwijl gij al zo lang op de weg van God zijt'. Wie in deze spiegel kijkt heeft geen reden om tevreden te zijn over zijn christelijke prestaties, en wel – ook hier zijn de bordjes 180 graden verhangen – des te minder naarmate men meer 'gepresteerd' heeft. Wat Thomas, die een zeer heilig man was, ondervond, vindt men terug in de levens van alle grote heiligen: Een peilloos diep berouw over het eigen onvermogen tot navolging, dat met zware boetedoening gepaard gaat. Hoe dichter bij het licht, des te dieper wordt het besef van de eigen duisternis. De weg van de navolging is wel de minst geschikte van alle wegen om een mens het gevoel te geven dat hij zich door zijn prestaties bewijzen kan, dat hij zijn eigen bestaan kan rechtvaardigen. Maar dat leidt – en dat is het paradoxale – niet tot wanhoop. Want onderweg ontdekt hij, tot zijn bevrijding, dat hij zichzelf niet hoeft te rechtvaardigen, omdat *hij gerechtvaardigd wordt*. Zoiets bedoelde ik toen ik van de natuurkundige zei dat de grondslagen van zijn wetenschap voor hem tot leven komen in de ervaring, naar de mate waarin hij ze be-leeft. Het christelijk leerstuk: 'De mens is schuldig voor God vanwege zijn falen in de navolging. De schuld wordt hem kwijtgescholden naar de mate van zijn berouw', is niet in de eerste plaats een theoretische stelling die men onderschrijven kan of verwerpen, maar een waarheid die waar wordt naar de mate waarin zij wordt beleefd. Dat is wat in de bijbel 'wandelen in de waarheid' wordt genoemd.

Het is maar een voorbeeld, dat niet met andere zal worden uitgebreid, omdat het niet de bedoeling is een exposé van mijn geestelijke ervaringen te verstrekken (die zijn trouwens nogal pover en er zijn genoeg mensen van wie men op dit gebied meer kan leren). Wel zal ik in het kort nog enkele parallellen tussen de twee wegen aangeven.

Het geloof mag dan, in eerste instantie, een strikt persoonlijke zaak zijn, het wordt beleefd in verbondenheid met de gelovigen van alle landen en van alle tijden. Men wordt niet neergelaten in niemandsland, maar gaat de weg samen met de anderen. Dat is niet altijd even eenvoudig, omdat die anderen, net als ik, mensen zijn aan wie niets menselijks vreemd is. Een extra moeilijkheid in dit milieu is dat niet iedereen aan de verleiding ontkomt om zijn eigen opvattingen met een beroep op de goddelijke autoriteit kracht bij te zetten. De kreet 'God wil het' heeft bij de kruistochten niet voor het eerst en ook niet voor het laatst tot rampzalige gevolgen geleid. Op de eerste bladzijde van zijn boekje deelt Thomas à Kempis de volgende waarschuwing uit: 'Wat baat het u of ge met hoge wijsheid over de Drie-eenheid kunt redekavelen, terwijl ge intussen de nederigheid mist zonder welke men aan de Drie-eenheid niet behagen kan?' Naar zulke woorden werd en wordt te weinig geluisterd. Dat neemt allemaal niet weg dat men het op zijn eentje niet redt, maar op de gemeenschap aangewezen is.

Er zijn gelovigen in soorten. Er zijn katholieken, anglicanen, gereformeerden, baptisten, enzovoorts. Voor zover deze 'specialismen' uitdrukking geven aan een wereld waarvan de rijkdom niet door één mens of groep mensen te omvatten is, zodat er een veelvormigheid in manieren van belijden en beleven mogelijk wordt, is dat zelfs positief te waarderen. Maar dat is wel erg idealistisch gesteld. De wijze waarop in het verleden de denominaties ontstaan zijn en hun eigen 'waarheid' verabsoluteerd hebben heeft vele beschamende bladzijden aan de kerkgeschiedenis toegevoegd. Gelukkig worden in onze tijd de scheidsmuren steeds meer gerelativeerd, waardoor de ene Noemer weer zichtbaar wordt waar alle varianten onder te brengen zijn, waarna, zoals de algebra leert, de bijdragen in de teller mogen worden opgeteld tot een positieve som.

Er is ook, zoals in de natuurkunde, dwars door de denominaties heen een ander onderscheid te maken. Er zijn doeners en denkers. Praktische christenen en mystici. Horizontalen en verticalen. Er zijn – en dat is de overgrote meerderheid – christenen die in de wereld leven met vrouw en kinderen, met hun werk en materiële zorgen en die daarin de weg van het geloof proberen te gaan. En er zijn er – een allengs verdwijnende minderheid – die zich vrijwillig alles ontzeggen wat hen aan de aarde bindt en God zoeken langs de mystieke weg van boetedoening, gebed, meditatie en koorgezang. Als het goed is vullen die twee elkaar aan. Dat is niet zo onmogelijk als het lijkt. Thomas à Kempis, die een kloosterling was, schreef zeshonderd jaar geleden zijn boekje over de navolging speciaal voor zijn kloosterbroeders. Het wordt tot op vandaag gelezen, ook en vooral door hen die in de wereld leven, omdat er wenken in te vinden zijn waar ze wat mee kunnen. Moderne kloosters openen hun deuren voor hen die, vermoeid van hun wereldse weg, zich even willen terugtrekken om adem te scheppen en nieuwe moed te verzamelen. Tenslotte: Het is hoogst uitzonderlijk als men de twee typen in zuivere vorm in één persoon verenigd vindt. Zo iemand was Blaise Pascal die, behalve een briljant wetenschappelijk theoreticus en experimentator, ook een mysticus was en zich, tot op zijn sterfbed toe, inzette voor de armen van Parijs. Wie meent dat zoiets in onze eeuw niet meer kan zou er goed aan doen zich te verdiepen in het leven van Simone Weil (1909-1943), een jonge Franse vrouw die veel met Pascal gemeen heeft en over wie ik graag nog vele bladzijden zou volschrijven, waarvan ik helaas moet afzien.

De weg van de natuurkunde noemde ik opwindend en fascinerend. Dat zijn woorden die tekort schieten als ik de emoties op de weg van het geloof even kort zou willen karakteriseren. Dat lukt me trouwens niet. Dat komt, denk ik, omdat die emoties zich op een dieper niveau van het bestaan afspelen. Om daar een idee van te krijgen kan men misschien het beste het boek der Psalmen, de enige bundel poëzie die de bijbel rijk is, van begin tot eind doorwerken. Daar is het allemaal in te vinden. Rust, vertrouwen, overgave. 'De Heer is mijn herder, mij ontbreekt niets' (Ps. 23). Maar ook de opstandigheid: 'Ik zeg tot God: Waarom vergeet ge mij?' (Ps. 42). Verlangen naar de ervaring van Gods aanwezigheid: 'Gelijk een hert schreeuwt naar de waterstromen, zo schreeuwt mijn ziel naar u, o God' (Ps. 42). De vrede van hem voor wie dit werkelijkheid geworden is: 'Gij omgeeft mij van achteren en van voren en gij legt uw hand op mij' (Ps. 139). Maar ook het volkomen tegendeel: 'Mijn God, mijn God, waarom hebt gij mij verlaten?' (Ps. 22). Vreugde over de weg die God door zijn geboden wijst: 'Uw woord is een lamp voor mijn voet' (Ps. 119). Maar ook verbittering over de voorspoed van hen die deze weg aan hun laars lappen (Ps. 73). Onversneden lofzangen, teveel om op te noemen, over het wonder van de schepping en de plaats van de mens daarin: 'Wat is de mens dat gij naar hem omziet?' (Ps. 8). Maar ook verslagenheid over eigen falen: 'Wees mij genadig, o God' (Ps. 51), en wanhoop in een dodelijke ziekte: 'Ik ben radeloos' (Ps. 88).

Het is maar een bloemlezing, die ook duidelijk maakt dat één

kwalificatie op deze weg niet van toepassing is: Prettig, aangenaam. Waarom zou je daar dan voor kiezen? Die vraag is heel
moeilijk te beantwoorden. Ik wil er maar twee dingen van
zeggen. Het eerste is dat je er in letterlijke zin door gegrepen
wordt: Je komt er niet van los. Het tweede is dat deze weg
uitzicht geeft op een toekomst die 'het Koninkrijk van God'
wordt genoemd: Een nieuwe hemel en een nieuwe aarde
waarop gerechtigheid woont. Dat Koninkrijk komt er niet
dankzij ons (dat is een verschil met de ideologieën die we in
onze tijd failliet zien gaan), maar ook niet zonder ons. We
mogen medewerkers zijn, meer niet, maar minder ook niet, in
een Werk dat de moeite waard is en waarvan de voltooiing op
lange termijn verzekerd is.

Wat geloof ik allemaal? Een lange lijst van waarheden, dogma's, wonderbaarlijke feiten? Ik geloof, en ik durf dat slechts
met de grootst mogelijke aarzeling en bescheidenheid op te
schrijven, dat ik op de goede weg ben. Omdat je daarvan
wegdwaalt voor je het weet is op die weg geen gebed relevan-
ter dan de slotregel van psalm 139 die ik boven dit hoofdstuk
geschreven heb.

11. Kruispunten

Ik ben een vreemdeling op de aarde;
verberg uw geboden niet voor mij.

Psalm 119:19

Op de kruispunten waar de wegen van wetenschap en geloof bij elkaar komen vinden vaak botsingen plaats. Confrontaties. Soms – maar dat is lang geleden – werd de wetenschap vanuit de kerk gemolesteerd (Galilei). In het meer recente verleden en in het heden is de gelovige in het defensief geraakt. Hij moet zich verweren tegen pijlen die door de wetenschap (of wat daarvoor doorgaat) op hem afgeschoten worden. In het voorafgaande (hst 7) hebben we daarvan voorbeelden ontmoet. Vragen als: Is het bijbelse scheppingsgeloof verenigbaar met de resultaten van de natuurwetenschap? In dit hoofdstuk zullen we nog één zo'n vraag bespreken: Kan een fysicus in wonderen geloven? Een pijl die scherper is dan één van de genoemde is de vraag of de gelovige fysicus niet per definitie 'schizofreen' is omdat hij in twee onverzoenlijke werelden leeft. Ik hoop in de voorgaande hoofdstukken duidelijk gemaakt te hebben dat dat niet het geval is. Wel is er in zijn leven sprake van een ander soort gedeeldheid. Hij is, behalve fysicus, ook nog echtgenoot, vader, zoon, broer, vriend,buur, staatsburger, wereldburger, schaker, liefhebber van de natuur, geïnteresseerd in muziek, literatuur en beeldende kunst. En christen. De laatste kwalificatie kan niet vervangen worden door bijvoorbeeld postzegelverzamelaar of sportvisser, zij staat apart omdat zij met alle andere te maken heeft. Het probleem is niet dat dit alles principieel onverenigbaar is, maar dat het beleefd moet worden en met elkaar in harmonie gebracht in een beperkt aantal dagen van 15 uren. Wie daarin niet struikelt is een volmaakt mens. In dit hoofdstuk wil ik nog twee vragen bespreken die verband houden met de betrekking tussen geloof en natuurwetenschap. De eerste is: Hoe beleeft een gelovig fysicus de beoefening van zijn vak in relatie tot zijn geloof? De tweede: Heeft het geloof iets te maken met de maatschappelijke konsekwenties van natuurwetenschap en techniek?

167

Een van de meest aanstootgevende dingen die een natuurwetenschapper kan doen is in wonderen geloven. 'Je wilt me toch niet vertellen dat jij die hocus-pocus voor zoete koek slikt?' hoor je soms. Bedoeld wordt dan: Iemand die over het water wandelt, vijfduizend mensen te eten geeft van vijf broden en twee vissen en dan nog flink overhoudt ook, en die water in wijn verandert (H_2O omzet in C_2H_5OH). Mirakelen. Het aanstootgevende van deze wonderen is dat ze in strijd zijn met de natuurwetten (de zwaartekrachtswet, de wet van behoud van massa). In het algemeen zijn wonderen gebeurtenissen die een mens niet voor mogelijk had gehouden. Daaruit volgt dat de vraag of een bepaalde gebeurtenis als een wonder beschouwd moet worden of niet slechts subjectieve antwoorden kent. Het hangt er van af wat de persoon in kwestie voor mogelijk houdt. Stel dat iemand die voor 1900 gestorven is uit zijn graf opstond en in onze wereld zou rondkijken, dan zou hij talrijke wonderen om zich heen zien. 'De wonderen der techniek', zoals de telefoon, de radio, de televisie, het vliegtuig en het ruimteschip. Maar, legt Davies ons uit, dat zijn geen *echte* wonderen, want ze berusten alle op de natuurwetten en kunnen dus rationeel verklaard worden. Bij de wonderen die niet mogen is dat niet het geval.

Waarom 'mogen' die eigenlijk niet? In de discussie die in Davies' boek gevoerd wordt tussen 'scepticus' en 'gelovige' krijgt de laatste er wel stevig van langs omdat hij op zo'n diep onnozel peil opereert, maar bewijzen doet scepticus uiteindelijk ook niets. Davies komt tot de nogal machteloze conclusie dat de natuurwetenschapper prefereert niet in wonderen te geloven 'omdat hij de voorkeur geeft aan een heelal dat volgens de natuurwetten werkt'. Dat kan nauwelijks een argument genoemd worden; het is een kwestie van persoonlijke voorkeur, die samenhangt met de ideeënwereld van de natuurwetenschapper. Een kwestie van geloof, zo men wil.

Vanuit christelijke kring worden de – allengs minder serieuze – aanvallen van de wetenschap op het geloof in wonderen gewoonlijk als volgt gepareerd. In de eerste plaats wordt opgemerkt dat de natuurwetenschap zich uitsluitend met herhaalbare verschijnselen bezig houdt, en dat op die basis de natuurwetten worden geformuleerd. Eenmalige gebeurtenissen vallen daar per definitie buiten. Jezus is niet meer beschikbaar om zijn 'experimenten' te herhalen voor de kritische ogen van natuurkundigen in plaats van die van zijn (goed)gelovige leerlingen. In de tweede plaats: Waarom zouden de natuurwetten heilig zijn? Zou God die ze gemaakt heeft niet bij machte zijn ze incidenteel buiten werking te stellen? Hij moet daar natuurlijk geen gewoonte van maken want, zoals we eerder zagen (in de visie van Berkhof), de werkelijkheid om ons heen is juist door haar wetmatigheid geen 'spookhuis', maar een door God geschapen betrouwbaar kader waarin wij ons bewegen kunnen. Maar, zegt Berkhof, het mag dan geen spookhuis zijn, een bunker is het ook niet. Er moet ruimte zijn voor het wonder.

Daar zouden wij het bij kunnen laten, omdat er alweer een aanval van de wetenschap op het geloof onschadelijk is gemaakt. Maar ik ga nog even door omdat deze afloop mij niet bevredigt. Ten eerste omdat het weer zo defensief is. Ten tweede omdat in deze sfeer wonderen weer teveel het karakter krijgen van 'waarheden', feiten die men voor waar houdt, iets wat op wetenschappelijke gronden dan wel niet verboden is, maar waar men verder ook niet veel mee kan.

Wonderen worden in de bijbel bijna altijd 'tekenen' genoemd. Tekenen verwijzen naar een *be-tekenis*. Naar de mate waarin die betekenis tot ons doordringt worden de wonderen voor ons waar. Die betekenis is gewoonlijk *niet* dat de natuurwetten geweld wordt aangedaan, maar wel dat daar iets gebeurt dat wij menselijkerwijs voor onmogelijk hadden gehouden. Ik zal dat bij wijze van voorbeeld trachten te illustreren aan het verhaal over de bruiloft te Kana, waar Jezus water veranderde in wijn.

Op dat feest, waar Jezus en zijn leerlingen te gast waren, raakt halverwege de wijn op. Paniek bij de feestgangers en de ceremoniemeester. Hoe kan je een feest voortzetten als er geen wijn meer is? Dan grijpt Jezus in. Hij laat een zestal stenen waterkruiken tot de rand vullen met water en daarna de ceremoniemeester (die niet wist wat er gebeurd was) er uit proeven. Deze vraagt verbaasd aan de bruidegom waarom hij de beste wijn voor het laatst bewaard heeft. 'En zijn discipelen geloofden in hem', besluit de evangelist Johannes het verhaal (dat in geen van de andere evangeliën voorkomt).

Wat is de betekenis van dit verhaal? Op het eerste gezicht

deze: Dat Jezus hier een sterk staaltje levert. Een stuk machtsvertoon, waarmee hij laat zien hoe hij zelfs de ijzeren natuur
naar zijn hand kan zetten. De omstanders zijn perplex.
Iemand die zoiets kan moet wel van God komen. Jezus over-
dondert hen met vertoon van bovennatuurlijke macht. Dat is
wat mij aan deze uitleg absoluut niet bevalt, omdat het in
strijd is met het beeld dat de evangeliën van hem tekenen: Dat
hij niet uit is op machtsvertoon, maar op dienstbetoon.
Daarom denk ik dat het verhaal ons iets anders wil meedelen.
Dit: Dat een feest dat met menselijke middelen zoals wijn op
de been gehouden wordt instort als die middelen uitgeput
raken. Dat feest is een beeld van het menselijk bestaan, dat op
een kater uitloopt als de menselijke pepmiddelen ontoereikend blijken. Een feest waar de wijn halverwege en soms al
eerder op is. Dat feest, zegt het verhaal, kan doorgaan op een
hoger plan, met een diepere vreugde (de nieuwe wijn was
beter dan de oude) als de feestgangers drinken uit de vaten die
door Jezus tot de rand met *water* zijn gevuld. *Levend water*,
dat is het beeld dat Jezus, eveneens in het begin van het Johan-
nes-evangelie, bezigt voor wat hij te bieden heeft: Zijn woorden. Zichzelf. 'Wie van dit water drinkt, het zal in hem worden tot een fontein van water dat springt ten eeuwigen leven'.
Dat is wat die bruiloftsgasten ervaren hebben als een wonder
omdat ze het niet voor mogelijk hadden gehouden: Een voor-
proefje, een teken van het komend Koninkrijk, waarin God
alles zal zijn en in allen.

Het is maar een persoonlijke opvatting, een stukje amateur-
theologie, zo u wilt. Daarom ga ik nog even verder. Van mij
had het verhaal ook als volgt mogen eindigen. 'Onder de
gasten bevond zich ook een chemicus. Hij liep daar rond in
zijn witte jas, en toen hij de bedrijvigheid rondom de waterkruiken bespeurde ontwaakte zijn argwaan. Snel tapte hij een
monster af, en na het zogenaamde wonder nog één. Hij
spoedde zich naar zijn laboratorium en analyseerde de inhoud. 'Als ik het niet gedacht had,' mompelde hij, 'tweemaal
H_2O'. Hij was de enige van de bruiloftsgasten aan wie het
wonder was voorbijgegaan.'

Ik hoop dat de lezer niet denkt dat deze uitleg een handige
poging is om het aanstootgevende uit het verhaal weg te pra-
ten. Ik voel daar niet de minste behoefte toe, omdat die aan-
stoot (de verkrachting van de heilige natuurwetten) voor mij

niet bestaat. Alleen op de beschreven manier krijgt het verhaal voor mij inhoud. Dat het mij niet te doen is om het ontmythologiseren van de wonderen als doel op zichzelf wil ik nog kort illustreren aan een tweede voorbeeld.

De opstanding van Christus is het centrale wonder in het christelijk geloof. Dat het daarmee staat of valt, daar zijn denk ik vriend en vijand het over eens. De laatste tijd is de discussie binnen de christelijke kerken weer opgelaaid of de opstanding nu letterlijk, lichamelijk moet worden opgevat ('het lege graf') of geestelijk: Jezus leeft voort in de geest van zijn volgelingen, die dat wonder tot uitdrukking brengen in hun Paasverhalen. Men kan ook boven die discussie staan, zoals Malcolm Muggeridge dat doet:

'Ik ben er zeker van dat er een Opstanding is geweest, maar het kan me geen zier schelen of de steen was weggerold of niet, of wat iemand heeft gezien. Dat laat me volkomen koud. *Maar er moet een Opstanding zijn geweest omdat Christus nu leeft.* Christus leeft nu, tweeduizend jaar later, daar bestaat geen twijfel aan. Hij leeft in de zin dat hij bestaat als een persoon die bereikt kan worden. Daardoor is het mogelijk de waarheden die hij verkondigde niet alleen te horen en te leren, maar ook te *ervaren*.'

Voor mij is daarmee de essentie van het opstandingsgebeuren onder woorden gebracht. Maar ik voeg er aan toe dat het relaas van de gebeurtenissen op de eerste Paasmorgen, zoals dat in de evangeliën wordt gegeven, mij geloofwaardig voorkomt. En wel om het volstrekte ongeloof waarmee alle acteurs reageren die nog niet zelf met de neus op de feiten zijn gedrukt. Totdat ze zich stuk voor stuk gewonnen moeten geven, met de grootst mogelijke tegenzin. Die verhalen komen mij zo authentiek voor, dat ik geen enkele behoefte heb ze te vergeestelijken. Een zwak punt in de geschriften van de theologen die dat toch menen te moeten doen vind ik dat ze niet duidelijk maken waarom dat zo nodig moet. Of zouden ze, misschien onbewust, nog altijd denken dat het verhaal zo door de natuurwetenschap ondermijnd is, dat je er met goed fatsoen niet meer mee aan kunt komen? Van die zorg zou ik ze graag willen verlossen.

Van het gedicht van Bloem, waarvan ik eerder de eerste twee regels aanhaalde, geef ik nu ook de volgende twee. De eerste strofe luidt:

> Is dit genoeg, een stuk of wat gedichten,
> voor de rechtvaardiging van een bestaan,
> in 't slecht vervullen van onnoozle plichten
> om de te karigen brode allengs verdaan?

Bloem was jurist en in het dagelijks leven vervulde hij zeer bescheiden baantjes bij de rechterlijke macht. Hij deed dat zonder een spoor van ambitie of arbeidsvreugde, en met grote tegenzin. Onnozele plichten om een (te) karige boterham te verdienen. Verdane tijd. Daarbuiten leefde hij voor datgene waarvoor hij geboren was: Het dichterschap.

Er zijn duizenden mensen die, zoals Bloem, overdag hun tijd uitzitten in ongeïnspireerd werk dat geen beroep doet op hun creatieve mogelijkheden. Het maakt mij altijd wat beschaamd dat dit mij wel vergund is, en dat ik daarvoor ook nog, en niet eens karig, word betaald. In het voorgaande heb ik geprobeerd iets weer te geven van de vreugde die de speurtocht van de fysicus af en toe oproept.

Laat mij één ding vooropstellen: Er bestaat geen christelijke natuurkunde. De regels van het vak zijn voor allen die het beoefenen dezelfde. We doen het met elkaar, we weten meestal niet eens van elkaar of we gelovig zijn of niet, en in eerste instantie hoeft dat ook niet. Pas als je nadenkt over waar je mee bezig bent, als je het in je leven probeert in te passen in harmonie met de rest, speelt het geloof een rol.

Als natuurkundige ben ik bezig in een door God geschapen wereld. In zijn hof, staat in het begin van Genesis. Ook de mens werd door God geschapen en wel, zo staat er uitdrukkelijk bij vermeld, *naar zijn beeld*. Welnu: Aangezien het eerste wat over God wordt meegedeeld is dat hij Schepper is, betekent dat 'naar zijn beeld' ook dat de mens als schepper is bedoeld. Dat houdt dan ook in dat de schepping zoals die uit Gods handen kwam, en waarvan hij vond dat ze zeer goed was, niet *af* was, en misschien mede daarom wel zeer goed. De mens kan alleen dan het beeld van God vertonen als er na diens schepping nog wat te scheppen over is. Ik vergelijk het graag met speelgoed. Veel van het moderne speelgoed waarmee wij onze kinderen nog kunnen verrassen, is af. Je kunt er maar één voorgeprogrammeerd ding mee, en daar is na een dag het plezier vanaf. Er valt niets meer aan te beleven. Het is een waardeloze schepping. Een Legodoos, dat is een schepping waar kinderen wat mee kunnen, een eindeloze bron van mogelijkheden. Zo ziet Gods schepping er uit. De muzieknoten zaten er in, de letters van het alfabet, de kleuren van het palet. Onuitputtelijk zijn de symfonieën, de gedichten en de schilderijen die er uit gemaakt kunnen worden. Alle beelden die ooit gehouwen zijn zaten verborgen in vormeloze steenklompen en zijn daaruit tevoorschijn geroepen. Het wiel zat er in en de stoommachine, de wetten van Newton en de relativiteitstheorie, verborgen in ogenschijnlijk ordeloze materie. Zijn dat ook scheppingen? Jazeker. Tevoorschijn roepen wat verborgen was, dat is scheppen.

Er staat in het Genesis-verhaal dat God op de zevende dag uitrustte van het werk dat hij gemaakt had. Dat betekent dat hij vermoeid moet zijn geweest van zijn inspanningen. Dat lijkt verrassend, omdat in het voorafgaande telkens simpelweg staat: 'En God sprak', en het was er. Moeiteloos, naar het schijnt. Maar dat was het toch blijkbaar niet. Hij was moe, uitgeput. Van het zoeken naar het juiste woord? Ik herken de beschrijving van dit scheppingsproces, inclusief de vreugde op de 'zevende dag' : Zo is het goed. Dat is veel meer dan zelfbevrediging. Voor die vreugde zijn we blijkbaar bedoeld, als scheppers naar het beeld van God.

Natuurkunde, poëzie, beeldhouwkunst, techniek en zoveel meer zijn werken van *cultuur*. 'En God plaatste de mens in de hof om die te bebouwen en te bewerken.' Het cultiveren van de hof, dat is cultuur. Tot bloei brengen van steenachtige grond. Cultiveren is iets heel anders dan exploiteren: Er uit halen wat er in zit, rücksichtlos, ongeacht de gevolgen voor de hof. Tegen die waarheid lopen wij op in de moderne tijd, waarin onze wereld dreigt te bezwijken onder onze uitbuitingsdrift. Cultiveren dat is, behalve het tevoorschijn roepen van nieuwe mogelijkheden, ook: koesteren, verzorgen. Bewerken en bewaren. Zou Genesis werkelijk achterhaald zijn door de wetenschap? Het lijkt er in onze tijd meer op dat de manier waarop wij met wetenschap en techniek bezig zijn wordt achterhaald door Genesis.

Cultuur roept werken tevoorschijn van grote schoonheid. Het platteland van Engeland, één grote tuin, waar iedere boom op zijn plaats schijnt te staan. Poëzie waarin geen woord te veel staat. De bijna lege schilderijen van Mondriaan. De wetten van Maxwell, parels van mathematische schoonheid en zeggingskracht. Eenvoud, bevochten op een chaos van verschijnselen, waarin Newton de eenvoud van zijn Schepper herkende. Wonderen die een mens tot ver-wondering brengen.

Tenslotte: Cultuur en cultus horen bij elkaar. De betekenis van het latijnse woord waar ze beide in wortelen is: bebouwen, verzorgen, vereren. De mens die de hof bebouwt en verzorgt in opdracht van God en naar zijn voorschriften, maakt dat de Schepper eer inlegt met zijn werk. Die eer kan hem ook worden toegezongen in een spontaan loflied. De dichters van de Psalmen hebben het ons voorgedaan. 'Hoe groot zijn uw werken, o Heere; gij hebt ze alle met wijsheid gemaakt.'

Ik kan mij goed voorstellen dat iemand die het bovenstaande gelezen heeft de schouders ophaalt en zegt: Waar is dat allemaal voor nodig? Schrap God uit het hele verhaal, en wat blijft er over? Dit: Dat de creatieve mens in zijn scheppend werk grote vreugde kan vinden. Dat hij zich verwonderen kan over de schoonheid van de cultuur. Wel, zo beleef ik het zelf ook. Daar heb ik God niet bij nodig. En dat we het milieu verpesten, dat kunnen we zelf ook wel constateren. Daar moeten we dan wat aan doen.

Ik kan hem niet weerleggen of bewijzen dat hij ongelijk heeft. Het is me ook niet te doen om mijn gelijk tegenover het ongelijk van een ander. Wat ik wil duidelijk maken is dat het voor mij noodzakelijk en zinvol is om op deze wijze tegen de beoefening van de natuurkunde aan te kijken, omdat die bezigheid een plaats moet hebben in het geheel van mijn leven. Dat leven moet een antwoord zijn op de vraag van God: Waar ben je mee bezig, en waarom? Ik ben ver-antwoordelijk. Welnu: Van de vijftien uren per dag die mij ter beschikking staan besteed ik er minstens acht – volgens sommigen te weinig, maar misschien wel veel te veel – aan de natuurkunde. Die kunnen en mogen niet 'van God los 'zijn. Ik ervaar dat dat niet eenvoudig is. Het hooggestemde proza dat ik hierboven schreef staat mij niet dagelijks helder voor de geest. Daar komt nog bij dat de beoefening van de natuurkunde nog andere aspecten heeft voor mens en samenleving die twijfels en verontrusting kunnen oproepen. Daarover handelt het volgende gedeelte.

Gevolgen voor mens en samenleving

Onlangs kreeg ik bezoek van een studente die mij kwam uitnodigen om deel te nemen aan een conferentie van haar studentenvereniging over het onderwerp 'Ethische problemen van de natuurwetenschapper', of iets dergelijks. Mijn taak zou dan zijn om één of meer gevallen uit mijn onderzoeksloopbaan te bespreken waar ik had moeten zeggen: Aan dat onderzoek kan ik om ethische redenen, op grond van mijn christelijke levensovertuiging, niet meewerken. Ik moest, hoe graag ik in principe op dit soort uitnodigingen inga, haar teleurstellen. De reden was eenvoudig: Ik had mij nooit in mijn dertigjarige onderzoekersloopbaan voor een dergelijk dilemma gesteld gezien. Dat kwam niet zozeer – hoop ik – omdat ik een vakidioot ben die met ethische oogkleppen op loopt. Mijn ervaring stemt volledig overeen met wat Casimir in het laatste hoofdstuk van zijn eerder geciteerde boek beschrijft als de 'wetenschap-technologie-spiraal'. Het zou verplichte lectuur moeten zijn voor alle studenten in de natuurkunde. Ik zal een summiere samenvatting van de conclusies geven, met weglating van de goed gedocumenteerde argumenten die Casimir er voor aanvoert.

De resultaten van zuivere, fundamentele wetenschap vinden hun toepassing in de techniek. Dat geldt echter slechts voor een kleine fractie van die resultaten. Bovendien gebruikt de techniek nooit de meest recente en zelden de meest diepzinnige resultaten van academisch onderzoek. De techniek loopt ongeveer twintig jaar achter. Dat betekent dat de academische onderzoeker geen flauw idee heeft of kan hebben of zijn resultaten ooit tot technische toepassingen zullen leiden, laat staan dat hij zou kunnen vermoeden tot welke dan, zodat hij zich over de maatschappelijke gevolgen van zijn werk zorgen zou kunnen maken. Omgekeerd worden de nieuwste snufjes van de techniek vrijwel onmiddellijk, zonder nalooptijd, in het wetenschappelijk onderzoek gebruikt. Slechts die laboratoria die in staat zijn om de nieuwste computer, de laatst ontwikkelde elektronenmicroscoop, etcetera, snel aan te schaffen, kunnen de race aan het front volhouden. Welnu, de belangrijkste eigenschap van deze wetenschap-technologie-spiraal is, zoals Casimir aannemelijk maakt, dat hij een *autonoom mechanisme* is. Hij werkt in landen met totaal verschillende maatschappelijke systemen, zoals het liberale westerse systeem en het marxistische oosterse systeem, op precies dezelfde manier. De vraag: 'Wie bestuurt die spiraal?' kent maar één antwoord: 'Niemand'. De voortgang van de spiraal kan worden begunstigd of vertraagd door regeringsmaatregelen, oorlogen of revoluties, maar die zijn allemaal lokaal en tijdelijk van aard. Het wezen van de voortgang wordt er niet door beïnvloed.

De beoefenaar van de fundamentele wetenschap kan dus moeilijk, door zichzelf of door anderen, ter verantwoording worden geroepen voor de gevolgen van zijn werk. Terzijde merk ik op dat hij zich op dit punt nogal eens inkonsekwent gedraagt. Als hij met zijn onderzoeksvoorstellen een beroep doet op de geldpotten der sponsors laat hij niet na hun gouden bergen in het vooruitzicht te stellen in de vorm van met name genoemde mogelijke toepassingen op niet al te lange termijn die de honorering van zijn voorstellen tot gevolg zullen hebben.

De Amsterdamse hoogleraar Lagendijk, die dit in zijn intree-rede, met een verwijzing naar de spiraal van Casimir, ronduit bedrog noemde (hij gebruikte zelfs het woord 'hoererij') heeft daarmee zijn populariteit onder zijn vakbroeders niet vergroot.

Maar, zult u misschien zeggen, het bovenstaande mag dan waar zijn voor het zuivere, fundamentele, niet direct op technische toepassing gericht onderzoek, dat ligt toch anders voor het onderzoek dat in industriële laboratoria en aan technische universiteiten wordt uitgevoerd? Daar heeft men toch duidelijke, concrete, op korte termijn te realiseren toepassingen voor ogen, waarvan men kan beoordelen of die een goed of verkeerd doel dienen? Was het maar zo eenvoudig. Een voorbeeld. In de jaren 40 is, voortbouwend op eerder fundamenteel onderzoek aan de halfgeleidende materialen germanium en silicium, in industriële laboratoria de transistor ontwikkeld. Die transistor heeft een revolutie ontketend in de elektronische industrie van onze eeuw. Hij heeft de wereld een ander aanzien gegeven. Het is niet overdreven om te stellen dat de mensheid na het stenen, bronzen en ijzeren tijdperk, nu het siliciumtijdperk is binnengegaan. De moderne computers zijn er onder andere uit voortgekomen. Konden de uitvinders van de transistor bij benadering overzien wat de gevolgen van hun werk zouden zijn? Geen sprake van. Wij kunnen dat vandaag zelfs achteraf niet eens beoordelen. Is de computer een zegen of een vloek, of allebei? Wie het weet mag het zeggen. Mijn eigen antwoord is: Allebei, maar ik beschik niet over een weegschaal waarop ik de positieve en negatieve gevolgen tegen elkaar kan afwegen. De transistor, de televisie, de computer zijn produkten van de spiraal, ze waren onvermijdelijk, ze kunnen ook niet ongedaan gemaakt worden. Ze zijn in zichzelf niet goed of kwaad. De makers hoeven zich geen verwijten te maken, ze zouden hoogstens misschien iets minder trots op hun werk kunnen zijn.

Maar, en nu komt de laatste tegenwerping, er is toch wel degelijk één gebied waar de zaak duidelijk is: De bewapeningsindustrie. Door de eeuwen heen (dat begint al bij Archimedes) zijn natuurkundigen sterk betrokken geweest bij de wapenfabricage. De atoombom berustte op hun eigen ontdekking van het kernsplijtingsproces en werd door hen zelf gerealiseerd. Dat – en nog veel meer – had toch nooit mogen gebeuren? Helaas, zo eenvoudig ligt het ook hier niet. Alleen voor pacifisten ligt hier geen probleem, maar dat is een zeer kleine minderheid. Van het Nederlandse parlement is bijvoorbeeld 98% van mening dat het organiseren van een gewapende verdediging tegen mogelijke aanvallen van buiten geoorloofd en geboden is. Een nauwelijks geringer percentage van de christenen – mijzelf inbegrepen – denkt er net zo over. Voor hen is de produktie van wapens dus in principe geen besmette zaak. Dat het toch bon ton is bij veel meer dan 2% van het volk om met verachting over de wapenproduktie te spreken (en ook over beroepsmilitairen die namens ons de gewapende verdediging organiseren) is dan ook doodgewoon een vorm van huichelarij.

Laat mij, als voorbeeld, kort de geschiedenis van het ontstaan van de atoombom releveren. In 1938 werd voor het eerst door Otto Hahn en medewerkers een uraniumkern tot splijten gebracht, waarbij energie vrijkwam. Vanaf dat moment was in principe de mogelijkheid gegeven om dit proces via een kettingreactie een explosief karakter te verlenen. De enige problemen die daarvoor overwonnen moesten worden waren van technische aard: Gigantisch, maar niet onoverkomelijk. In 1941 bereikte, via Niels Bohr in Kopenhagen, de Amerikanen het diepverontrustende bericht dat de in nazi-Duitsland achtergebleven top-fysici, waaronder Heisenberg, zich met het vervaardigen van een kernbom bezig hielden. Toen was dus de keus: Afwachten of dat zou lukken, in welk geval Hitler c.s. voor lange tijd van de wereldheerschappij verzekerd konden zijn, of proberen hen voor te zijn. Voor Einstein, een man des vredes als weinig andere, was de keus niet moeilijk. Hij heeft zijn volle gewicht in de schaal geworpen om president Roosevelt te bewegen het produktieproces op gang te brengen. Het leidde tot de grootste gebundelde inspanning van fysici, chemici en technici uit de geschiedenis. De afloop is bekend. Ik heb deze geschiedenis grondig genoeg bestudeerd om dit te durven uitspreken: Als ze mij toen, onder die omstandigheden, gevraagd hadden mee te doen, dan zou ik meegedaan hebben. Ik zou vandaag nog achter die beslissing staan. Het gaat in de wereld helaas niet altijd om de keus tussen goed en kwaad, maar vaak genoeg om de keus tussen het kwaad en het grotere kwaad.

Het voorgaande betekent niet dat er voor een wetenschapper nooit een moment kan komen waarop hij moet zeggen: Hier doe ik niet aan mee. Wie meewerkt aan zoiets smerigs als de ontwikkeling van een fragmentatiebom is een misdadiger; voor de vervaardigers van het explosieve kinderspeelgoed dat de Sovjets boven Afghanistan afwierpen om de kindertjes aldaar hun ledematen af te rukken zijn geen woorden te vinden om ze te kwalificeren. Maar dat zijn hoge uitzonderingen. Kan een wetenschapper dan misschien, als hij meegedaan heeft, niet tenminste alles in het werk stellen om de schadelijke gevolgen te beperken? Er zijn voorbeelden te noemen waarbij dat geprobeerd is, maar ze zijn schaars en het effect was gering tot nihil. Direct na het gereedkomen van de eerste kernbommen – Hitler was toen al dood – heeft een grote groep van de medewerkers aan het project gepoogd het onmiddellijk afwerpen van de bom boven Japan te verhinderen. Hun pleidooi was: Licht eerst de Japanners in; laat ze desgewenst door een demonstratie kennis maken met de vernietigende kracht waarmee ze vanaf nu geconfronteerd zullen worden als ze niet capituleren. Er is niet naar hen geluisterd (ik laat in het midden of dat gemoeten had). Direct na de oorlog is door Bohr, Einstein en anderen ernstig en hartstochtelijk gewaarschuwd tegen de mogelijke apocalyptische gevolgen van de ingezette bewapeningswedloop, van de waterstofbom tot 'star wars'. Het heeft niets uitgehaald. Kan men dan al die wetenschappers en technici die toch aan deze programma's hebben meegewerkt zonder meer veroordelen? Dat is mij veel te gemakkelijk. Ik ben hun rechter niet , maar als ik dat zou moeten zijn, dan in een eerlijk proces, waarin hoor en wederhoor wordt toegepast, waarin alle feiten op tafel komen en alle motieven worden getoetst in de context waarin ze ontstaan zijn. Het is heel goed mogelijk dat er dan tenminste begrip voor opgebracht kan worden

Tot welke slotsom leidt dit alles? Het werk van de natuurkundige heeft onmiskenbaar maatschappelijke gevolgen, positieve en negatieve. In overgrote meerderheid liggen die gevolgen buiten zijn bereik. Hij kan ze niet voorzien; als hij ze zou kunnen voorzien kan hij ze niet wegen. Als ze komen kan hij ze niet ongedaan maken. Moeten we met deze machteloze conclusie de beschouwing besluiten? Wat doet dit verhaal eigenlijk onder het kopje 'Kruispunten', waarvan de bedoeling was te onderzoeken waar de wegen van fysica en geloof elkaar kruisen?

Aan het einde van het hoofdstuk over de wetenschap-technologie-spiraal ziet Casimir zich voor hetzelfde blok gezet. Hier zou ik mijn boek kunnen besluiten, zegt hij, maar ik voel me verplicht om nog even door te gaan. In mijn jonge jaren liepen mijn collega's en ik luchthartig heen over de mogelijke maatschappelijke konsekwenties van ons werk. Die fout wil ik op mijn oude dag niet opnieuw maken. Ik wil proberen iets van mijn twijfels, van mijn vrees tot uitdrukking te brengen. In wat volgt getuigt hij van zijn diepe verontrusting over de verpesting van het leefmilieu en vooral over de angstaanjagende bewapening. Het is veel meer een hartekreet dan een recept voor hoe de kwalen te genezen zijn. De vraag: 'Wat kunnen wij als *fysici* doen?' beantwoordt hij met: 'Vrijwel niets. We kunnen alleen trachten ons te gedragen als volwassen burgers, en zelfs als goed geïnformeerde burgers, en niet alleen als burgers van ons eigen land, maar ook als wereldburgers: onze vele internationale contacten kunnen daartoe bijdragen. We kunnen helpen waandenkbeelden te bestrijden en we kunnen trachten schijnheiligheid en onverstand aan de kaak te stellen. Maar wij alleen kunnen de onheilspellende spiraal noch stilzetten noch besturen.' Het is pover, en hij weet het.

Uit deze integere en goudeerlijke bladzijden wil ik nog een drietal citaten geven die mij op het spoor zetten om de beschouwing nog te vervolgen. Deze:

'Traditionele godsdiensten bevatten een uitleg van de oorsprong van onze wereld en van het leven op aarde; ze bevatten ook een ethische code. Darwin's *Origin of Species* en Weinberg's *First Three Minutes* hebben Genesis verdreven. Deze verwerping van de bijbelse denkbeelden over de Schepping hebben velen er toe gebracht ook te gaan twijfelen aan de christelijke morele beginselen en daar kan de wetenschap geen hulp bieden.'

'Wij hebben de wetenschap tot onze God verheven'.

'Wetenschap en techniek vormen een bewonderenswaardig en produktief tweetal, maar ze hebben zich losgemaakt van alle banden en beperkingen, ook van die welke worden opgelegd door wijsheid en naastenliefde.'

Deze drie zinnen vatten in het kort samen wat het tijdperk van de Verlichting heeft aangericht. De natuurwetenschap heeft het traditionele wereldbeeld, de kosmogonie, van de godsdiensten omver geworpen. Daaruit hebben tallozen, binnen en buiten de wetenschap, de conclusie getrokken dat dan ook al het andere wat de godsdiensten te zeggen hebben niet langer serieus hoeft te worden genomen. De religie kan worden afgeschreven, de mens is autonoom geworden. Hij zal het van nu aan zelf uitzoeken en de wetenschap is zijn richtsnoer. Die zal een nieuw wereldbeeld moeten funderen en de mens de weg van de Vooruitgang wijzen. Er zijn geen kruispunten meer tussen de wegen van geloof en wetenschap: Het laatste kruispunt ligt twee eeuwen achter ons, toen de wegen definitief samenvloeiden tot één: Die van de wetenschap. Dat is een maatschappelijke konsekwentie van de eerste orde: De wetenschap die de mens en zijn wereld heeft losgemaakt van God en zelf diens plaats heeft ingenomen.

Het is op dit punt dat een fysicus die ook in onze tijd een gelovige probeert te zijn, *als fysicus* iets kan doen en iets moet doen. Hij zal duidelijk moeten maken dat deze weg een doodlopende weg is. Dat de gewekte verwachtingen *vals* zijn. Dat ze berusten op mateloze zelfoverschatting, op arrogantie. Hij moet de wetenschap niet kleineren, maar haar de plaats wijzen die haar toekomt: Die van *dienaar* van de mens en niet die van zijn (af)god. Dat is wat ik in dit boekje geprobeerd heb.

Het voorafgaande leidt nog tot een andere gevolgtrekking, namelijk deze: Misschien is de wetenschap-technologie-spiraal wel niet zo autonoom en is de uitkomst niet zo onafwendbaar als door Casimir wordt voorgesteld. Een voornaam argument dat hij aanvoert is dat de spiraal in twee totaal verschillende maatschappelijke systemen als het westerse liberale en het oosterse marxistische, op precies dezelfde manier werkt. Dat argument verliest veel van zijn geldigheid als duidelijk mocht worden dat die twee systemen *wat hun doeleinden betreft* niet zo verschillend zijn als men op het eerste gezicht zou denken. (Václav Havel drukt het zo uit: Het marxistische systeem vertoont het beeld van het kapitalistische in een *lachspiegel*.) Misschien is de keus niet beperkt tot de twee systemen *zoals ze nu functioneren*. En zelfs als men moet concluderen – en wie doet dat anno 1990 niet? – dat het westerse *economische* systeem (een vrije markt met een sociaal vangnet) superieur is, dan betekent dat nog niet dat het voortaan in de hele wereld maar moet doorgaan zoals het nu in het Westen gaat.

In het westerse systeem wordt, naar het schijnt, de uitkomst van de spiraal, de produktie van goederen, bepaald door wat de meerderheid van de mensen wil. De vragen die dan rijzen zijn bijvoorbeeld deze: Wat willen we eigenlijk en waarom? Gebeurt er wat we werkelijk willen? Of kan en moet het anders? Daarover gaat het slotgedeelte van ons verhaal.

Perspectief

Voor het klimaat van de jaren tachtig die juist achter ons liggen heeft iemand de term 'het ik-tijdperk' bedacht. Een tijd waarin het de voornaamste zorg van veel mensen scheen te zijn hoe ze zichzelf zo goed mogelijk konden verwennen. Nergens heb ik die mentaliteit bondiger samengevat gezien dan in een TV-commercial, die model staat voor alle andere. Een dame die ons een bepaald merk drank wil verkopen zingt daartoe een liedje dat eindigt met de regel: *Ik doe wat ik lekker vind.* Dat tijdperk is niet geëindigd op 1 januari 1990. Wat zijn de perspectieven, de uitdagingen voor de jaren 90? Ik noem er drie die ik de afgelopen tijd uit de krant heb opgepikt. Het probleem van de voedingsmiddelenindustrie is dat de consument een beperkt laadvermogen heeft. Vol is vol, tegen die grens lopen zelfs reclamecampagnes tevergeefs storm. Daarom is met succes getracht om de winst te vergroten, niet door het aantal tonnen omgezet voedsel te vergroten, maar door hetzelfde aantal tonnen in luxere uitvoering aan de man te brengen. Daar komt ook een eind aan. Maar nu, lees ik, belooft het jaar 1990 voor een doorbraak te zullen zorgen. Het kunstvet komt er aan, benevens een aantal andere 'voedingsmiddelen,' die de eigenschap hebben dat ze niet voeden en toch lekker zijn, en gelukkig ook duur. De consument kan dooreten en omzet en winst kunnen weer flink omhoog. De oude Romeinen staken de vinger in de keel als ze vol waren, maar die onsmakelijke truc is dank zij de verenigde inspanning van wetenschap en techniek niet langer nodig. Als we af en toe – liefst niet te vaak – de hongerende kindertjes uit Afrika op ons beeldscherm zien, kunnen we altijd nog een tientje gireren. Hopelijk zal de commerciële televisie ons in de toekomst van dergelijke onaangename beelden verlossen. Tenzij natuurlijk de marktonderzoekers aantonen dat het af en toe zien van zulke beelden ook tot ons behoeftenpatroon behoort.

Een grote uitdaging voor de jaren negentig is, zo lees ik verder, de ontwikkeling van een televisiebeeld met twee maal zoveel beeldlijnen als de huidige toestellen bezitten. Dat zal een enorme inspanning vergen, maar het resultaat mag er dan ook zijn: De kwaliteit van de bioscoop in de huiskamer, ook nog gecombineerd met een gaaf stereofonisch geluid. Over de kwaliteit van de programma's hoeven wij ons geen zorgen te maken, die wordt verzekerd door de eigenaars van de commerciële televisiestations die wel weten wat goed voor ons is, en er zeker niet op uit zijn ons onaangename momenten te bezorgen. Het wordt trouwens toch al flink vol in de huiskamer. De stereotoren en het video-apparaat stonden er al. De telefoon met beeldscherm komt er aan. Daar komt dan de personal computer nog bij, die ons binnenkort ook van het hinderlijke winkelen zal verlossen. We roepen dan de assortimenten der warenhuizen op ons beeldscherm tevoorschijn, tikken onze bestellingen in en die worden volautomatisch bij ons thuisbezorgd. Daar zitten we dan straks, ieder in onze eigen cel, met alles binnen handbereik. Een kamer vol communicatiemiddelen. En dan wordt er soms nog geklaagd dat veel mensen in onze maatschappij zo eenzaam zijn. Misschien is daar ook iets aan te doen met een reclamecampagne: 'Bel uw buurman eens op. U ziet zijn gezicht op uw scherm'.

Zijn er dan geen ' hogere dingen 'meer die ons perspectief op de toekomst geven? Jazeker wel. Bij de aanvaarding van zijn ambt, begin 1989, heeft de nieuwe president van de Verenigde Staten een uitdaging geformuleerd die de mensheid weer een doel moet geven op langere termijn: Een bemande ruimtevlucht naar Mars. Er hing ook een voorlopig, voorzichtig prijskaartje aan: 200 miljard dollar. 200.000.000.000 dollar. In datzelfde land leven tientallen miljoenen mensen in diepe armoede in verkrotte binnensteden, ten prooi aan werkloosheid en misdaad. Velen van hen vluchten in verdovende middelen. Daar gaat ook iets aan gedaan worden, dat is de tweede uitdaging voor de jaren 90: De oorlog tegen de drugs. Die worden niet bestreden door de oorzaken van het kwaad aan te pakken, de ellende, de uitzichtloosheid en de verveling, maar door een harder optreden tegen de cocaine-maffia, door strengere straffen, het uitbreiden van de politiemacht en het bouwen van meer gevangenissen. Op die manier kan men er tenminste zeker van zijn dat er al lang een man op Mars geweest is voordat de drugs zijn uitgebannen.

Willen wij dat allemaal? Op het eerste gezicht lijkt het daar wel op. Het westerse, liberale, democratische systeem werkt volgens het principe van de vrije markt. De marktonderzoekers peilen wat de mensen graag zouden willen hebben, de wetenschappers en de technici maken het mogelijk, de fabrikant maakt het en de klant koopt het. De kring is gesloten, de verlangens van de consument worden bevredigd. Het faillissement van de marxistische economie dat wij in deze dagen beleven berust op het negeren van deze kringloop. Toen de Muur bezweek was de eerste plaats waar de duizenden van de overkant naar toe stroomden de Kurfürstendamm, waar de overvloed van het Westen (waarom zou ik niet zeggen: de liederlijke luxe?) in de etalages ligt uitgestald. Dat is blijkbaar wat zij ook willen. Een miljard Chinezen wil het ook. De triomf van de westelijke ideologie is totaal. Er zijn al mensen in het Westen die zich zorgen maken dat het leven voortaan een beetje saai zal worden. Er valt niets meer te bevechten of te bewijzen, de superioriteit van het eigen systeem staat vast en wordt door vrijwel niemand meer betwist. Het enige wat er op zit is daar tot in lengte van jaren mee door te gaan en ieder jaar een paar procent meer te consumeren.

Liberalisme en Marxisme mogen ons misschien voorkomen als elkaars volstrekte tegenpolen, ze zijn minder verschillend dan men zou denken. Ze stoelen op dezelfde wortel: Het negentiende-eeuwse geloof in de Vooruitgang van de autonome mens die, los van God en zijn geboden, de weg naar het paradijs op aarde is ingeslagen. 'Dit paradijs kent geen verboden vruchten', juicht een advertentie die mij iets moois wil verkopen. De weg van de Vooruitgang wordt in beide systemen gebaand door de wetenschap die tot god verheven is. Het marxistisch-leninisme *is* zelfs puur wetenschappelijk, zo werd ons verzekerd, en wie andere goden dient is een opium-schuiver. Nergens in de geschiedenis is het geloof in de weten-schap zo onvoorwaardelijk geweest als in dat systeem. Maar ook het westers economisch liberalisme vindt zijn uitgangs-punt in de wetenschap: De filosofie van Adam Smith uit de achttiende eeuw, waarin het marktmechanisme centraal staat. Het beloofde vrijheid en ongebreidelde groei, mogelijk ge-maakt door het verbond tussen wetenschappers en technolo-gen. Die belofte is, als men afziet van een paar rampen zoals economische crises, miljoenen verkeersslachtoffers en de toe-stand van het milieu, grotendeels ingelost.

Is het dat wat wij willen? Wat willen wij eigenlijk, en waarom? Willen wij bijvoorbeeld zo graag een man op Mars, om ons wat broodnodige opwinding te bezorgen in ons aan-genaam maar saaie consumentenbestaan? Ik kan het moeilijk geloven. Stel dat men aan duizend willekeurige voorbijgan-gers een briefje uitreikt met de vraag: Wilt u eens in een paar punten opschrijven wat u voor de komende jaren graag zou willen, voor uzelf en voor de wereld? Op hoeveel briefjes zou die man op Mars voorkomen? Ik weet het natuurlijk niet, maar ik denk dat het aantal te verwaarlozen is. Ik denk dat we heel andere dingen te lezen zouden krijgen. Zoals: Ik zou graag gezond zijn. Ik zou graag wat minder eenzaam zijn. Ik zou meer liefde willen geven en ontvangen. Ik zou beter willen weten wat ik met mijn leven moet aanvangen. Ik zou vrede willen. Een einde aan het onrecht. Dat soort dingen – hoop ik. Want ik hoop dat, ondanks alle massage waaraan onze zielen blootstaan, wij het visioen niet verloren hebben van een andere wereld, van een waarachtig menselijk bestaan.

Want gemasseerd worden wij. Uiterst subtiel, en vaak ongemerkt. Op het eerste gezicht lijkt ook hier alles in orde. De president van de grootste democratie ter wereld ontvouwt een machtig plan voor de toekomst. Dat moet bij zijn kiezers aanslaan, anders kan hij als politicus wel opstappen. Hij zal heus wel van tevoren door opiniepeilers hebben laten uitzoeken hoe zijn kiezers er over denken (er moet dan wel een andere vraag gesteld worden dan ik hierboven formuleerde. Deze: Wat zou u er van vinden als wij Amerikanen er als eersten in slaagden een man op Mars te zetten?).

De mensen krijgen dus ook hier precies wat ze willen. Ik vrees dat het zo simpel niet in elkaar zit. Aan de lancering van een dergelijk plan gaat een lange periode van voorbereiding vooraf. Machtige pressiegroepen zijn aan het werk geweest. De industrie heeft er belang bij. Wetenschappers staan te trappelen: Het verschaft duizenden van hen weer voor vele jaren opwindend werk. De politici kunnen er zelf eer mee inleggen. Het plan moet alleen nog aan de kiezers verkocht worden. Dat kan, als de juiste sentimenten worden bespeeld. Nationalistische sentimenten in dit geval: Het zal weer een Amerikaan zijn die het kunststuk volbrengt, daarmee de superioriteit van het eigen systeem eens te meer bevestigend. Dat was ook, ondanks alle mooie woorden over de machtige sprong voorwaarts van het menselijk ras, de grondtoon van de uitzinnige vreugde die de eerste maanlanding veroorzaakte. Als daar een Rus was geland hadden de vlaggen bij ons halfstok gehangen. Op dezelfde wijze worden wij door het reclamewezen gemasseerd om de consumptiegoederen van de industrie te begeren en te kopen. Sommigen zeggen zelfs dat wij die behoeften helemaal niet hebben, maar dat we ze door de reclame krijgen ingestampt en vervolgens door de aanschaf bevredigd worden. Ik geloof niet dat dat waar is. Ik denk dat het dieper zit: Dat wij die begeerte naar comfort en genot wel degelijk in ons hebben. De reclame creëert ze niet, maar appelleert eraan.

Brengt ze naar boven, zodat ze ons gaan beheersen en het andere dat wij ook in ons hebben verstikken.

Wat willen we eigenlijk? Het dilemma is haarscherp onder woorden gebracht door George Steiner, de taalfilosoof uit Cambridge. In hetzelfde interview waaruit ik eerder citeerde zegt hij:

'Televisie brengt in elke huiskamer een grotere hoeveelheid informatie over onrecht, terreur, honger en ziekte dan ooit tevoren. Niet weten is nu een actieve daad. Je kunt niet zeggen: 'Ik heb het niet gehoord'. Wat je nog wel kunt zeggen is: 'Ik sta machteloos'. Ja en nee. Als een Gandhi of een Moeder Theresa hadden gezegd: 'Ik kan er niets aan doen', dan hadden allerlei historische veranderingen niet plaats gevonden.

Maar waarom zouden we alleen naar de geweldenaren kijken? In elke stad waarin mensen zoals wij wonen is dringend behoefte aan mensen die voor zieken en bejaarden zorgen. Geen grote doktoren of therapeuten, maar mensen die waken bij een doodzieke patiënt of een bejaarde naar de WC dragen. Daarvoor is geen speciale vakkennis vereist, maar wel een enorme inzet van hart en ziel. Je kunt dus wel zeggen: 'Ik kan niets doen aan El Salvador, Cambodja of de Goelagarchipel', maar vlak om de hoek kan ik beginnen met iets heel belangrijks. Ik kan op bescheiden schaal iets doen aan de dagelijkse ellende en eenzaamheid.'

En op de vraag van de interviewer: 'En als we die keus niet maken?' antwoordt Steiner:

'Als je dat niet doet dan is dat een bewuste keus. Je kiest er voor dat je eigen comfort, smaak, beloningen, carrière, genot, het belangrijkste voor je zijn. Doordat miljoenen aardige mensen zoals wij elke dag die keus maken, en vergeten dat we hem maken, kun je misschien zeggen dat het proces van ontmenselijking op grootschalig niveau doorgaat.'

Aardige mensen als wij, zegt Steiner. Hij sluit zich zelf erbij in, en ik zeg het hem na. Wie van ons ontkomt er aan? Maar ook: In wie van ons, al is het misschien maar zwakjes, vinden zulke woorden geen weerklank? Ik denk, of misschien hoop ik alleen maar, dat in ieder mens ergens het besef leeft dat hij daarvoor niet geschapen is: Voor een aangenaam leven, waarin alles draait om comfort, smaak, beloningen, carrière, genot. Dat hij in een wereld die daarop uit is niet thuis kan zijn. Dat is wat de dichter van de psalm bedoelt, wiens woorden ik boven dit hoofdstuk geschreven heb: 'Ik ben een vreemdeling op de aarde'. En wat hij er aan toevoegt is niet een vermaning met opgeheven vinger, die ons uit de hoogte meedeelt hoe het wel zou moeten. Het is een *gebed* van iemand die weet in welke richting hij het zoeken moet, en ook dat hij het op eigen kracht niet haalt. Dit gebed: 'Verberg Uw geboden niet voor mij'.

Literatuur

Andreus, H.	Gedichten 1948-1975
	Haarlem 1975.
Andriesse, C.D.	De diefstal van Prometheus
	Contact, Amsterdam 1985
Andriesse, C.D.	Een boudoir op Terschelling
	Contact, Amsterdam 1987
Berg, J.H. van den	Gedane zaken
	Callenbach, Nijkerk 1977
Berkhof, H.	Christelijk geloof
	Callenbach, Nijkerk 1973
Bohm, D.	Wholeness and implicate order
	London 1980
	Nederlandse vertaling: Heelheid en impliciete orde
	Rotterdam 1985
Casimir, H.B.G.	Het toeval van de werkelijkheid
	Meulenhof, Amsterdam 1983
Capra, F.	The Tao of physics
	Shambala, Berkeley 1975
	Nederlandse vertaling: De Tao van Fysica
	Contact, Amsterdam 1986
Davies, P.	Superforce
	Simon and Schuster, New York 1984
	Nederlandse vertaling: Superkracht
	Veen, Utrecht 1986
Davies, P.	God and the new physics
	Penguin, London 1983
Einstein, A.	Science and religion
	Nature 146 (1940) 605
Einstein, A., B. Podolsky en N. Rosen	Can quantummechanical description of reality be considered complete?
	Physical Review 47 (1935) 777
Gerhardt, Ida G.M.	Verzamelde gedichten
	Polak en van Gennep, Amsterdam 1985
Gleick, J.	Chaos
	Penguin, London 1987

Green, J.	Frère François
	Edition du Seuil, Paris 1983
	Nederlandse vertaling: Franciscus
	Ambo, Baarn 1984
't Hart, M.	Een vlucht regenwulpen
	Arbeiderspers, Amsterdam 1978
't Hart, M.	De aansprekers
	Arbeiderspers, Amsterdam 1979
Hawking, S.	Is the end in sight for theoretical physics?
	Cambridge University Press, 1980
Hawking, S.	A brief history of time
	Bantam Toronto 1988
	Nederlandse vertaling: Het heelal
	Bert Bakker, Amsterdam 1988
Hermans, W.F.	De kleurentheoloog
	NRC-Handelsblad 25-3-1988
Hilgevoord, J.	Holisme in de natuurkunde
	Ned. Tijdschr. voor Natuurkunde
	A53 (1987) 128
Hoeven, P. van der	Newton
	Het wereldvenster, Baarn 1979
Hoeven, P. van der	Blaise Pascal
	Het wereldvenster, Baarn 1964
Jammer, M.	After dinner address
	Philosophical Magazine B56 (1987)
	1055
Kempis, Thomas à	Imitatio Christi
	Nederlandse vertaling: De navol-
	ging van Christus
	Johannes Müller, Amsterdam 1875
Kolakowski, L.	Interview in 'De Tijd', 10-2-1989
Lagendijk, A.	De arrogantie van de fysicus
	Inaugurele oratie, Amsterdam 1989
Manuel, F.E.	The religion of Isaac Newton
	Oxford Clarendon Press 1974
Marquez, Gabriel Garcia	In: Nauwgezet en Wanhopig
	VPRO 1989
Meer, S. van der	Interview in NRC-Handelsblad
	18-4-1987
	Idem in Hervormd Nederland 25-
	2-1989
Muggeridge, M.	Jesus rediscovered
	Nederlandse vertaling: Een visie op
	Jezus
	Novapres, Laren 1980

Mulisch, H.   Het licht
                               NRC-Handelsblad 12-2-1988
Nolthenius, Helene   De man uit het dal van Spoleto
                               Querido, Amsterdam 1989
Pais, A.   Subtle is the Lord; the life and
                               science of Albert Einstein
                               Oxford University Press 1982
Pais, A.   Interview in Trouw 5-4-1989
Pascal, B.   Pensées (Brunschvigg editie)
                               Nederlandse vertaling, Wereldbi-
                               bliotheek 1919
Steiner, G.   In: Nauwgezet en Wanhopig
                               VPRO 1989
Weinberg, S.   The first three minutes
                               Deutsch, London 1978
Zukav, G.   The dancing Wu-Li Masters
                               William Morrow, New York 1979
                               Nederlandse vertaling: De dan-
                               sende Woe-Li-Meesters
                               Bert Bakker, Amsterdam 1981

'In zijn boek ziet Arie van den Beukel de vraag onder ogen of natuurkunde en geloof wel samen kunnen gaan, en zo ja, hoe? Het antwoord is even eerlijk als overtuigend. (...) In korte begrijpelijke zinnen legt hij uit hoe het er in de moderne natuurkunde voorstaat.

Het boek is alleen al de moeite waard omdat in het eerste deel de nieuwe natuurkunde wordt uitgelegd in gewoon Nederlands. (...) Het ademt bescheidenheid, omdat de fysicus, van de quantummechanica en de chaostheorie, geleerd heeft dat zijn vak maar een heel beperkte voorspellende waarde heeft. (...) Dan volgt het mooiste stuk van het boek dat ik niet zal verklappen omdat het zo spannend is omdat het zo persoonlijk is en toch niet sentimenteel maar goudeerlijk zoals hij zelf is.

Het is een prachtig boek dat ik in één adem heb uitgelezen.'
Frans W. Saris in NRC-Handelsblad
(Prof.dr. F.W. Saris is hoogleraar in de atoom- en molecuulfysica aan de Rijksuniversiteit Utrecht)

'Geen dominee, geen leraar aan een christelijke (middelbare) school, geen persoon, die op welke wijze dan ook bij de vorming van jongeren betrokken is, mag dit boek ongelezen laten. Het is lang geleden dat ik een boek over de verhouding van geloof en natuurwetenschap met zóveel spanning heb gelezen. Het is broodnodige lectuur voor (a.s.) theologen, een *must* voor iedere leraar (...).
Een verademing.'
Ir. J. van der Graaf in De Waarheidsvriend

De engelse editie is verschenen bij SCM Press Ltd, London, onder de titel *More Things in Heaven and Earth / God and the Scientists*, 1991, ISBN 0-334-02504-4.